Roland Rollberg
Konsistenz-kongruenz-orientierte Produktionswirtschaft

Lehr- und Handbücher der Wirtschaftswissenschaft

Herausgegeben von
Univ.-Prof. Dr. habil. Thomas Hering
und Prof. Dr. Heiko Burchert

Roland Rollberg

Konsistenz-kongruenz-orientierte Produktionswirtschaft

DE GRUYTER
OLDENBOURG

ISBN 978-3-11-914332-5
e-ISBN (PDF): 978-3-11-221984-3
e-ISBN (EPUB): 978-3-11-222009-2
ISSN 2190-2739

Library of Congress Control Number: 2025941310

Bibliografische Information der Deutschen Nationalbibliothek
Die Deutsche Nationalbibliothek verzeichnet diese Publikation in der Deutschen
Nationalbibliografie; detaillierte bibliografische Daten sind im Internet über
http://dnb.dnb.de abrufbar.

www.degruyterbrill.com

Fragen zur allgemeinen Produktsicherheit:
productsafety@degruyterbrill.com

Widmung

Am 1. Oktober 2025 stehe ich nun seit 25 Jahren im Dienste der Ernst-Moritz-Arndt-Universität Greifswald – zunächst als Vertreter und ab Juli 2001 dann als Inhaber des Lehrstuhls für Allgemeine Betriebswirtschaftslehre und Produktionswirtschaft – ein willkommener Anlaß, um beiden akademischen Lehrern, die meinen beruflichen Werdegang bis zur Ernennung maßgeblich prägten, noch einmal zu danken.

Herr Prof. Dr. DIETRICH ADAM, am 11. Februar 1936 in Berlin geboren, Schüler von HERBERT JACOB und akademischer Enkel von ERICH GUTENBERG, forschte und lehrte von 1969 bis 2001 an der Wirtschaftswissenschaftlichen Fakultät der Westfälischen Wilhelms-Universität in Münster. 1988 besuchte ich das erste Mal im sogenannten „H1", dem größten Hörsaal der WWU, eine seiner Vorlesungen, bevor ich 1992 an seinem Institut für Industrie- und Krankenhausbetriebslehre als wissenschaftlicher Mitarbeiter anheuerte und 1995 von ihm promoviert wurde.

Herr Prof. Dr. RONALD BOGASCHEWSKY, am 27. Mai 1960 in Bremerhaven geboren, Schüler von JÜRGEN BLOECH und akademischer Urenkel von ERICH GUTENBERG, wurde 1995 zum Inhaber des Lehrstuhls für Betriebswirtschaftslehre, insbesondere Produktionswirtschaft der TU Dresden ernannt und stellte mich 1996 als seinen wissenschaftlichen Assistenten ein. Fast zeitgleich mit meiner Habilitation übernahm er 2001 den Lehrstuhl für Betriebswirtschaftslehre und Industriebetriebslehre der Julius-Maximilians-Universität Würzburg, wo er auch heute noch forscht und lehrt.

Dankbar widme ich das vorliegende Buch meinem Doktorvater DIETRICH ADAM, dessen Geburtstag sich 2026 zum 90. Male jähren wird, und meinem Habilitationsvater RONALD BOGASCHWESKY, der dieses Jahr sein 65. Lebensjahr vollendet hat und voraussichtlich 2026 in den Ruhestand gehen wird.

Greifswald, im Juni 2025   ROLAND ROLLBERG

https://doi.org/10.1515/9783112219843-202

Inhaltsverzeichnis

Abkürzungsverzeichnis

APMES	Advanced Planning and Manufacturing Execution System
APS	Advanced Planning System
ATP	Available-to-Promise
AWF	Ausschuß für Wirtschaftliche Fertigung e. V.
BDE	Betriebsdatenerfassung
BOA	belastungsorientierte Auftragsfreigabe
bspw.	beispielsweise
bzw.	beziehungsweise
CAD	Computer Aided Design
CAE	Computer Aided Engineering
CAM	Computer Aided Manufacturing
CAP	Computer Aided Planning
CAQ	Computer Aided Quality Assurance
CIE	Computer Integrated Enterprise
CIM	Computer Integrated Manufacturing
CNC	Computerized Numerical Control
CPPS	cyber-physisches Produktionssystem
CPS	cyber-physisches System
CTP	Capable-to-Promise
DDR	Deutsche Demokratische Republik
Diss.	Dissertation
DNC	Direct Numerical Control
DV	Datenverarbeitung
EDI	Electronic Data Interchange
EDV	elektronische Datenverarbeitung
ERP	Enterprise Resource Planning
et al.	et alii
e. V.	eingetragener Verein
f.	folgende
FBZ	flexibles Bearbeitungszentrum
ff.	fortfolgende
FFI	flexible Fertigungsinsel
FFM	flexibles Fertigungsmodul
FFS	flexibles Fertigungssystem
FFZ	flexible Fertigungszelle
FKZ	Fortschrittskennzahlenkonzept
FTS	flexible Transferstraße

https://doi.org/10.1515/9783112219843-203

Habil.	Habilitationsschrift
Hrsg.	Herausgeber
I&K	Information und Kommunikation
i. e. S.	im engeren Sinne
IEEE	Institute of Electrical and Electronics Engineers
IMEDE	Institut pour l'Étude de Méthodes de Direction de l'Entreprise
io	Industrielle Organisation
IP	Internet Protocol
IT.AV	Abkürzung einer Zeitschrift für „industrielle Informationstechnik, Systemintegration, Workflowmanagement, Arbeitsvorbereitung, Software"
i. V. m.	in Verbindung mit
i. w. S.	im weiteren Sinne
JIT	Just in Time
MDE	Maschinendatenerfassung
MES	Manufacturing Execution System
MKWI	Multikonferenz Wirtschaftsinformatik
MRP	Manufacturing Resource Planning (MRP II); auch Material Requirements Planning (MRP I)
NC	Numerical Control
Nr.	Nummer
OPT	Optimized Production Technology
PPP	Produktionsprogrammplanung
PPS	Produktionsplanung und -steuerung
PZE	Personalzeiterfassung
QS	Qualitätssicherung
RFID	Radiofrequenz-Identifikation
RT	retrograde Terminierung
S.	Seite
SCM	Supply Chain Management
SPC	Statistical Process Control
STS	starre Transferstraße
TU	Technische Universität
VDI	Verein Deutscher Ingenieure
vgl.	vergleiche
WA	Warenausgang
WE	Wareneingang
WWU	Westfälische Wilhelms-Universität

Symbolverzeichnis

Indizes

i	Intensität, Arbeitsgeschwindigkeit; $i \in \{1, 2, ..., I\}$
j	Potentialfaktortyp; $j \in \{1, 2, ..., J\}$
l	Rohstoff, Teil; $l \in \{1, 2, ..., L\}$
m	Zwischenprodukt; $m \in \{L + 1, L + 2, ..., L + M\}$; m* analog
n	Endprodukt; $n \in \{L + M + 1, L + M + 2, ..., L + M + N\}$; Produkt ohne Netzwerkbezug; $n \in \{N^* + 1, N^* + 2, ..., N^* + N\}$ → nur im Abschnitt 4.3.2
n*	Produkt mit Netzwerkbezug; $n^* \in \{1, 2, ..., N^*\}$
o	Investitions- oder Finanzierungsobjekt; $o \in \{1, 2, ..., O\}$
t	Periode; $t \in \{1, 2, ..., T\}$ Zeitpunkt; $t \in \{0, 1, 2, ..., T\}$ → nur im Abschnitt 4.2.2.4
t*	Periode der Beschaffung eines Potentialfaktors; $t^* \in \{-T^*, -T^* + 1, ..., 0, 1, 2, ..., T\}$ → im Abschnitt 4.2.2.3; Zeitpunkt der Beschaffung eines Potentialfaktors; $t^* \in \{-T^*, -T^* + 1, ..., 0, 1, 2, ..., T - 1\}$ → im Abschnitt 4.2.2.4
t⁺	Zeitpunkt der Veräußerung eines Potentialfaktors; $t^+ \in \{0, 1, 2, ..., T\}$ und $t^+ > t^*$
u	Partner-/Kooperations-/Netzwerkunternehmen; $u \in \{1, 2, ..., U\}$
γ	Absatzintervall; $\gamma \in \Gamma = \{1, 2, ..., \hat{\gamma}\}$
δ	Absatzintervall; $\delta \in \Delta = \{1, 2, ..., \hat{\delta}\}$
θ	Beschaffungsintervall; $\theta \in \Theta = \{1, 2, ..., \hat{\theta}\}$
λ	Rabattklasse; $\lambda \in \Lambda = \{1, 2, ..., \hat{\lambda}\}$

Konstante

a	variable Auszahlung pro hergestellte Mengeneinheit
a^B	variable Auszahlung pro beschaffte/fremdbezogene Mengeneinheit (Preis)
a^L	variable Auszahlung pro gelagerte Mengeneinheit und Periode
a^P	produktionsprozeßbedingte variable Auszahlung pro hergestellte Mengeneinheit
A	Auszahlung
A^A	Anschaffungsauszahlung für einen Potentialfaktor
A^{AP}	sprungfixe absatzpolitisch bedingte Auszahlungen

https://doi.org/10.1515/9783112219843-204

A^B	Auszahlung pro Beschaffungs-/Fremdbezugsvorgang
A^{BP}	sprungfixe beschaffungspolitisch bedingte Auszahlungen
A^P	fixe Auszahlung für die Betriebsbereitschaft eines Potentialfaktors
A^R	Auszahlung pro Rüstvorgang
BSI	Budget für Sachinvestitionen
e	variable Einzahlung pro verkaufte Mengeneinheit (Preis)
E	Einzahlung
E^L	aus der Liquidation eines Potentialfaktors resultierende Einzahlung
Kap^L	Lagerkapazität
Kap^P	Produktionskapazität
$Kap^{P\,res}$	für das Netzwerk reservierte Potentialfaktorkapazität
LK	Lagerkoeffizient
N	Durchführungsobergrenze eines Investitions- oder Finanzierungsobjekts
PK^P	potentialfaktorspezifischer Produktionskoeffizient
PK^R	repetierfaktorspezifischer Produktionskoeffizient
PK^Z	zwischenproduktspezifischer Produktionskoeffizient
RZ	Rüstzeit
$\bar{x}$	für das Netzwerk zu erzeugende Produktionsmenge
X^A	Absatzobergrenze; Absatzunter- oder -obergrenze eines Intervalls bzw. Absatzintervallbreite → im Abschnitt 4.2.2.1
X^B	Beschaffungs-/Fremdbezugsobergrenze; Beschaffungs-/Fremdbezugsunter- oder -obergrenze eines Intervalls bzw. Beschaffungs-/Fremdbezugsintervallbreite → im Abschnitt 4.2.2.2
$X^{B\,res}$	für das Netzwerk reservierte Repetierfaktormenge
X^L	Lagerbestand am Ende des vorhergehenden Planungszeitraums
Y	Obergrenze beschaffbarer Potentialfaktoren in $t^* \geq 1$; Potentialfaktorbestand am Ende des vorhergehenden Planungszeitraums
Z	hinreichend große Zahl

Variable

AA	gesamte Anschaffungsauszahlungen
AAP	gesamte absatzpolitisch bedingte Auszahlungen
ABF	gesamte fixe Auszahlungen für die Beschaffung und den Fremdbezug
ABP	gesamte beschaffungspolitisch bedingte Auszahlungen
ABV	gesamte variable Auszahlungen für die Beschaffung und den Fremdbezug

AL	gesamte lagerbedingte Auszahlungen
APF	gesamte fixe Auszahlungen für die Betriebsbereitschaft
APV	gesamte produktionsprozeßbedingte variable Auszahlungen
AR	gesamte umrüstungsbedingte Auszahlungen
AZÜ	gesamter Auszahlungsüberschuß
DB^u	unternehmensspezifischer Deckungsbeitrag
$DB^{ü}$	unternehmensübergreifender Deckungsbeitrag
EL	gesamte Liquidationserlöse
EU	gesamte Umsatzerlöse
EV	Endvermögen
G	Gewinn
n	Umfang eines Investitions- oder Finanzierungsobjekts
u	Schaltvariable für verschiedene Zwecke
u^{AP}	Schaltvariable zur Aktivierung absatzpolitisch bedingter Auszahlungen
u^B	Schaltvariable zur Aktivierung von Auszahlungen pro Beschaffungs-/ Fremdbezugsvorgang
u^{BP}	Schaltvariable zur Aktivierung beschaffungspolitisch bedingter Auszahlungen
u^P	Schaltvariable zur Aktivierung von Auszahlungen für die Betriebsbereitschaft
u^R	Schaltvariable zur Aktivierung umrüstungsbedingter Auszahlungen/ Zeitbedarfe
V	Vermögen
x	Produktions- und Absatzmenge
x^A	Absatzmenge
x^B	Beschaffungs-/Fremdbezugsmenge
x^L	Lagerbestand am Ende einer Periode
x^P	Produktionsmenge
y	Anzahl zu beschaffender Potentialfaktoren → im Abschnitt 4.2.2.3; binäre Investitionsvariable (y = 1 bei Beschaffung eines Potentialfaktors) → im Abschnitt 4.2.2.4
z	binäre Devestitionsvariable (z = 1 bei Veräußerung eines Potentialfaktors)

Abbildungsverzeichnis

https://doi.org/10.1515/9783112219843-205

1 Zum Wesen der konsistenz-kongruenz-orientierten Produktionswirtschaft

1.1 Der Betrachtungsgegenstand der Produktionswirtschaft und Aufbau des ersten Kapitels

Produktion ist die zielgerichtete *Kombination und Transformation* von Elementarfaktoren zum Zwecke der Leistungserstellung.[1] Dabei lassen sich als Elementarfaktoren *Potential- und Repetierfaktoren* unterscheiden, je nachdem ob sie mehrmals oder nur einmal eingesetzt werden können.[2] Potentialfaktoren verkörpern als Gebrauchsfaktoren, wie Maschinen, Werkzeuge, Gebäude und auch Arbeitskräfte, „Nutzenpotentiale, die nicht durch einmaligen, sondern erst durch wiederholten Einsatz in eine produktive Kombination aufgezehrt werden.“[3] Demgegenüber werden Repetierfaktoren als Verbrauchsfaktoren, wie Roh-, Hilfs- und Betriebsstoffe sowie Zwischenerzeugnisse und Fertigteile, durch einmaligen Einsatz mit oder ohne Transformation unmittelbar Bestandteil der produktiven Kombination. Ergebnis der Produktion sind materielle und immaterielle Leistungen, also *Sach- und Dienstleistungen*[4], die sich nicht streng voneinander trennen lassen.[5]

Nach dem Dienstleistungsträgerkonzept[6] sind **Produkte** nämlich *nie ausschließlich* als Sachleistungen, immer aber als Träger von Dienstleistungen zu betrachten, die sich nicht über ihren Materialwert, wohl aber über ihren aus Kundensicht beurteilten Nutzungs- und damit Dienstleistungswert definieren. Dieser kann sich bspw. in der Befriedigung eines Informationsbedarfs (Zeitung, Radio, Smartphone), in der Vermittlung von Mobilität (Busfahrkarte, Fahrrad, Auto) oder in der Verwirklichung von Geltungsdrang (Armbanduhr, Auto, Smartphone) ausdrücken. Insofern ist ein Kunde immer nur so viel zu zahlen bereit, wie ihm die vom jeweiligen Produkt erbrachte Dienstleistung wert ist. Aus dieser Überlegung heraus bietet es sich an, den Begriff „Produkt“, der letztlich immer für ein *Dienstleistungsbündel mit materiellem Kern* steht, als Oberbegriff für alle erdenklichen Leistungen materieller und immaterieller

---

1 Vgl. GUTENBERG (1983), S. 5, ferner auch ADAM (1998), S. 1, BLOECH/BOGASCHEWSKY/BUSCHER/DAUB/GÖTZE/ROLAND (2014), S. 3 und CORSTEN/GÖSSINGER (2016), S. 1 f.

2 Zur Unterscheidung von Repetier- und Potentialfaktoren vgl. HEINEN (1983), S. 247. Vgl. auch das Produktionsfaktorsystem von GUTENBERG (1983), S. 2 ff. GUTENBERG (1983) spricht zwar ebenfalls von Potential- (vgl. S. 326), nicht aber von Repetierfaktoren, sondern von Verbrauchsgütern (vgl. S. 328 oder auch 325).

3 ADAM (1998), S. 285.

4 Neben *erwünschten* Sach- und Dienstleistungen sind auch *unerwünschte* Kuppelprodukte wie Abfall, Abwasser oder Emissionen Ergebnis der Produktion. Vgl. BOGASCHEWSKY (1995), S. 131 f. und KLINGELHÖFER (2000), S. 33 ff.

5 Vgl. ENGELHARDT/KLEINALTENKAMP/RECKENFELDERBÄUMER (1993), S. 395 sowie MALERI/FRIETZSCHE (2008), S. 14 und BENKENSTEIN (2017), S. 14.

6 Zum Dienstleistungsträgerkonzept vgl. BÜRK/WAIS (1994), S. 109 ff. Vgl. in diesem Zusammenhang auch KLEINALTENKAMP (2017), S. 46 f. und PFISTERER (2017), S. 80 ff.

https://doi.org/10.1515/9783112219843-001

Art zu verwenden und auf den von vornherein zum Scheitern verurteilten Versuch einer Dichotomisierung produktiver Kombinationen in Sach- und Dienstleistungen zu verzichten.[1]

Die **Produktionswirtschaft** ist mit dem sogenannten Management sowie der Planung und Organisation der betrieblichen Teilfunktion „Produktion" befaßt, wobei Aufgabe des Produktionsmanagements die *systembildende* und der Produktionsplanung und -organisation die *systemkoppelnde Koordination* ist. Während bei einer systemkoppelnden Koordination Abstimmungsprozesse innerhalb eines gegebenen Systemgefüges stattfinden, werden bei einer systembildenden Koordination aufeinander abgestimmte Teilsysteme erst geschaffen und zu einem Gesamtsystem integriert.[2] Systembildung erfolgt fallweise, ist langfristig ausgerichtet und nur schwer revidierbar; sie bindet Kapital, um Erfolgspotentiale zu schaffen und zu erhalten. Dabei ist unter einem Erfolgspotential eine unternehmerische Ressource oder (Kern-)Kompetenz[3] zur Erzielung überdurchschnittlicher Ergebnisse zu verstehen, die entweder langfristige Wettbewerbs*fähigkeit* oder sogar einen nachhaltigen komparativen Konkurrenz*vorteil* begründet.[4] Systemkopplung ist kurzfristig orientiert und permanent zu gewährleisten, um vorhandene Erfolgspotentiale in realen Erfolg zu verwandeln. Folglich trägt Systembildung strategische und Systemkopplung taktische Züge.

Dementsprechend obliegt es dem strategischen **Produktionsmanagement**, durch eine adäquate strategische, strukturelle und technologische Ausrichtung des Produktionssystems produktionswirtschaftliche Erfolgspotentiale aufzubauen und zu erhalten.[5] Hierzu ist freilich nur die Unternehmensleitung imstande, da „echte Führungsentscheidungen" zu treffen sind.[6]

Mit der Erschließung vom Management geschaffener produktionswirtschaftlicher Erfolgspotentiale ist die taktische **Produktionsplanung und -organisation** betraut.[7] *Planung* steht allgemein für die systematische Analyse der Möglichkeiten zur Erreichung eines erwünschten Sollzustands unter Berücksichtigung unveränderlicher Gegebenheiten und potentieller Entwicklungen und gipfelt in einer rationalen Entscheidung für eine der betrachteten Optionen.[8] Damit der Plan nicht nur Konzept bleibt, sondern auch tatsächlich realisiert wird, müssen die Planungsergebnisse in konkrete Handlungs-

---

1 Vgl. ENGELHARDT/KLEINALTENKAMP/RECKENFELDERBÄUMER (1993).

2 Vgl. HORVÁTH/GLEICH/SEITER (2024), S. 37 f.

3 Zu den Termini „Ressource" und „Kompetenz" vgl. die Ausführungen zu den Kompetenz-Markt-Strategien nach HAMEL/PRAHALAD im Abschnitt 2.1.3.1.

4 Vgl. auch PÜMPIN (1986), S. 29 ff., insbesondere S. 34, der in diesem Zusammenhang von einer strategischen Erfolgsposition spricht.

5 Vgl. auch HOITSCH (1993), S. 41, ZÄPFEL (2000a), S. 2 und CORSTEN/GÖSSINGER (2016), S. 26.

6 Vgl. GUTENBERG (1983), S. 134 und 135 ff., insbesondere S. 140.

7 Vgl. im folgenden ROLLBERG (2002), S. 129.

8 Vgl. ADAM (1969b), S. 17.

anweisungen überführt werden.[1] Hierfür ist die zwischen Planerstellung und -realisation liegende, mit der Steuerung der betrieblichen Prozesse betraute *Organisation* zuständig.[2] Ihr obliegt auch die Kontrolle und Sicherung der Planrealisation sowie die Plankorrektur bei verbessertem Informationsstand. Mithin bedingen sich Planung und Organisation gegenseitig: Planung ohne nachfolgende Organisation und *Realisation* ist unnötig, Organisation ohne vorausgehende Planung ist unmöglich. Der enge Zusammenhang zwischen Planung und Organisation und das Problem, keine klare Trennlinie zwischen Planung und Organisation ziehen zu können, haben in der Produktionswirtschaft dazu geführt, „in einem Atemzug" zwar nicht von Produktionsplanung und -organisation, wohl aber von **Produktionsplanung und -steuerung** zu sprechen.

Zwischen strategischem Produktionsmanagement und taktischer Produktionsplanung lassen sich in Abhängigkeit von der Komplexität des zu lösenden Entscheidungsproblems weitere Gestaltungsebenen ziehen. In der betriebswirtschaftlichen Literatur ist es etwa üblich, insgesamt drei **Gestaltungsebenen der Produktionswirtschaft** zu unterscheiden.[3] Hierbei werden zur Kennzeichnung ihrer hierarchischen Abstufung, ausgehend von der obersten zur untersten Stufe, der militärischen Terminologie entlehnte Begriffe leider zumeist in der falschen Reihenfolge („strategisch, taktisch, operativ" statt „strategisch, operativ, taktisch") verwendet.[4] Der *operative* Entscheidungsbereich zwischen *strategischem* Produktionsmanagement und *taktischer* Produktionsplanung wird zwar im vorliegenden Kapitel einer gesonderten Betrachtung unterzogen, im weiteren Verlauf der Abhandlung aber auf Grund seiner weitgehenden „Quantifizier- und Algorithmisierbarkeit" gemeinsam mit der taktischen Produktionsplanung behandelt.

Darüber hinaus sind die **Gestaltungsbereiche der Produktionswirtschaft** inhaltlich danach zu unterscheiden, ob sie sich auf die zu erbringenden Leistungen („*Output*"), den Kombinations- und Transformationsprozeß („*Throughput*") oder die einzusetzenden Elementarfaktoren („*Input*") beziehen.[5] Damit ergibt sich eine Neun-Felder-Matrix produktionswirtschaftlicher Aufgaben, die zwischen strategischer, operativer und taktischer Produktionsprogramm-, -prozeß- und -faktorgestaltung differenziert (vgl. Abbildung 1).[6]

---

1 Vgl. auch im folgenden GUTENBERG (1983), S. 148.

2 Organisation ist hier im funktionalen Sinne zu verstehen; vgl. HAX (1959), S. 610 f.

3 Vgl. bspw. CORSTEN/GÖSSINGER (2016), S. 26 f.

4 *Strategie* steht für Kunst der militärischen Kriegsführung im allgemeinen und *Taktik* für Kunst der Truppenführung während des Kampfes im besonderen. Die *Operation* als zielgerichtete Verschiebung größerer Bestandteile des Heeres ist folglich zwischen den beiden zuvor definierten Begriffen einzuordnen. Vgl. hierzu ausführlicher Abschnitt 2.1.3.1 und ROLLBERG (2001), S. 24, Fußnote 1.

5 Vgl. GUTENBERG (1983), S. 149 und CORSTEN/GÖSSINGER (2016), S. 27 f.

6 Vgl. im folgenden CORSTEN/GÖSSINGER (2016), S. 28 f. Insbesondere zu den strategisch-operativen Aufgabenfeldern vgl. zusätzlich die Klassiker HOITSCH (1993), Kapitel II sowie ZÄPFEL (2000a) und ZÄPFEL (2000b).

	Programmgestaltung	Prozeßgestaltung	Faktorgestaltung
strategisch	☐1	☐4	☐7 △
operativ	②	△5	⑧
taktisch	③	⑥	⑨

Abbildung 1: Aufgabenfelder der Produktionswirtschaft

Gegenstand der **strategischen Produktionsprogrammgestaltung** ist die Ableitung einer *Produktionsstrategie* unter Berücksichtigung der verfolgten Unternehmens- und Geschäftsfeldstrategie und der gegebenen Ressourcen. In engem Zusammenhang damit steht die Auswahl der *Branche*, in der das jeweilige Unternehmen tätig sein möchte, und des folglich zu beackernden Produktfelds. Ein *Produktfeld* erstreckt sich dabei auf alle Produkte, die sich einem allgemeineren Grundprodukt subsumieren lassen (bspw. Schuhe, Küchengeräte, Fahrräder). Die strategische Programmgestaltung findet spätestens mit der Kombination verschiedener Produktfelder (Produktdiversifikation) ihren Abschluß.

Alsdann sind die Produktfelder des strategischen Produktionsprogramms im Rahmen der **operativen Programmgestaltung** durch spezifische Produktarten und -varianten zu konkretisieren, womit gleichzeitig *Programmbreite* und *Programmtiefe* festgelegt werden. Dies schließt mit ein, neue Produkte zu entwickeln (Produktinnovation) und/ oder bereits eingeführte Produkte zu verändern (Produktdifferenzierung), zu verbessern (Produktvariation) oder auch wieder aus dem bestehenden Produktionsprogramm zu entfernen (Produktelimination). Darüber hinaus ist es erforderlich, die Frage nach der *Fertigungstiefe* zu beantworten, also die Frage danach, inwieweit die Gesamtleistung vom jeweiligen Unternehmen selbst erbracht oder von fremden Unternehmen bezogen werden soll.

Der **taktischen Programmgestaltung** obliegt dann nur noch die zielsetzungsgerechte Bestimmung der in den unmittelbar bevorstehenden Planungsperioden zu fertigenden *Mengen* der einzelnen Produktarten und -varianten des operativen Programms.

Mit der Festlegung der *Produktionsorganisation* („Groblayoutplanung") sowie der Auswahl der *Prozeßtechnologie* ist die **strategische Produktionsprozeßgestaltung** befaßt. Sie determiniert damit die grundsätzlichen Produktionsabläufe. Dabei kommen mit der Verrichtungs-, Objekt- und Prozeßorientierung dieselben organisatorischen Gestaltungsprinzipien zur Anwendung wie bei der Strukturierung von Unternehmen. Auch die Prozeßtechnologie, wie bspw. das Maschinenkonzept oder das Steuerungsprinzip, beeinflußt in erheblichem Maße die Art und Weise der Kombination und Transformation der Elementarfaktoren und ist letztlich in der konkreten technischen Ausgestaltung als Werkzeug, Maschine oder Steuerungssoftware selbst wieder Teil der Potentialfaktoren.

Danach sind in der **operativen Prozeßgestaltung** die *innerbetrieblichen Standorte* der einzelnen Arbeitsstellen und Potentialfaktoren („Feinlayoutplanung" bzw. „Geschoß-flächen- und Betriebsmittellayoutplanung") sowie die *innerbetrieblichen Transport-wege* zu ermitteln.

Schließlich gibt die **taktische Prozeßgestaltung** Auskunft über *Art und Anzahl* sowie optimale *Arbeitsdauern und Arbeitsgeschwindigkeiten* der einzusetzenden Maschinen (Produktionsaufteilungsplanung), über grobe *Start- und Endtermine* der zu bearbei-tenden Aufträge (Auftragsterminplanung) sowie über die genauen *Belegungstermine* der Potentialfaktoren durch einzelne Aufträge (Maschinenbelegungsplanung). Ob aller-dings eine konkrete Auftragstermin- und Maschinenbelegungsplanung, auch Ablauf-planung[1] genannt, noch Gegenstand der Produktionsplanung oder eher der Ablauforga-nisation ist, darüber läßt sich streiten.[2]

Zu den Kernaufgaben der **strategischen Produktionsfaktorgestaltung** zählen die *Produktionsstandortplanung* und die *Fabrikplanung* („Werk- und Gebäudelayoutpla-nung") sowie die Festlegung der *Beschaffungsstrategie* und *-organisation*. Damit aber sind wesentliche Aufgaben des *strategischen Beschaffungsmanagements* integraler Bestandteil der strategischen Produktionsfaktorgestaltung (vgl. [7] in Abbildung 2).

Die lang- bis mittelfristige, grobe Kapazitäts-, Personal- und Materialbedarfsplanung, die konkrete Auswahl von Potentialfaktoren und von Repetierfaktorlieferanten, die Instandhaltungsplanung und die Personalentwicklung, die Gestaltung der Arbeits-bedingungen, -zeiten und -entlohnung, die Lieferantenentwicklung, -förderung und -pflege sowie die Sicherung der Versorgung mit Repetierfaktoren sind von der **operativen Faktorgestaltung** zu leisten.

Demgegenüber müssen im Rahmen der **taktischen Faktorgestaltung** die *Bedarfs-mengen und -termine* der für die Leistungserstellung der unmittelbar bevorstehenden Planungsperioden benötigten Elementarfaktoren bestimmt (kurzfristige Kapazitäts-, Personal- und Materialbedarfsermittlung) und im Falle erforderlicher Repetierfaktoren Zahl, Umfang und Zeitpunkt der bei Eigenfertigung aufzulegenden *Produktionslose* und der bei Fremdbezug auszulösenden *Bestellungen* festgesetzt werden. Folglich ist neben der Losgrößenplanung auch die Bestellmengenplanung als Teil der *taktischen Beschaffungsplanung* integraler Bestandteil der taktischen Produktionsfaktorgestal-tung (vgl. (9) in Abbildung 2).

---

1 Zur Ablaufplanung in der auftragsorientierten Fertigung unter besonderer Berücksichtigung von Störfällen vgl. HERRMANN (2018).

2 Vgl. HAX (1959), S. 610 f., KERN (1988), S. 174 f. i. V. m. S. 179 f. und ROLLBERG (2002), S. 130.

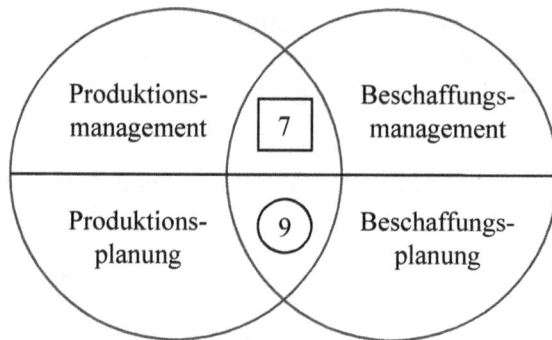

Abbildung 2:   Gemeinsame Aufgaben der Beschaffungs- und Produktionswirtschaft

Die Auswahl der Produktionsstrategie $\boxed{1}$, -struktur und -technologie $\boxed{4}$ sowie der Beschaffungsstrategie und -struktur $\boxed{7}$ läßt sich nicht algorithmisieren und muß auf Grund der zahlreichen zwischen diesen Aktionsparametern bestehenden wechselseitigen Abhängigkeiten (Interdependenzen) integriert erfolgen, was in den Aufgabenkomplex des **strategischen Produktionsmanagements** fällt (vgl. Kapitel 3).

Ebenfalls bestehen vielfältige Interdependenzen zwischen den eher kurzfristigen Produktionsprogramm- ③, -prozeß- ⑥ und -faktorplanungen ⑨ als Teilplanungen der taktischen Produktionswirtschaft, die in quantitativen Entscheidungsmodellen der integrierten Produktionsplanung abgebildet werden können. Diese Modelle lassen sich gut um Fragestellungen der Programm- ② und der Kapazitätsdimensionierung ⑧ erweitern, wobei große Überschneidungsbereiche zur Absatz- und zur Investitions- und Finanzwirtschaft entstehen. Insofern sind die Grenzen zwischen Modellen der integrierten **operativ-taktischen Produktionsplanung** und der integrierten Unternehmensplanung fließend (vgl. Kapitel 4).

Primär logistische Züge tragen die eng miteinander verbundenen Aufgabenfelder der betrieblichen Standort- und Fabrikplanung ⚠ sowie der innerbetrieblichen Standortplanung ⚠ oder, mit anderen Worten, der betrieblichen Standortplanung und der Werk-, Gebäude-, Geschoßflächen- und Betriebsmittellayoutplanung.[1] Dieser eigenständige Aufgabenkomplex ist nicht Gegenstand des vorliegenden Lehrbuchs.

Um die aus den wechselseitigen Abhängigkeiten zwischen den einzelnen Aufgabenfeldern der Produktionswirtschaft erwachsende Notwendigkeit einer integrierten Produktionssystemgestaltung und -nutzung weiter verdeutlichen zu können, ist in den folgenden beiden Unterkapitel aus dem **Konsistenz-Kongruenz-Gebot** der Unternehmenstheorie im allgemeinen (Unterkapitel 1.2) das Konsistenz-Kongruenz-Gebot der Produktionswirtschaft im besonderen (Unterkapitel 1.3) abzuleiten.

---

1 Vgl. HOITSCH (1993), S. 90.

1.2 Das Konsistenz-Kongruenz-Gebot der Unternehmenstheorie im allgemeinen und Aufbau des zweiten Kapitels[1]

Gegenstand der *Unternehmenstheorie* ist die wissenschaftliche Auseinandersetzung mit dem Wesen organisierter produktiver Wirtschaftseinheiten in einem marktwirtschaftlichen System.[2] Eigenschaften und Funktionsweisen sowie Gründe für das Entstehen, die Existenz und das Verhalten von Unternehmen sind Konkretisierungen dieses Wesens. Eine einheitliche, geschlossene, allumfassende Unternehmenstheorie existiert nicht. Statt dessen gibt es einerseits etliche *Teilbereichstheorien*, wie bspw. die Führungs- und Organisations-, die Absatz-, die Produktions- und Kosten-, die Investitions- und Finanzierungs- oder die Bilanztheorie, sowie andererseits *Gesamtunternehmenstheorien* aus spezifischen Blickwinkeln, wie der faktor-, der entscheidungs-, der system- und der verhaltenstheoretische sowie der institutionenökonomische Ansatz.[3] Trotz aller Verschiedenartigkeit dieser Theorien ist ihnen gemein, daß sie die **Koordination** ihrer Einzelelemente in den Vordergrund stellen: die Koordination von Handlungsoptionen, von Menschen, Mitteln und Prozessen, von Führungshierarchien, von betrieblichen Teilbereichen sowie von Unternehmen und Märkten. Insofern ist jede Unternehmenstheorie letztlich koordinationsorientiert,[4] und das Koordinationserfordernis mündet in einem *Konsistenz-Kongruenz-Gebot* der Unternehmenstheorie, das im folgenden zu erörtern ist.

Unternehmen sind vielgliedrige Gebilde, deren einzelne Elemente koordiniert zusammenwirken müssen, um in einem komplexen und unsteten Umfeld langfristig überleben zu können. Insofern gleichen sie einem menschlichen Körper,[5] dessen Organe, Muskeln und sonstige Bestandteile nicht nur *funktionieren*, sondern auch *harmonieren* müssen, wenn der Mensch möglichst alt werden soll. Krankheit ist das Ergebnis mangelnder Funktionstüchtigkeit oder unabgestimmten Zusammenwirkens einzelner Körperteile und endet nicht selten mit dem Tod. Überlebensfähigkeit setzt aber auch ein Mindestmaß an Harmonie zwischen Mensch und ihn umgebender Umwelt voraus. Einerseits können Ausbildung und Übung den Menschen verändern, um ihn an neue Anforderungen der Umwelt anzupassen. Andererseits kann er seine Fähig- und Fertigkeiten dazu nutzen, zumindest ansatzweise die Umwelt mit seinen Bedürfnissen in Einklang zu bringen. Analog sind Unternehmen langfristig nur überlebensfähig, wenn es gelingt, mit Hilfe einer adäquaten systembildenden und systemkoppelnden Koor-

---

1 Vgl. ROLLBERG (2010a), S. 343–345.

2 Vgl. hierzu auch die allgemeinere und ausführlichere Definition in SCHOPPE/WASS VON CZEGE/ MÜNCHOW/STEIN/ZIMMER (1995), S. 1 f. und die Ausführungen in GUTENBERG (1958), S. 191 f.

3 Zur Unterscheidung von Teilbereichs- und Gesamtunternehmenstheorien vgl. LÜCKE (2008), S. 775. Ein Überblick über die Gesamtunternehmenstheorien findet sich bspw. in WÖHE/DÖRING/ BRÖSEL (2023), S. 15 ff.

4 Zur koordinationsorientierten Theorie der Unternehmung vgl. ALBACH (1997).

5 Der Vergleich von Unternehmen mit Organismen ist alt. Vgl. hierzu die aufschlußreiche Diskussion in SCHNEIDER (1997), S. 27 ff. sowie die dort zitierte Literatur.

dination[1] **Konsistenz** zwischen den unternehmensinternen Gestaltungsparametern und **Kongruenz** zwischen eben diesen Parametern und den unternehmensexternen Kontextfaktoren herzustellen.[2]

Die **systembildende Koordination** ist der *strategischen* Betrachtungsebene zuzuordnen und dient der langfristigen Gestaltung des Unternehmens. Ihre Aufgabe besteht darin, **Konsistenz** zwischen den strategischen Aktionsparametern *Strategie, Struktur, Technologie und Kultur* zu schaffen, um so die allgemeinen Verhaltensrichtlinien mit den konkreten Verhaltensmöglichkeiten und der Verhaltensbereitschaft der Belegschaft abzustimmen.[3] Unter Berücksichtigung der von der Unternehmensumwelt determinierten Verhaltenserfordernisse ist zudem **Kongruenz** im Hinblick auf die *externen situativen Kontextfaktoren* zu gewährleisten. Die Häufigkeit, mit der Systemumbildungen vorzunehmen sind, hängt von der Umweltdynamik und der Flexibilität des jeweils geschaffenen Systems ab.

Je flexibler das System ist, desto länger kann auf Umweltentwicklungen mit der eher *operativ-taktisch* ausgelegten **systemkoppelnden Koordination** reagiert werden. Sie hat bei gegebener Ausprägung der externen Kontextfaktoren und der strategischen Aktionsparameter für **Konsistenz** zwischen den auszuwählenden Handlungsoptionen der Finanz- und Realgütersphäre sowie für **Kongruenz** zwischen den zu ergreifenden Maßnahmen und der Unternehmensumwelt zu sorgen. Mithin geht es im Idealfalle um eine alle relevanten Interdependenzen zwischen den einzelnen Unternehmensteilplänen erfassende *integrierte Absatz-, Produktions-, Beschaffungs-, Investitions- und Finanzierungsplanung* unter Berücksichtigung aller *system- und umweltbedingten Restriktionen*.

Soll **Kongruenz** nicht lediglich über eine *reaktive Anpassung* des Unternehmens an die Umwelt, sondern auch über eine *proaktive Gestaltung* der Umwelt im Sinne des Unternehmens bewirkt werden, so ist der Handlungsspielraum eines einzelnen Unternehmens eher begrenzt. Allerdings werden etliche der für *Einzelunternehmen* in der Regel unabänderlich gegebenen externen Kontextfaktoren durch abgestimmtes Verhalten innerhalb eines *Unternehmensverbunds* aktiv gestaltbar. Abbildung 3 veranschaulicht den Gesamtzusammenhang zwischen den zu koordinierenden unternehmensinternen Gestaltungsparametern und den unternehmensexternen Kontextfaktoren.

Im **Kapitel 2** soll das Konsistenz-Kongruenz-Gebot der Unternehmenstheorie weiter konkretisiert werden, um darauf aufbauend in den Kapiteln 3 und 4 das Konzept einer konsistenz-kongruenz-orientierten Produktionswirtschaft als eigentlichem Betrachtungsgegenstand des vorliegenden Lehrbuchs entwickeln und erläutern zu können. Unterkapitel 2.1 ist der notwendigen Konsistenz zwischen den strategischen Aktions-

---

1 Zur systembildenden und systemkoppelnden Koordination vgl. erneut HORVÁTH/GLEICH/SEITER (2024), S. 37 f.

2 Vgl. MINTZBERG (1979), S. 219 f.

3 Vgl. auch GRÖGER (1992), S. 12 ff., insbesondere S. 15.

parametern gewidmet und behandelt die abgestimmte Gestaltung der Strategie, Struktur, Technologie und Kultur als Hauptaufgabe des *strategischen Managements*. Im Mittelpunkt des Unterkapitels 2.2 steht die erforderliche Kongruenz der strategischen Aktionsparameter mit den unternehmensexternen Kontextfaktoren, wobei den erweiterten Möglichkeiten kooperierender Unternehmen zur proaktiven Beeinflussung der Unternehmensumwelt im Rahmen eines *kollektiven strategischen Managements* besondere Aufmerksamkeit geschenkt wird. Unterkapitel 2.3 setzt sich sodann mit der Konsistenz zwischen den konkreten unternehmensspezifischen Maßnahmen und der Kongruenz dieser Maßnahmen mit der Unternehmensumwelt auseinander und betont die Notwendigkeit einer simultanen Planung des Absatz-, Produktions-, Beschaffungs-, Investitions- und Finanzierungsprogramms unter Berücksichtigung unternehmensin- und -externer Restriktionen als Ideal einer *integrierten operativ-taktischen Unternehmensplanung*.

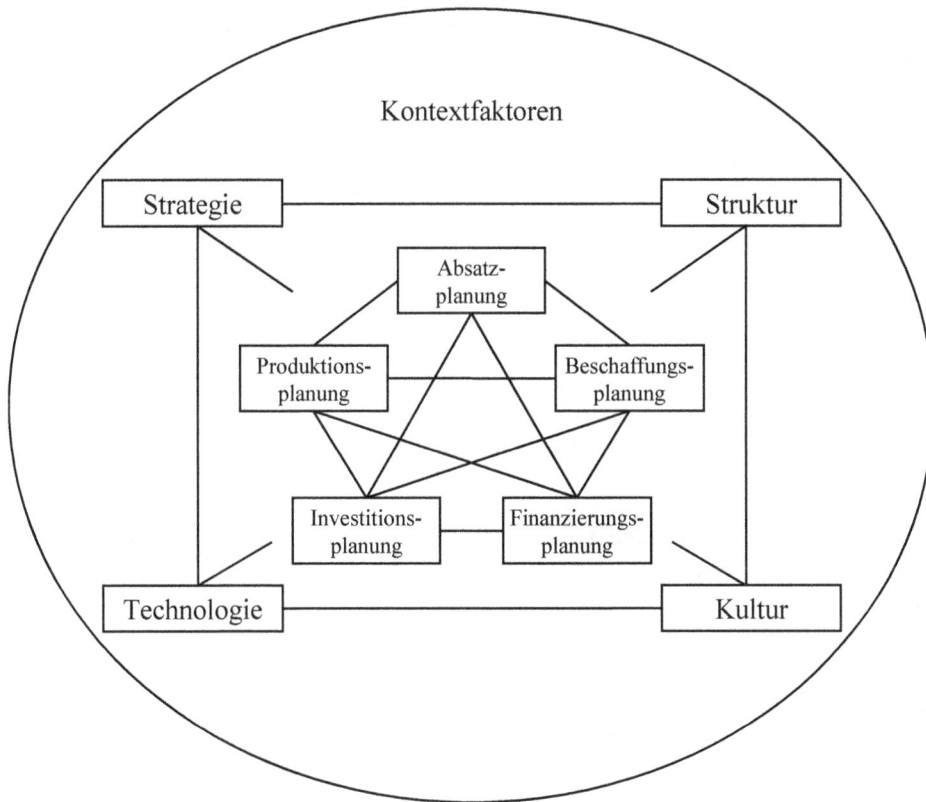

Abbildung 3: *Konsistenz-Kongruenz-Modell der Unternehmenstheorie*

1.3 Das Konsistenz-Kongruenz-Gebot der Produktionswirtschaft im besonderen und Aufbau des dritten und vierten Kapitels[1]

In Analogie zum Konsistenz-Kongruenz-Gebot der Unternehmenstheorie läßt sich unter Rückgriff auf die systembildende und die systemkoppelnde Koordination auch ein Konsistenz-Kongruenz-Gebot der Produktionswirtschaft formulieren. Die eher *strategisch* geprägte **systembildende Koordination** hat in diesem Zusammenhang die Aufgabe, zum einen unter Berücksichtigung der gewählten Unternehmens- und Geschäftsfeldstrategie sowie der vorherrschenden Unternehmenskultur **Konsistenz** zwischen den strategischen Aktionsparametern *Produktionsstrategie, -struktur und -technologie sowie Beschaffungsstrategie und -struktur* und zum anderen **Kongruenz** der Parameterausprägungen mit den *externen situativen Kontextfaktoren* herzustellen.

Die *operativ-taktisch* ausgelegte **systemkoppelnde Koordination** hat bei gegebener Ausprägung der externen Kontextfaktoren und der strategischen Aktionsparameter des Produktionsbereichs für **Konsistenz** zwischen den auszuwählenden produktionswirtschaftlichen Handlungsoptionen sowie für **Kongruenz** zwischen den zu ergreifenden Maßnahmen und der Unternehmensumwelt zu sorgen. Dies läßt sich allenfalls mit einer alle relevanten Interdependenzen zwischen den Produktionsteilplänen erfassenden *integrierten Produktionsprogramm-, -prozeß- und -faktorplanung* unter Berücksichtigung aller *produktionssystem- und umweltbedingten Restriktionen* erreichen.

Soll **Kongruenz** nicht nur über eine *reaktive Anpassung* der Produktion an die Umwelt, sondern auch über eine *proaktive Gestaltung* der Umwelt im Sinne der Produktion erreicht werden, so bieten sich vor allem Wertschöpfungspartnern in vertikalen strategischen Allianzen Möglichkeiten des abgestimmten Verhaltens. Abbildung 4 veranschaulicht den Gesamtzusammenhang zwischen den zu koordinierenden produktionswirtschaftlichen Gestaltungsparametern und den externen Kontextfaktoren.

In den Kapiteln 3 und 4 wird das Konzept der konsistenz-kongruenz-orientierten Produktionswirtschaft weiterentwickelt und erläutert. Dabei ist **Kapitel 3** der strategischen und **Kapitel 4** der operativ-taktischen Konsistenz und Kongruenz im Produktionsbereich gewidmet. Unterkapitel 3.1 setzt sich mit der konsistenten Gestaltung der Produktionsstrategie, -struktur und -technologie als Hauptaufgabe des *strategischen Produktionsmanagements*[2] und Unterkapitel 3.2 mit der konsistenten Gestaltung der Beschaffungsstrategie und -struktur als Hauptaufgabe des *strategischen Beschaffungsmanagements*[3] auseinander. Danach steht im Unterkapitel 3.3 die proaktive Gestaltung

---

1 Vgl. ROLLBERG (2018b), S. 330–332.

2 So wie es sich erübrigt, im Unterkapitel 2.1 zum strategischen Management den Aktionsparameter Technologie ausführlicher zu diskutieren, weil Technologie im naturwissenschaftlich-technischen Sinne immer Produktionstechnologie ist, bedarf es im Unterkapitel 3.1 zum strategischen Produktionsmanagement keiner eigenen „Kulturdiskussion", weil die Unternehmenskultur alle Unternehmensbereiche in gleichem Maße durchdringt.

3 Die Produktionsstrategie, -struktur und -technologie sind Aktionsparameter des strategischen Produktionsmanagements im engeren Sinne, während die Beschaffungsstrategie und -struktur Aktions-

der Kongruenz zwischen strategischen Parametern und externen Kontextfaktoren mit Hilfe des „Supply Chain Management" als spezifischer Form eines *kollektiven strategischen Produktions- und Beschaffungsmanagements* im Mittelpunkt des Interesses. Operativ-taktische Konsistenz zwischen konkreten produktionswirtschaftlichen Maßnahmen und operativ-taktische Kongruenz dieser Maßnahmen mit der Unternehmensumwelt sind Gegenstand des Unterkapitels 4.1, das die Notwendigkeit einer simultanen Planung des In-, Through- und Output unter Berücksichtigung unternehmensin- und -externer Restriktionen als Ideal einer *integrierten operativ-taktischen Produktionsplanung* betont. Abschließend werden in den Unterkapiteln 4.2 und 4.3 Erweiterungen der integrierten Produktionsplanung zu einer *integrierten produktionszentrierten Unternehmensplanung* und zu einer *integrierten unternehmensübergreifenden Produktionsplanung* diskutiert.

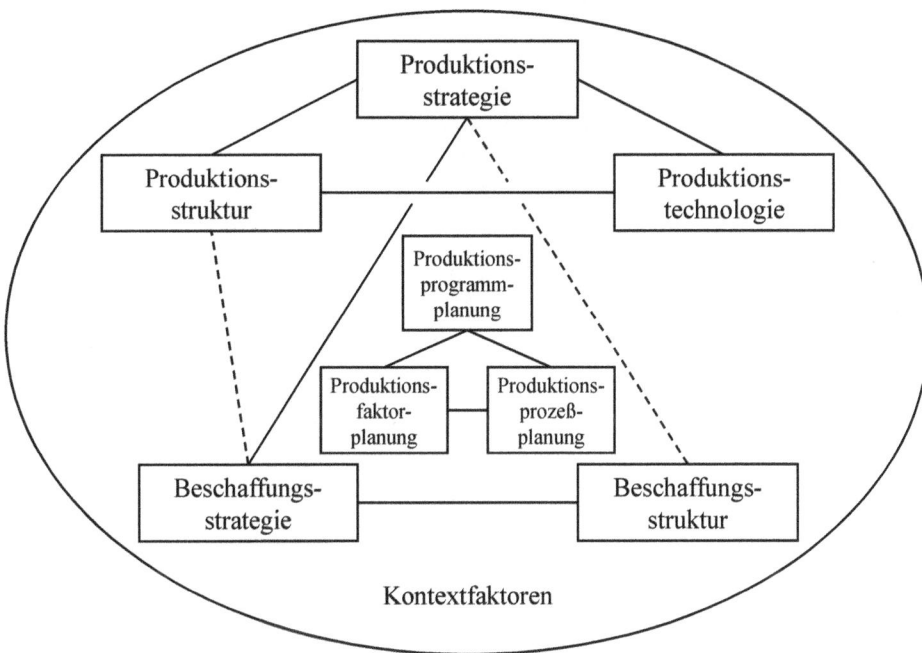

Abbildung 4: Konsistenz-Kongruenz-Modell der Produktionswirtschaft[1]

---

parameter des strategischen Beschaffungsmanagements und gleichzeitig auch des strategischen Produktionsmanagements im weiteren Sinne sind. Vgl. auch Abbildung 2 im Unterkapitel 1.1.

1 Die durchgezogenen Linien stehen für direkte und die gestrichelten Linien für indirekte Interdependenzen zwischen den jeweiligen Aktionsparametern. Durch die zwischen der Produktions- und Beschaffungsstrategie sowie die zwischen der Beschaffungsstrategie und -struktur bestehenden direkten Interdependenzen (vgl. die Abschnitte 3.2.2 und 3.2.4) ergeben sich bspw. indirekte Interdependenzen zwischen der Produktionsstrategie und der Beschaffungsstruktur.

2 Konsistenz-kongruenz-orientierte Unternehmensführung als Fundament der konsistenz-kongruenz-orientierten Produktionswirtschaft

2.1 Konsistenz durch strategisches Management[1]

2.1.1 Erfolg als oberste Unternehmenszielsetzung

Eine isolierte Diskussion des Konsistenzgebots geht von der Unveränderbarkeit der Umwelt und somit von gegebenen externen Kontextfaktoren aus, die als Datum hinzunehmen sind und an die sich das jeweilige Unternehmen anzupassen hat. Aus strategischer Sicht ist ein Unternehmen unter dieser Bedingung langfristig nur überlebensfähig, wenn es ihm gelingt, durch eine auch mit der Unternehmensumwelt abgestimmte Gestaltung der Aktionsparameter „Unternehmensstrategie", „Organisationsstruktur", „Technologie" und „Unternehmenskultur" so auf die strategischen Erfolgsfaktoren „Qualität", „Zeit" und „Kosten" einzuwirken, daß das oberste Unternehmensziel „Erfolg" möglichst gut erreicht wird.

Ein **Ziel** beschreibt im allgemeinen einen erwünschten Sollzustand. Wirtschaftliches Handeln ist grundsätzlich zielgerichtet und bezweckt folglich die Herbeiführung eines als vorteilhaft erachteten unternehmerischen Zustands. Deshalb sollten konkrete Handlungsmöglichkeiten idealerweise an Hand operationaler Zielsetzungen nach dem Grad ihrer Vorziehenswürdigkeit geordnet werden können.[2] In strategischen Entscheidungssituationen ist dies aber kaum möglich.

Das strategische Management kann sich auf Grund des hohen Abstraktionsgrades seiner Entscheidungen zwischen nur grob skizzierten Handlungsmöglichkeiten lediglich an den obersten Unternehmenszielen orientieren. Als allgemeinstes und daher auch unverbindlichstes Metaziel eines jeden Unternehmens gilt der **Erfolg**. Dieser Begriff ist äußerst dehnbar und bedarf selbst im Zusammenhang mit der strategischen Unternehmensführung einer Präzisierung.

Der marktliche Erfolg eines auf Dauer angelegten Unternehmens ist gleichbedeutend mit seiner langfristigen **Überlebensfähigkeit**.[3] Langfristig überlebensfähig ist ein Unternehmen nur dann, wenn es sich auf unbestimmte Zeit selbst tragen kann: Alle Eigentümer erzielen mit ihrem bereitgestellten Kapital langfristig einen höheren Gewinn als mit Investitionen in Kapitalmarkttitel, alle Unternehmensangehörigen beziehen ein angemessenes Einkommen, und Finanzmittel für notwendige Reinvestitionen stehen in ausreichendem Maße zur Verfügung.

---

1 Vgl. ROLLBERG (2010a), S. 346–349 und ausführlicher ROLLBERG (1996), S. 8–61.

2 Vgl. ADAM (1996), S. 99.

3 Vgl. HERING (2022), S. 9 und GÖRGEL (1992), S. 15.

https://doi.org/10.1515/9783112219843-002

Langfristige Überlebensfähigkeit setzt sowohl Wirtschaftlichkeit der unternehmeri-schen Prozesse als auch, darauf aufbauend, Wettbewerbsfähigkeit im Markt voraus. Wirtschaftlichkeit korrespondiert ausschließlich mit der Effizienz, Wettbewerbsfähig-keit dagegen auch mit der Effektivität der Leistungserstellung.[1] **Effektivität** verlangt, *die richtigen Dinge zu tun*, und ist gegeben, wenn Leistungen erbracht und auf dem Absatzmarkt angeboten werden, die auch auf Nachfrage stoßen. Demgegenüber spie-gelt sich in der Forderung der **Effizienz**, *die Dinge richtig zu tun*, das Rationalprinzip als wesentlichste Grundregel wirtschaftlichen Handelns wider, das entweder mit minimalen Mitteln ein vorgegebenes Ergebnis (Minimumprinzip) oder mit gegebenen Mitteln ein maximales Ergebnis (Maximumprinzip) zu erzielen trachtet.[2]

Während sich Effizienz also auf die **Zweckmäßigkeit des Faktoreinsatzes** („Input") sowie der Faktorkombination und -transformation („Throughput") zur Erzielung eines bestimmten Produktionsergebnisses bezieht, beschreibt Effektivität die **Zweckmäßig-keit des Produktionsergebnisses** („Output") zur Generierung von Nachfrage. Effi-zienz und Effektivität können daher nicht getrennt voneinander betrachtet werden. Die erwünschten Eigenschaften von Produkten haben unmittelbare Auswirkungen auf den erforderlichen Faktoreinsatz, und das geduldete Ausmaß einzusetzender Faktoren be-einflußt unweigerlich die Beschaffenheit der zu erbringenden Leistungen. Folglich ist entweder ein zuvor konkretisiertes, vom Abnehmer akzeptiertes Leistungsniveau mit minimalem Faktoreinsatz oder das bei gegebenen Ressourcen aus der Sicht des Kunden bestmögliche Leistungsniveau zu erreichen. Darüber hinaus muß der Faktoreinsatz in einem angemessenen Verhältnis zum erzeugten Kundennutzen und damit zum erziel-baren Marktpreis des jeweiligen Produkts stehen, weil Unternehmen nur dann über-lebensfähig sind, wenn sie Gewinne erwirtschaften.

Effizientes Handeln ist nicht automatisch effektiv, und effektives Handeln ist nicht automatisch effizient: *Ineffektives effizientes Wirtschaften* bringt Leistungen hervor, die im Extremfall nicht sparsamer erbracht werden können, für die sich aber keine Abnehmer finden lassen. *Ineffizientes effektives Wirtschaften* führt zwar zu Umsatz, bei übermäßigem Faktoreinsatz jedoch auch zu Verlusten. Mithin vermag nur eine gleichzeitig effektive und effiziente Leistungserstellung die Überlebensfähigkeit eines Unternehmens langfristig zu sichern. Hierzu muß das strategische Management zielge-richtet auf die strategischen Erfolgsfaktoren, die im folgenden Abschnitt zu erörtern sind, einwirken.

2.1.2 Qualität, Zeit und Kosten als strategische Erfolgsfaktoren

Ein Unternehmen hat in einer Marktwirtschaft nur dann Bestand, wenn es sein Lei-stungsprogramm gegenüber der Konkurrenz dauerhaft erfolgreich verteidigen kann.

---

1 Zu den folgenden Ausführungen zur Effektivität und Effizienz vgl. DRUCKER (1974), S. 45.
2 Zum Rationalprinzip als Vernunftprinzip der Betriebswirtschaftslehre vgl. HERING (2023), S. 756 ff.

Deshalb müssen die Entscheidungen und Maßnahmen eines erfolgsorientierten strategischen Managements die Schaffung neuer und die Weiterentwicklung bestehender Erfolgspotentiale konsequent unterstützen, um so die Stärken eines Unternehmens permanent mit den sich im Umfeld bietenden Chancen abzugleichen.[1] Da die unübersichtliche Vielzahl möglicher Erfolgspotentiale (bspw. Patente, spezifisches Wissen) einer eingehenden Analyse nicht zugänglich ist, sind einige grundsätzliche Faktoren zu isolieren, denen eine erfolgsrelevante Schlüsselrolle zukommt und auf die alle Erfolgspotentiale reduziert werden können. Die Beherrschung dieser **Erfolgsfaktoren** bildet dann gleichsam die Voraussetzung für eine positive unternehmerische Entwicklung.

Um die wenigen erfolgsrelevanten Schlüsselfaktoren ermitteln zu können, ist es ratsam, sich die im vergangenen Jahrhundert zu beobachtenden Veränderungen auf den Absatzmärkten vor Augen zu führen.[2] **Ungesättigte Märkte**, die eine geringe Kundenorientierung der Leistungsprogramme mit einer daraus resultierenden Massenfertigung weitestgehend standardisierter Produkte in wenigen Varianten für den anonymen Markt duldeten, wurden in den 1960er Jahren durch zunehmend **gesättigte Märkte** abgelöst. Diese fordern einerseits die verstärkte kundenorientierte Fertigung einer Vielzahl von Produkten und Varianten sowie andererseits die Bereitstellung kompletter kundenspezifischer Problemlösungen unter Einschluß zahlreicher Dienstleistungen.

Deshalb muß das strategische Management anstatt von der früher vorherrschenden **Produktionsorientierung** von einer konsequenten **Kundenorientierung** beseelt sein. Ein produktionsorientiertes Unternehmen ist daran interessiert, dem Kunden die *Produkte* zu *verkaufen*, die es bereitzustellen vermag. Dagegen versucht ein kundenorientiertes Unternehmen, *Bedürfnisse* zu *befriedigen*, indem es die Produkte fertigt, die der Kunde wünscht, um entsprechende Zahlungsbereitschaften zu generieren.

Der strukturelle Wandel vom Verkäufer- zum Käufermarkt bewirkte somit auch eine Schwerpunktverlagerung im unternehmerischen Zielsystem.[3] Während in ungesättigten Märkten eine hohe Kapazitätsauslastung entscheidend für den marktlichen Erfolg eines Unternehmens war, verlangen gesättigte Märkte zunächst eine im Vergleich zur Konkurrenz überlegene Qualität des Leistungsprogramms sowie eine hohe Termintreue bei kurzen Lieferzeiten. Zudem erfordert die heute vergleichsweise schlechte Eigenkapitalsituation vieler Unternehmen mit der damit einhergehenden wachsenden Zinsbelastung eine Reduzierung der Kapitalbindung im Anlage- und Umlaufvermögen.

Im **Verkäufermarkt** ist unternehmerischer Erfolg also bereits durch Konzentration auf die Effizienz der Leistungserstellung unter Einhaltung einer Mindesteffektivität zu erzielen, weil der Kunde zur Abnahme nahezu aller „halbwegs brauchbaren" Produkte

---

1 Vgl. auch im folgenden FISCHER (1993), S. 16–18 einschließlich der dort zitierten Literatur.
2 Vgl. hierzu ADAM (1998), S. 27 f.
3 Vgl. hierzu ADAM (1998), S. 28 f.

bereit ist.[1] Der alleinige strategische Erfolgsfaktor ist unter diesen Bedingungen in den **Kosten** zu sehen, denn vergleichsweise niedrige Kosten bei gegebenem Mindestnutzen erlauben höhere Gewinnmargen und/oder niedrigere Preise mit damit verbundenen höheren Absatzmengen.

Dagegen hat in **Käufermärkten** die Gewährleistung der Effektivität Priorität vor der nichtsdestoweniger bedeutsamen Effizienz der Prozesse, weil der Kunde differenzierte Produkte zu erschwinglichen Preisen verlangt. Allerdings ist unter Berücksichtigung der Schwerpunktverlagerung im unternehmerischen Zielsystem eine Aufspaltung des Effizienzbegriffs erforderlich: Während in ungesättigten Märkten die *Kosteneffizienz* durch eine hohe Kapazitätsauslastung sicherzustellen war, muß in gesättigten Märkten überdies die *Zeiteffizienz* durch hohe Termintreue bei kurzen Lieferzeiten gewährleistet sein. Folglich ist die im Abschnitt 2.1.1 gestellte Forderung, die richtigen Dinge richtig zu tun, durch das Postulat, *die richtigen Dinge zum richtigen Zeitpunkt richtig zu tun*, zu präzisieren. Neben den Kosten ist somit die **Zeit** als zweiter erfolgsrelevanter Schlüsselfaktor zu betrachten, der die beiden Aspekte „Flexibilität" und „Schnelligkeit" umfaßt. *Flexibilität* steht für die Fähigkeit, sich schnell an veränderte Umweltbedingungen oder Marktanforderungen anpassen zu können, und definiert sich infolgedessen über die beiden Dimensionen „Grad der Anpassungsfähigkeit" und „Schnelligkeit", mit der die Anpassungen verwirklicht werden können.[2] Damit aber setzt Flexibilität immer auch ein Minimum an Schnelligkeit voraus, denn unter Vernachlässigung der Schnelligkeit ist jedes System veränderbar, nicht aber flexibel. *Schnelligkeit* ist dagegen ein allgemeinerer Begriff, der sich nicht allein auf die Anpassungsfunktion, sondern auf *alle* zu erfüllenden Aufgaben bezieht. Jede Aufgabenbewältigung führt aber prinzipiell auch zu einer Zustandsveränderung des betrachteten Systems. Somit können die beiden Aspekte nicht voneinander getrennt werden und sind unter dem Schlüsselfaktor „Zeit" zusammenzufassen.

Schließlich ist der mit der *Effektivität* korrespondierende Erfolgsfaktor mit dem Begriff **Qualität** zu umschreiben. Dabei darf allerdings nicht auf eine einseitig produktorientierte Qualitätsdefinition zurückgegriffen werden, die lediglich auf die Eignung des Produkts für den beabsichtigten Verwendungszweck abstellt. Neben den *objektiven* technisch-funktionalen Qualitätskriterien tragen auch die vom Kunden *subjektiv* wahrgenommenen zusatznutzenstiftenden Eigenschaften einer Leistung zum marktlichen Erfolg bei. Kundenorientierung verlangt deshalb eine sowohl die *Produkt-* als auch die *Service-* und die *Kontakt-* bzw. *Kommunikationsqualität* umfassende Definition.[3/4]

---

1 Auch nach dem Mauerfall am 9.11.1989 und der Wiedervereinigung am 3.10.1990 waren für kurze Zeit ungesättigte Verkäufermärkte auf dem Gebiet der von Mangelwirtschaft gekennzeichneten ehemaligen DDR zu beobachten, die nicht selten zwielichtige Geschäftemacher anlockten.

2 Vgl. ADAM (1996), S. 289 und ADAM (1998), S. 90. Ausführlicher zum Flexibilitätsbegriff vgl. MIRSCHEL (2007), S. 22 ff.

3 Vgl. auch im folgenden TÖPFER/MEHDORN (1994), S. 32 f., 91 ff. und 94 ff.

4 In diesem Zusammenhang ist darauf hinzuweisen, daß auch *Zeiteffizienz* (hohe Termintreue bei kurzen Lieferzeiten) die so verstandene ganzheitliche Leistungsqualität zu steigern vermag.

Die Servicequalität bezieht sich auf die sachleistungsbegleitenden Dienstleistungen vor und nach dem Verkauf (bspw. Installationsdienste, Finanzierungsangebote, Schulungen, Instandhaltung, Reparaturen), die einen Großteil der vom Kunden wahrgenommenen zusatznutzenstiftenden Eigenschaften einer Leistung ausmachen. Dagegen erstreckt sich die Kommunikationsqualität auf alle Glieder der betrieblichen Wertschöpfungskette, in denen ein Kontakt gleich welcher Art mit dem Kunden zustande kommt. Dabei wird der „sachbezogene Kontakt über die materielle Produktqualität und teilweise die Servicequalität .. emotional auf der immateriellen Ebene durch die Kommunikationsqualität ergänzt."[1] Ein letztes Mal die weiter oben formulierte Forderung aufgreifend kann abschließend behauptet werden, daß in gesättigten Märkten nur die Unternehmen Erfolg haben werden, die *die richtige Leistungsqualität zum richtigen Zeitpunkt richtig im Sinne von „so kostengünstig wie möglich" bereitstellen.*

Abbildung 5 liefert eine komprimierte Darstellung der geschilderten Zusammenhänge. Im folgenden Abschnitt sind nunmehr die strategischen Aktionsparameter, mit denen auf die Erfolgsfaktoren zieladäquat eingewirkt werden kann, zu diskutieren.

	Verkäufermarkt	Käufermarkt
Sättigungsgrad des Marktes	ungesättigt	gesättigt
Orientierung des Managements	Produktionsorientierung	Kundenorientierung
Schwerpunkt der obersten Unternehmenszielsetzung Erfolg	Kosteneffizienz bei Mindesteffektivität	Effektivität bei Zeit- und Kosteneffizienz
Relevante Subziele	Kapazitätsauslastung	überlegene Qualität Termintreue kurze Lieferzeiten geringe Kapitalbindung Kapazitätsauslastung
Strategische Erfolgsfaktoren	Kosten	Qualität Zeit Kosten

Abbildung 5: Strategische Erfolgsfaktoren im Verkäufer- und Käufermarkt

---

1 TÖPFER/MEHDORN (1994), S. 32.

2.1.3 Strategie, Struktur, Technologie und Kultur als strategische Aktionsparameter

2.1.3.1 Unternehmensstrategie

Während ein Ziel einen erwünschten Sollzustand beschreibt, bringt eine Strategie zum Ausdruck, auf welche Weise dieser Zustand erreicht werden soll. Die durch die Strategie vorgegebene allgemeine Verhaltens*richtlinie*, die durch die formale Organisationsstruktur und die bereitgestellte Technologie in konkrete Verhaltens*möglichkeiten* transformiert wird, führt nur dann zum Ziel, wenn die sich in der Unternehmenskultur ausdrückenden informalen Regeln und Strukturen eine strategiekonforme Verhaltens*bereitschaft* der Mitarbeiter auslösen.[1]

Das deutsche Wort **Strategie** wurde in Anlehnung an den französischen Begriff *stratégie* gebildet, der dem griechischen *strategia* entstammt.[2] Dabei setzt sich das Ursprungswort aus *stratos* für *Heer* und *agein* für *führen* zusammen. Konsequenterweise wird unter Strategie im allgemeinen Sprachgebrauch auch heute noch die Kunst der militärischen Kriegsführung oder die Feldherrenkunst verstanden. Die Strategie als grundsätzliche Stoßrichtung eines Heeres ist von der **Taktik**[3] als Kunst der Truppenführung während des Kampfes abzugrenzen: *Die Strategie führt die Truppen ins Kanonenfeuer, die Taktik im Kanonenfeuer.*[4] Die **Operation** als zielgerichtete Verschiebung größerer Bestandteile des Heeres ist zwischen den beiden zuvor definierten Begriffen einzuordnen.[5]

Der **Strategiebegriff** hat über die Spieltheorie Einzug in die betriebswirtschaftliche Literatur gehalten.[6] Allerdings konnte sich bislang noch keine einheitliche *Definition* im betriebswirtschaftlichen Sinne herauskristallisieren. Im folgenden soll gelten, daß mit Hilfe von Strategien planmäßig festgelegt wird, auf welche Weise die vorhandenen und entwickelbaren Stärken eines Unternehmens zur Wahrnehmung der sich im Umfeld bietenden Chancen unter weitestgehender Abwendung potentieller Risiken generell einzusetzen sind, um die oberste Unternehmenszielsetzung möglichst gut zu erreichen.

Strategien können sich dabei auf einen bestimmten Zeitpunkt (*statischer Strategiebegriff*) oder auf einen Zeitraum (*dynamischer Strategiebegriff*) beziehen und für das gesamte Unternehmen oder lediglich für ausgewählte Geschäftsfelder oder Funktions-

---

1 Vgl. auch GRÖGER (1992), S. 12 ff., insbesondere S. 15.

2 Die etymologischen Erläuterungen in diesem Absatz folgen klassischen deutschen Wörterbüchern und Herkunftswörterbüchern wie denen aus dem DUDEN-Verlag oder von WAHRIG.

3 *Taktik* entstammt dem griechischen Begriff *taktike* (*techne*) für *Kunst der Anordnung*, das zu *tattein* für *aufstellen* gebildet wurde.

4 Vgl. sinngemäß SCHERFF (1876), S. 74.

5 Vgl. auch KOCH (1982), S. 37 und ROLLBERG (2012), S. 6, Fußnote 3.

6 Vgl. auch im folgenden KREIKEBAUM/GILBERT/BEHNAM (2018), S. 23 ff.

bereiche gelten. Den weiteren Überlegungen wird ein *adaptives Strategiemodell*[1] zu-grunde gelegt, das davon ausgeht, daß Strategien zwar an sich wandelnde Kontext-faktoren anzupassen sind, ihre konkrete Ausgestaltung jedoch nicht vollständig durch die jeweiligen Umwelterfordernisse determiniert ist.

Gemäß obiger Definition sind Strategien also Bindeglieder zwischen Unternehmen mit ihren Stärken und Schwächen und der Umwelt mit ihren Chancen und Risiken. Sie dienen damit bereits unmittelbar der Einhaltung des Kongruenzgebots.[2] Strategien sind abhängig von der marktspezifischen Wettbewerbssituation und den unternehmensspe-zifischen Ressourcen und haben gleichzeitig die Aufgabe, den Markt zu beeinflussen und die Ressourcen zu gestalten. Während – verkürzt formuliert – **marktorientierte Strategien** der Anpassung des Unternehmens an einen attraktiven Markt dienen, suchen **ressourcenorientierte Strategien** nach aus der Sicht des bestehenden Unternehmens attraktiven Märkten.[3] Bei der Festlegung marktorientierter Strategien wird also zunächst „von außen nach innen", bei der Festlegung ressourcenorientierter Strategien dagegen „von innen nach außen" geschaut. Marktorientierte Unternehmen gestalten ihre Res-sourcen in Abhängigkeit von einer gegebenen Wettbewerbssituation, ohne selbige zu verändern (reine Außenorientierung). Ressourcenorientierte Unternehmen richten ihre vorhandenen Ressourcen auf Märkte, in denen ihre Kompetenzen gefragt sind; sie entwickeln ihre Ressourcen in Abhängigkeit erwarteter künftiger Marktkonstellationen und beeinflussen mit ihren Ressourcen die aktuelle und künftige Wettbewerbssituation (Innen- und Außenorientierung).

Im folgenden sollen **drei Strategiekonzepte** einer näheren Betrachtung unterzogen werden: (1) die *Wettbewerbsstrategien* nach PORTER[4] als marktorientierte Strategien, (2) die *Wachstums-* oder auch *Produkt-Markt-Strategien* nach ANSOFF[5] als Wegbereiter von den markt- zu den ressourcenorientierten Strategien und (3) die *Kompetenz-Markt-Strategien* nach HAMEL/PRAHALAD[6] als ressourcenorientierte Strategien. Es wird sich zeigen, daß letztlich nur eine integrierte markt- und ressourcenorientierte Strategie-formulierung zweckmäßig ist. In Abbildung 6 werden die drei Strategiekonzepte der Markt- und der Ressourcenorientierung zugeordnet.

---

1 Vgl. SYDOW (1992), S. 241 und KREIKEBAUM/GILBERT/BEHNAM (2018), S. 25.
2 Vgl. SYDOW (1992), S. 237.
3 Vgl. FREILING (2008), S. 466 f. und 469 f.
4 Vgl. PORTER (1980) bzw. PORTER (1983).
5 Vgl. ANSOFF (1957) und ANSOFF (1965) bzw. ANSOFF (1966).
6 Vgl. HAMEL/PRAHALAD (1994) bzw. HAMEL/PRAHALAD (1995).

	Marktorientierung	Ressourcenorientierung
Ziel	Unternehmen an Markt anpassen	nach attraktiven Märkten fürs Unternehmen suchen
anfängliche Perspektive	von außen nach innen	von innen nach außen
Gesamtperspektive	reine Außenorientierung	Innen- und Außenorientierung
Strategien	Wettbewerbs-strategien nach PORTER	Wachstums- oder Produkt-Markt-Strategien nach ANSOFF	Kompetenz-Markt-Strategien nach HAMEL/PRAHALAD

Abbildung 6:   Markt- und ressourcenorientierte Strategien

(1) Wettbewerbsstrategien nach PORTER

Komparative Wettbewerbsvorteile ergeben sich aus einem im Vergleich zur Konkurrenz besseren **Preis-Nutzenverhältnis**, das von den Kunden wahrgenommen wird und sich in ihren Kaufentscheidungen niederschlägt.[1] Eine aus Kundensicht überlegene Leistung wird erbracht, wenn entweder der Preis des Produkts bei gegebenem Nutzen niedriger oder aber der Nutzen bei gegebenem Preis höher ist als der der Konkurrenz. Auf diesen Überlegungen basiert PORTERS Konzept generischer Wettbewerbsstrategien, das Kostenführerschafts-, Differenzierungs- und Nischenstrategie unterscheidet.[2]

Die **Preis- oder Kostenführerschaftsstrategie** zielt darauf ab, auf das vom Kunden wahrgenommene Preis-Nutzenverhältnis über den *Preis* absatzfördernd einzuwirken. Um Leistungen einer gegebenen Qualität zu niedrigeren Preisen als die Konkurrenz anbieten zu können, muß zunächst ein relativer Kostenvorteil gegenüber den Wettbewerbern aufgebaut werden. Insbesondere die Ausnutzung von Kostendegressionseffekten, die Fertigung standardisierter Produkte, die Sicherung vorteilhafter Ressourcenquellen sowie der Einsatz produktivitätssteigernder Technologien und von *Prozeß-innovationen* sind der hierfür notwendigen betrieblichen *Effizienz* förderlich. Erfolgversprechend ist die Strategie der Kostenführerschaft nur in Märkten, die sich auf Grund fehlender Differenzierungsmöglichkeiten durch ein homogenes Leistungsangebot auszeichnen und in denen folglich der Preis als Präferenzkriterium der Kunden und damit die *Kosten* als strategischer Erfolgsfaktor in den Vordergrund rücken.

Bei der **Differenzierungsstrategie** wird das aus Abnehmersicht zu beurteilende Preis-Nutzenverhältnis eines Produkts über den *Nutzen* verkaufsfördernd beeinflußt. Der

---

1 Vgl. ZÄPFEL (2000a), S. 250.
2 Vgl. hierzu auch im folgenden PORTER (1980), S. 34 ff. bzw. PORTER (1983), S. 62 ff.

Kunde soll durch die Bereitstellung einer individuell auf ihn zugeschnittenen Leistung an das jeweilige Unternehmen gebunden und vom Abwandern zur Konkurrenz abgehalten werden. Die *Effektivität* der betrieblichen Leistungserstellung ist sowohl durch eine hohe Anpassungsfähigkeit des Unternehmens an sich ändernde Kundenwünsche und eine Vielzahl an *Produktinnovationen* als auch über die Einzigartigkeit und die zusatznutzenstiftenden Eigenschaften der erzeugten Leistungen sicherzustellen. Diese Strategie korrespondiert folglich in hohem Maß mit den strategischen Erfolgsfaktoren *Qualität* und *Zeit*. Allerdings sollte ein differenzierendes Unternehmen nicht dem Trugschluß erliegen, die *Kosten* gänzlich vernachlässigen zu können, nur weil sie nicht mehr primär für den strategischen Erfolg verantwortlich sind. Differenzierung erlaubt zwar wegen des gesteigerten Kundennutzens einen Preisaufschlag, der aber „angemessen" sein muß, weil auch er das Preis-Nutzenverhältnis mitbestimmt. Die Differenzierungsstrategie bietet sich vor allem in Käufermärkten an, in denen qualitätsorientierte Abnehmer in starkem Maße kundenspezifische Problemlösungen nachfragen.

Anhänger der **Nischenstrategie** glauben, durch Konzentration der betrieblichen Aktivitäten auf eine spezifische Zielgruppe oder Marktnische[1] ein vorteilhafteres Preis-Nutzenverhältnis verwirklichen zu können als diejenigen Konkurrenten, die ein breiteres Wettbewerbsfeld bearbeiten. Innerhalb des ausgewählten Teilmarktes ist entweder eine Nischenstrategie mit Kosten- oder mit Differenzierungsschwerpunkt zu verfolgen. Mithin ist die Nischenstrategie nicht unabhängig von den zuvor diskutierten Basisstrategien zu sehen, die unmittelbar aus den zwei von PORTER beschriebenen Wettbewerbsvorteilen *niedrige Kosten* und *Differenzierung* resultieren.

Die Frage, ob Kostenführerschafts- und Differenzierungsstrategie simultan oder lediglich alternativ verfolgt werden können, wird in der Literatur kontrovers diskutiert. PORTER selbst geht von einer grundsätzlichen Unvereinbarkeit der beiden Strategietypen aus und prophezeit allen Unternehmen, die sich nicht konsequent für eine der möglichen Stoßrichtungen entscheiden und deshalb *zwischen den Stühlen* sitzen, langfristig einen unausweichlichen Verlust jeglicher Wettbewerbsfähigkeit.[2] Einerseits könnten diese Unternehmen die Preisforderungen der Großabnehmer nicht ohne Verlust erfüllen und müßten daher hinter Billiganbieter zurücktreten; andererseits seien sie nicht in der Lage, individuelle Kundenbedürfnisse so wie ihre insgesamt differenzierten Konkurrenten zu befriedigen. Die Begründung dieser im folgenden **Unvereinbarkeitshypothese** genannten Position liegt in erster Linie in den unterschiedlichen organisatorischen und technologischen Anforderungen der jeweiligen Strategie.[3] So wird zum Beispiel das Anreizsystem in Abhängigkeit von der verfolgten Strategie unterschiedlich ausgestaltet sein müssen. Auch liegt es auf der Hand, daß

---

1 Als mögliche Marktnischen führt PORTER spezifische Abnehmergruppen, bestimmte Produktlinien bzw. geographisch abgrenzbare Märkte auf. Vgl. PORTER (1980), S. 38 bzw. PORTER (1983), S. 67.

2 Vgl. hierzu auch im folgenden PORTER (1980), S. 41 ff. bzw. PORTER (1983), S. 71 ff. sowie PORTER (1985), S. 16 ff. bzw. PORTER (1986), S. 38 ff.

3 Vgl. hierzu PORTER (1980), S. 40 f. bzw. PORTER (1983), S. 69 f.

beispielsweise ein Kostenführerschaft anstrebender Hersteller verstärkt Spezialmaschinen zur preiswerten Fertigung standardisierter Erzeugnisse in vereinfachten
Prozessen einsetzen wird, während ein Verfechter der Differenzierungsstrategie kundenindividuelle Varianten mit Hilfe teurer Universalmaschinen oder flexibler Fertigungssysteme erzeugen muß. Die grundsätzlich unvereinbaren Strategien lassen sich
indes räumlich und zeitlich durchaus miteinander kombinieren. So spricht nichts
dagegen, gleichzeitig in verschiedenen Geschäftsfeldern oder Fertigungssegmenten ein
und desselben Unternehmens unterschiedliche Strategien zu verfolgen (*multilokale
hybride Strategie*: *Fertigungssegmentierung*[1] oder *Mass Customization*[2]) oder im Zeitablauf von der einen zur anderen Strategie zu wechseln (*sequentielle hybride Strategie*:
Outpacing Strategies[3]).[4]

Vertreter der **Simultaneitätshypothese** verneinen aber sowohl die Notwendigkeit
einer zeitlichen als auch die einer räumlichen Separation der generischen Strategien.[5]
Sie gehen davon aus, daß die gleichzeitige Verfolgung der beiden Strategietypen
(*simultane hybride Strategie*) nicht nur möglich, sondern wettbewerbsstrategisch sogar
geboten sein kann. Die Unvereinbarkeitshypothese hätte sich angesichts neuartiger
Technologien und empirischer Untersuchungen, die belegten, daß eine statistisch sig-
nifikante Korrelation zwischen Qualität, Kosten und Rentabilität bestünde, überlebt.
Doch die Simultaneitätshypothese läßt sich mit dem *Quantensprung*- und dem *Mengen-
effektargument* entkräftet.

Schon PORTER wies darauf hin, daß in Abweichung von der Unvereinbarkeitshypothese ein Pionierunternehmen, das organisatorische und/oder technologische *Innovationen*
vorantreibt, durchaus gleichzeitig die Kosten senken und die Differenzierung des Leistungsprogramms steigern kann.[6] Mithin erscheint der Zielkonflikt zwischen Qualität,
Zeit und Kosten als gelöst. Doch dies ist lediglich darauf zurückzuführen, daß Innovationen zu einem **Quantensprung** hinsichtlich des Zielerreichungsniveaus aller drei
Erfolgsfaktoren führen können. Wenn der Vorsprung durch Nachahmer erodiert wird,
lebt der gleiche Zielkonflikt – allerdings auf einem höheren Zielerreichungsniveau als
vor Etablierung der Innovation – wieder auf, der die Unvereinbarkeit der Kosten-
führerschafts- mit der Differenzierungsstrategie begründet. Dann muß sich auch der
Innovator wieder auf eine der beiden Grundposition zurückziehen, um nicht von einem

---

1 Zur Idee der *Fertigungssegmentierung* vgl. SKINNER (1974), WILDEMANN (1997a), S. 225 ff. und
   WILDEMANN (1998). "The focused factory approach offers the opportunity to stop compromising
   each element of the production system in the typical general-purpose, do-all plant which satisfies no
   strategy, no market, and no task." SKINNER (1974), S. 121.

2 Zum *Mass Customization* vgl. PILLER (2006), insbesondere S. 219 f.

3 Zur Idee der *Outpacing Strategies* vgl. GILBERT/STREBEL (1985) und GILBERT/STREBEL (1987)
   sowie KLEINALTENKAMP (1987) und KLEINALTENKAMP (1989).

4 Vgl. FLECK (1995), S. 71 ff. und 62 ff.

5 Vgl. hierzu exemplarisch CORSTEN/WILL (1992), S. 189 f. und FLECK (1995), S. 84 ff. sowie differenzierter PILLER (2006), S. 185 ff. und CORSTEN/CORSTEN/MÜLLER-SEITZ (2023), S. 65 ff.

6 Vgl. hierzu PORTER (1985), S. 20 bzw. PORTER (1986), S. 42.

leistungsstarken Imitator, der sich konsequent auf eine Strategie konzentriert, übertrumpft zu werden.

Auch *große Produktionsvolumina* können gleichzeitig zu Qualitäts- und Kostenvorteilen führen, wie die beiden folgenden Beispiele verdeutlichen.[1] Ein Hersteller, der konsequent auf Kostenführerschaft setzt und deshalb standardisierte Erzeugnisse in großer Stückzahl produziert, verbessert möglicherweise über wachsendes Erfahrungswissen und dadurch steigende *Prozeßbeherrschung* die Produktqualität. Wird dagegen konsequent Differenzierung betrieben, steigt unter Umständen auf Grund überlegener Leistungsqualität mit der Nachfrage auch das Produktionsvolumen, was wiederum über Erfahrungskurven- und *Degressionseffekte* die relative Kostenposition stärkt. Doch bei diesem **Mengeneffekt** handelt es sich um einen Ausnahmefall, der die grundsätzliche Aussage der Unvereinbarkeitshypothese als Regel nur bestätigt, womit die Simultaneitätshypothese weiterhin abzulehnen ist.

Wesentlicher **Kritikpunkt** an den marktorientierten Strategien im allgemeinen und den Wettbewerbsstrategien nach PORTER im besonderen ist die *einseitige Außenorientierung*, die einseitige Konzentration auf *externe* situative Kontextfaktoren wie die Branchenstruktur und die Wettbewerbsintensität.[2] Erfolge lassen sich aber auch dadurch generieren, daß für die unternehmens*internen* Ressourcen die passenden Märkte gefunden werden. Diese Grundidee ist prinzipiell schon in mindestens einer der vier Wachstumsstrategien nach ANSOFF angelegt, wenngleich dies nicht explizit ausgedrückt wird.

(2) Wachstums- oder Produkt-Markt-Strategien nach ANSOFF

Ein Unternehmen, das wachsen will, hat nach ANSOFF in Abhängigkeit von der gewählten *Produkt-Markt-Kombination* vier Entwicklungsmöglichkeiten.[3] Der Absatz von Produkten des gegenwärtigen Sortiments läßt sich ausweiten, indem entweder mit einer **Marktdurchdringungsstrategie** bereits bediente Märkte durch verstärkten Einsatz des absatzpolitischen Instrumentariums intensiver bearbeitet oder indem mit einer **Marktentwicklungsstrategie** neue Märkte für die „alten" Produkte erschlossen werden. Produktvariation, -differenzierung und -innovation sind Gegenstand von **Produktentwicklungsstrategien**, um „alte" Märkte mit neuen Produkten zu versorgen. Unternehmen, die für zumindest aus Unternehmenssicht „neue" Produkte neue Märkte erschließen, verfolgen eine **Diversifikationsstrategie**.

Gemeinsam verkörpern die vier Strategien sowohl eine Außen- als auch eine Innenorientierung. Während die Marktdurchdringungs- und die Produktentwicklungsstrategie mit ihrer Fokussierung auf bereits bediente Märkte eher als **marktorientiert** zu bezeichnen sind, weisen die Marktentwicklungs- und die Diversifikationsstrategie

---

1 Vgl. FLECK (1995), S. 100 ff.
2 Vgl. KREIKEBAUM/GILBERT/BEHNAM (2018), S. 123.
3 Vgl. ANSOFF (1957), S. 114, ANSOFF (1965), S. 109 f. und ANSOFF (1966), S. 132.

erste **ressourcenorientierte** Charakterzüge auf. Grundsätzlich ist Marktdurchdringung mit Kosten- und daraus resultierender *Preisführerschaft* kompatibel, Produktentwicklung dagegen mit *Differenzierung*. Das Vorgehen der Marktentwicklungsstrategie, für die vom Unternehmen hergestellten und vertriebenen Produkte neue Märkte zu erschließen, sich also neue Märkte in Abhängigkeit von den unternehmensspezifischen Kompetenzen zu suchen, um Synergien auszuschöpfen, erinnert bereits sehr stark an *ressourcenorientierte Strategien*. Demgegenüber können Diversifikationsstrategien sowohl markt- als auch ressourcenorientierte Züge tragen – je nachdem, ob zuerst ein attraktiver Markt ausgesucht wird, um sich mit (zumindest aus Unternehmenssicht) neuen Produkten wettbewerbsstrategisch daran anzupassen, oder ob ausgehend von Produkt*weiter*entwicklungen auf der Basis vorhandener Ressourcen und Kompetenzen neue Märkte mit entsprechenden Bedarfen gesucht werden.

(3) Kompetenz-Markt-Strategien nach HAMEL/PRAHALAD

Nach dem sogenannten *Baummodell* von HAMEL/PRAHALAD verkörpern Produkte die *Blätter* am Baume des langfristigen Erfolgs, dessen *Wurzeln* die (Kern-)Kompetenzen eines Unternehmens sind.[1] (Kern-)Kompetenzen erwachsen wiederum aus Ressourcen als *Nährboden* des Erfolgs. Bei sehr weiter Begriffsauslegung verkörpern **Ressourcen** alle materiellen und immateriellen Mittel, die einem Unternehmen Stärken oder Schwächen verleihen können. Hierbei handelt es sich allerdings nicht um am Beschaffungsmarkt für alle Unternehmen frei zugängliche Produktionsfaktoren, sondern nach FREILING um „zu unternehmungseigenen Merkmalen für Wettbewerbsfähigkeit" veränderte Produktionsfaktoren, von deren Nutzung Konkurrenten nachhaltig ausgeschlossen sind.[2] Ressourcen stellen somit „innerbetrieblich veredelte Potenziale" dar, die „aufgrund ihrer Organisationsspezifität jeder Unternehmung ein eigenständiges Profil verleihen .. und als Erfolgspotenziale zur Erreichung nachhaltiger Wettbewerbsvorteile beitragen" können.[3] Ressourcen sind damit stets *spezifisch* und *wettbewerbsrelevant*.[4] Sind sie zudem *knapp, nicht imitierbar, nicht substituierbar* und *wertvoll*, weil sie sich zur Kostensenkung (Effizienz) und/oder Erlössteigerung (Effektivität) eignen, dann handelt es sich um **strategische Ressourcen**.[5]

Die in den Ressourcen schlummernden Erfolgspotentiale entfalten sich freilich nicht von selbst. Vielmehr sind zu ihrer Erweckung organisationale Kompetenzen erforderlich.[6] Erneut nach FREILING sind organisationale **Kompetenzen** „wiederholbare, auf der Nutzung von Wissen beruhende und regelgeleitete Handlungspotenziale" eines

---

1 Vgl. PRAHALAD/HAMEL (1990), S. 81 f. und BAUM/COENENBERG/GÜNTHER (2013), S. 289 ff.
2 Vgl. FREILING (2001), S. 22.
3 FREILING (2008), S. 469.
4 Vgl. FREILING (2001), S. 22.
5 Vgl. SYDOW/MÖLLERING (2015), S. 26 f.
6 Vgl. FREILING (2008), S. 469.

Unternehmens, die zu einer zielgerichteten Kombination gegebener Produktionsfakto-ren im allgemeinen und Ressourcen im besonderen zum Zwecke der Erstellung wettbe-werbsfähiger Leistungen befähigen.[1] **Kernkompetenzen** begründen darüber hinaus nachhaltige komparative Konkurrenzvorteile.[2]

Ressourcen können nur unter Einsatz adäquater *Kompetenzen* erschlossen werden, die sich in entsprechenden *Prozessen* niederschlagen, aus denen dann die gewünschten *Produkte* hervorgehen. Deshalb sind HAMEL/PRAHALAD der Auffassung, daß nicht immer kürzeren Lebenszyklen unterworfene Produkte, sondern langfristig nutzbare Kompetenzen als Ursprung aktueller und potentieller Produkte eines Unternehmens Ausgangspunkt der strategischen Positionierung sein sollten.[3] Hieraus ergeben sich in Analogie zu ANSOFFS *Produkt-Markt-Strategien* die sogenannten *Kompetenz-Markt-Strategien*.

Von einer **Marktdurchdringungsstrategie** ist aus ressourcenorientierter Sicht zu sprechen, wenn vorhandene Kompetenzen aus einem Bereich des Unternehmens in andere Bereiche transferiert werden, um dort bestehende Marktpositionen zu stärken. Dagegen setzt eine **Marktentwicklungsstrategie** voraus, die vorhandenen Kompe-tenzen neu zu kombinieren, um Produkte für bislang nicht versorgte Märkte zu erzeu-gen. **Kompetenzentwicklungsstrategien** geben Antwort auf die Frage, welche neuen Kompetenzen aufzubauen und gegebenenfalls welche „alten" Kompetenzen zu erset-zen sind, um bestehende Marktpositionen auch künftig erfolgreich verteidigen oder gar stärken zu können. Schließlich legen **Diversifikationsstrategien** nahe, sich neue Kom-petenzen anzueignen, um nicht nur auf bisher unerschlossenen aktuellen Märkten, sondern vor allem auch auf den am attraktivsten eingeschätzten erwarteten Zukunfts-märkten aktiv werden zu können. Dabei lassen sich neue Kompetenzen nicht nur selbst entwickeln, sondern auch über Akquisitionen und Kooperationen gewinnen.

Unternehmen sind gut beraten, sich **gleichzeitig markt- und ressourcenorientiert** auszurichten, weil „der Markt über die Relevanz von Ressourcen entscheidet und .. die Ressourcen entscheidend die Wettbewerbskräfte beeinflussen."[4] Unternehmen, die einen attraktiven Markt bedienen wollen, müssen zunächst ihre Ressourcen an die gegebene Wettbewerbssituation anpassen und können anschließend mit ihren neu gestalteten Ressourcen auf die Wettbewerbssituation einwirken. Unternehmen, die ihre Ressourcen möglichst wirkungsvoll einsetzen wollen, müssen sich zunächst einen da-für attraktiven Markt suchen und die dort herrschende Wettbewerbssituation mit ihren Ressourcen beeinflussen, bevor sie sie in Abhängigkeit von der bereits günstigen Wett-

---

1 Vgl. FREILING (2008), S. 469 i. V. m. FREILING (2001), S. 22 f. und 27.

2 Vgl. FREILING (2001), S. 27.

3 Vgl. auch im folgenden zu den vier Strategien HAMEL/PRAHALAD (1994), S. 249 ff. und HAMEL/PRAHALAD (1995), S. 341 ff.

4 CORSTEN/CORSTEN/MÜLLER-SEITZ (2023), S. 58.

bewerbssituation weiter perfektionieren. Insofern ergibt sich idealerweise ein fortwäh-
rendes „Hin und Her" zwischen Markt- und Ressourcen-/Kompetenzgestaltung.[1]

Nach diesen grundlegenden Ausführungen zum Aktionsparameter Strategie, der die
allgemeine Verhaltensrichtlinie eines Unternehmens vorgibt, sind im folgenden Unter-
abschnitt Überlegungen über den Parameter Organisationsstruktur anzustellen, der
neben der Technologie die konkreten Verhaltensmöglichkeiten des jeweiligen Betriebs
determiniert.

2.1.3.2 Organisationsstruktur

Das deutsche Wort **Struktur** läßt sich auf die lateinischen Begriffe *struere* für
schichten, aufbauen, errichten und *structura* für *Schichtung, Gefüge, Bau(art)* zurück-
führen.[2] Demgegenüber ist das deutsche Verb **organisieren** dem französischen Wort
organiser für *gestalten, anordnen, einrichten* entlehnt. Da dieser Begriff wiederum auf
das lateinische *organum* bzw. griechische *organon* für *Werkzeug, Hilfsmittel, Körper-
teil* zurückgreift, müßte seine exakte Übersetzung eigentlich *mit Organen versehen* im
Sinne von *zu einem lebensfähigen Ganzen zusammenfügen* lauten.

Je nachdem, ob mit **Organisation** eine gestalterische Funktion, ein Werkzeug oder ein
„lebensfähiger" Organismus gemeint ist, lassen sich der funktionale, der instrumentale
und der institutionale Organisationsbegriff unterscheiden.[3] Die *funktionale* Definition
faßt Organisation als Tätigkeit auf und hebt hervor, daß das Unternehmen organisiert
wird. Dagegen steht die Struktur als Instrument zur Zielerreichung eines Betriebs im
Mittelpunkt der *instrumentalen* Betrachtungsweise, die davon ausgeht, daß ein
Unternehmen eine Organisation hat. Schließlich sieht der *institutionale* Begriff in
der Organisation ein zielgerichtetes soziales System, womit ein Unternehmen eine
Organisation ist. Die letzte Sichtweise überschätzt aber die Bedeutung der Organisation, weil diese nicht als eine bestimmte Komponente des Systems erkannt, sondern
mit dem gesamten Unternehmen identifiziert wird. Deshalb soll im weiteren Verlauf
der Abhandlung dem *instrumental-funktionalen Begriff* gefolgt werden, wonach die
Organisationsstruktur als Aufbau und Gliederung eines Unternehmens das Resultat
von **Organisationsbemühungen** ist (vgl. auch Abbildung 7).

---

1 Vgl. CORSTEN/CORSTEN/MÜLLER-SEITZ (2023), S. 57 ff.

2 Die etymologischen Erläuterungen in diesem Absatz folgen klassischen deutschen Wörterbüchern
und Herkunftswörterbüchern wie denen aus dem DUDEN-Verlag oder von WAHRIG.

3 Vgl. im folgenden GROCHLA (1982), S. 1 ff., BÜHNER (2004), S. 1 ff. und MACHARZINA/WOLF
(2023), S. 508 f. sowie die dort zitierte Literatur.

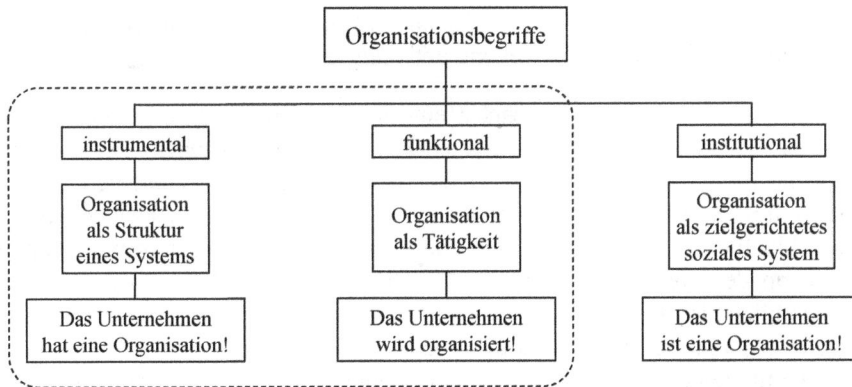

Abbildung 7:   Organisationsbegriffe

Einerseits erstreckt sich die Organisationsstruktur auf den eher statischen Aufbau des Unternehmensgebildes (Aufbaustruktur) und andererseits auf den dynamischen Ablauf der betrieblichen Prozesse (Ablaufstruktur). Während die **Aufbauorganisation** in erster Linie die verrichtungs- oder objektorientierte Strukturierung der Aufgabeninhalte widerspiegelt, ist die räumliche und zeitliche Strukturierung der Arbeitsabläufe Gegenstand der **Ablauforganisation**.[1] Da die Gestaltbarkeit der Abläufe durch die dominierende Aufbaustruktur in nicht unerheblichem Maße eingeschränkt wird, sollen die folgenden Ausführungen zur Organisationsstruktur auf die Aufbaustruktur beschränkt bleiben. Ablauforganisatorische Aspekte fließen aber insoweit mit in die Betrachtung ein, als an gegebener Stelle der herkömmlichen Verrichtungs- und Objektorientierung die Prozeßorientierung gegenübergestellt wird, die eine Überwindung der klassischen Trennung von Aufbau- und Ablauforganisation zugunsten der integrativen Sichtweise einer **Prozeßorganisation** nahelegt.

Die Notwendigkeit der Organisation in funktionaler Hinsicht liegt darin begründet, daß die Unternehmensgesamtaufgabe zu komplex ist, als daß sie von einer einzigen Person erfüllt werden könnte. Deshalb bedarf es einer Organisation in instrumentaler Hinsicht, die eine zielorientierte Bewältigung der vielschichtigen Gesamtaufgabe in arbeitsteiligen Prozessen ermöglicht. Zunächst ist die Gesamtaufgabe dazu in ihre Elementaraufgaben zu *zerlegen*, die anschließend bestimmten Prinzipien folgend wieder zu *bündeln* und einzelnen Aufgabenträgern zuzuordnen sind. Ausgangspunkt der betriebswirtschaftlichen Organisationstheorie sind also **Aufgaben**[2] als *Verrichtungen unter Einsatz*

---

1 Vgl. WLACH (1927), S. 431 f., NORDSIECK (1932), S. 9, NORDSIECK (1934), S. 70, NORDSIECK (1955), S. 76 f., KOSIOL (1976), S. 32, BÜHNER (2004), S. 11 und MACHARZINA/WOLF (2023), S. 512 f.

2 Wie die oben bereits vorgestellte gedankliche Trennung von Aufbau- und Ablauforganisation geht auch die Aufgabenorientierung der betriebswirtschaftlichen Organisationstheorie auf NORDSIECK zurück, der „das ganze Betriebsgeschehen als eine Erledigung von Aufgaben im Sinne einer bestimmten Oberaufgabe" sieht. NORDSIECK (1932), S. 10.

von Sachmitteln zur Erzeugung von Leistungen, und die organisatorische Tätigkeit erstreckt sich auf die Aufgabenzerlegung und Aufgabenbündelung.[1]

Die **Aufgabenzerlegung** setzt zunächst eine methodische Durchdringung der Aufgabeninhalte voraus, um beispielsweise an Hand von Dimensionen wie Sachmittel, Verrichtung und Leistung die gedankliche Aufspaltung der Gesamtaufgabe in ihre elementaren Bestandteile vornehmen zu können. Dabei unterscheidet sich die aufbau- von der ablaufbezogenen Aufgabenzerlegung durch den Umfang, in dem die konkrete Situation, in der die Aufgaben zu bewältigen sind, berücksichtigt wird. Während erstere lediglich die generellen Möglichkeiten zur verrichtungs- oder objektorientierten Zerlegung untersucht, bezieht letztere überdies die Aufgabenerfüllungssituation in Form von räumlichen und zeitlichen Gegebenheiten mit in die Überlegungen ein.[2]

Im Rahmen der **Aufgabenbündelung**[3] werden dann ausgewählte Elementaraufgaben einzelnen Aufgabenträgern oder *Stellen* als kleinsten organisatorischen Einheiten zugeordnet. Danach können die Stellen einerseits nach dem Hierarchieprinzip zu Abteilungen, andererseits nach dem Gruppenprinzip zu Arbeitsgruppen zusammengefaßt werden. *Abteilungen* zeichnen sich dadurch aus, daß einer oder mehreren Stellen eine Instanz (Leitungsstelle) vorgeschaltet wird. Dagegen lösen in *Arbeitsgruppen* unterschiedliche Stellen gleichberechtigt gemeinsame Aufgaben. Bevor nun die der Aufgabenbündelung wahlweise zugrundeliegenden Prinzipien und die Charakteristika der von ihnen geprägten Strukturgebilde behandelt werden, möge Abbildung 8 den grundsätzlichen und später noch zu modifizierenden Zusammenhang zwischen klassischer Aufgabenzerlegung und -bündelung veranschaulichen.

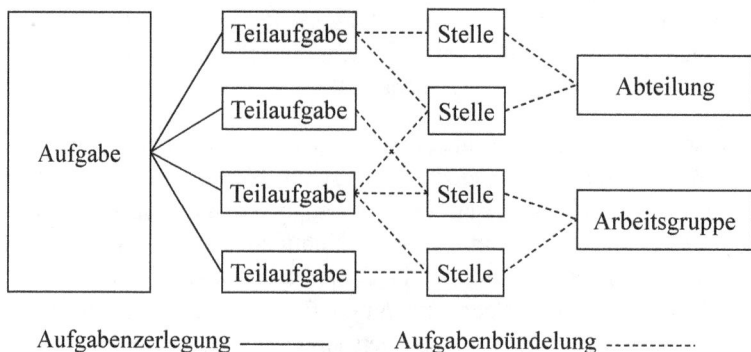

Abbildung 8:   Klassische Aufgabenzerlegung und Aufgabenbündelung[4]

---

1 *Aufgabenzerlegung und Aufgabenbündelung* werden bei Kosiol (1976), S. 32 f., 42 ff. bzw. 76 ff. *Analyse und Synthese* genannt.

2 Vgl. Bühner (2004), S. 12.

3 Vgl. hierzu Bühner (2004), S. 61 und 82 ff. sowie Macharzina/Wolf (2023), S. 517 f.

4 In Anlehnung an Schreyögg/Koch (2020), S. 333.

Die Aufgabenbündelung kann grundsätzlich verrichtungs-, objekt- oder prozeßorientiert erfolgen.[1] **Verrichtungsorientierung** führt zur *Zusammenfassung gleichartiger Tätigkeiten für verschiedenartige Arbeitsobjekte.* Die dabei entstehenden Stellen, Abteilungen und Hauptabteilungen sind dann beispielsweise auf die Konstruktion, die Produktion oder den Vertrieb aller vom Unternehmen erzeugten Produkte spezialisiert. **Objektorientierung** strebt dagegen die *Bündelung verschiedenartiger Tätigkeiten für gleichartige Arbeitsgegenstände* wie Produkte oder Produktteile an. Infolgedessen werden zum Beispiel Abteilungen geschaffen, die alle Arbeiten an der Karosserie, dem Getriebe oder dem Fahrgestell von Fahrzeugen übernehmen.

Diese beiden Grundorientierungen spiegeln zugleich das **Zentralisationsprinzip** und das **Dezentralisationsprinzip**[2] wider, nach dem merkmalsgleiche Teilaufgaben zusammengefaßt oder getrennt werden. Da die Zentralisation nach einem ausgewählten Merkmal grundsätzlich die Dezentralisation hinsichtlich aller übrigen Merkmale bedingt, kann konstatiert werden, daß Verrichtungszentralisation mit Objektdezentralisation und Objektzentralisation mit Verrichtungsdezentralisation einhergeht.

Während Verrichtungs- und Objektorientierung, dem klassischen Paradigma der betriebswirtschaftlichen Organisationstheorie folgend, die Ablaufgestaltung im Anschluß an die aufbaubezogene Aufgabenzerlegung und -bündelung vornehmen und damit der vorher festgelegten Aufbauorganisation unterwerfen, beschreitet die seit den 1980er Jahren vieldiskutierte **Prozeßorientierung**[3] den umgekehrten Weg. Die prozeßorientierte Organisationsgestaltung bewirkt eine *Bündelung verschiedenartiger, inhaltlich aber zusammengehöriger Tätigkeiten, die in ihrer Gesamtheit an durchaus unterschiedlichen Objekten* auszuüben sind. Quer zur verrichtungs- oder objektorientierten Hierarchie wird die Wertschöpfungskette zunächst in Teilprozesse zerlegt. Anfang und Ende eines Teilprozesses sind dabei durch Vor- und Endleistungen gekennzeichnet, die an organisatorischen Schnittstellen von externen oder internen Lieferanten an interne oder externe Kunden weiterzuleiten sind. Da ein Teilprozeß in der Regel bereits mehrere Elementaraufgaben umfaßt, kann somit nur noch von einer *Aufgabenzerlegung im weiteren Sinne* gesprochen werden. Durch die anschließende Zuordnung ganzheitlich definierter Teilprozesse und damit von prozeßorientierten Aufgabenbündeln zu einzelnen Stellen wandeln sich die klassischen Aufgabenträger zu (Teil-)Prozeßinhabern.[4] Die Prozeßorientierung führt daher insoweit zu einer Aufweichung der gedanklichen Trennung zwischen Aufbau- und Ablauforganisation, als die Aufbaustruktur durch die im Unternehmen ablaufenden Prozesse determiniert wird. Der modifizierte Zusammenhang zwischen Aufgabenzerlegung und -bündelung im prozeßorientierten Sinne findet sich in Abbildung 9 wieder.

---

1 Vgl. hierzu KOSIOL (1976), S. 84 f., KIESER/WALGENBACH (2010), S. 81 ff. und MACHARZINA/WOLF (2023), S. 520 f.

2 Vgl. KOSIOL (1976), S. 81 f. und BÜHNER (2004), S. 70 und 121 f.

3 Zur *Prozeßorganisation* vgl. das Standardwerk von GAITANIDES (1983). Zum *Prozeßmanagement* vgl. STRIENING (1988) und BOGASCHEWSKY/ROLLBERG (1998).

4 Vgl. REISS (2008), S. 164.

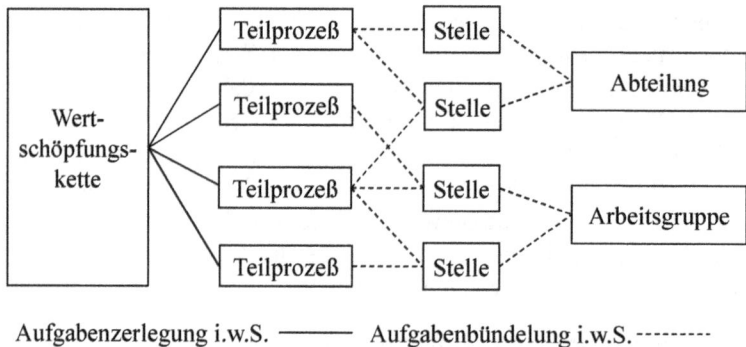

Aufgabenzerlegung i.w.S. ——— Aufgabenbündelung i.w.S. ‑‑‑‑‑‑‑‑‑

Abbildung 9:   Prozeßorientierte Aufgabenzerlegung und Aufgabenbündelung

Die im Rahmen der Aufgabenbündelung erfolgende Stellenbildung hat den Grundsatz der **Kongruenz von Aufgabe, Kompetenz und Verantwortung**[1] zu beachten. Danach muß dem potentiellen Stelleninhaber mit der Pflicht, eine bestimmte Aufgabe zu erfüllen, auch die Kompetenz (Rechte, Macht, Autorität) zu ihrer Lösung übertragen werden, damit er nachfolgend für die Qualität der Aufgabenerfüllung verantwortlich zeichnen kann. Er ist nämlich nur für solche Fehler zur Rechenschaft zu ziehen, die in seinem Einflußbereich liegen. Folglich hat mit der Aufspaltung der komplexen Unternehmensgesamtaufgabe auf die einzelnen Mitarbeiter auch eine Erteilung der entsprechenden Kompetenzen einherzugehen.

Je nachdem, in welchem Umfange mit den erteilten Kompetenzen auch Entscheidungsbefugnisse verbunden sind, können mit der Entscheidungszentralisation und der Entscheidungsdezentralisation[2] zwei Extreme organisatorischer Gestaltungsmöglichkeiten unterschieden werden. Ein von **Entscheidungszentralisation** geprägtes Unternehmen setzt sich aus Organisationseinheiten zusammen, die entweder Entscheidungen fällen oder aber daraus resultierende Anweisungen befolgen. Dagegen können in entscheidungsdezentralisierten Betrieben auch ausführende Stellen mit Entscheidungsbefugnissen ausgestattet sein. **Entscheidungsdezentralisation** als vertikale Aufspaltung *selbständig* wahrzunehmender *Kompetenzen* ist allerdings von Partizipation und Delegation abzugrenzen.[3] **Partizipation** steht für die Beteiligung von Aufgabenträgern an Entscheidungen hierarchisch übergeordneter Instanzen. Die Kompetenzen werden folglich gemeinsam wahrgenommen. **Delegation** ist dagegen ein allgemeinerer Begriff und umschreibt die Übertragung von *Aufgaben, Kompetenzen* und der entsprechenden *Verantwortung* auf hierarchisch untergeordnete Unternehmenseinheiten. Wird nicht

---

1 Vgl. ULRICH (1949), S. 114, BÜHNER (2004), S. 63 und REISS (2008), S. 175.

2 Vgl. hierzu BÜHNER (2004), S. 123 f.

3 Zur Unterscheidung der drei Begriffe vgl. STEINLE (1993), S. 42. REISS (2008), S. 148 und ferner S. 182 ff. unterscheidet hinsichtlich der Kompetenzverteilung zwischen Entscheidungszentralisation, Partizipation und Delegation, die Fremd-, Mit- bzw. Selbstbestimmung bewirke.

die Entscheidungskompetenz, sondern die Aufgabe betont, unter Rückgriff auf gewährte Kompetenzen Entscheidungen zu treffen, so können Delegation und Entscheidungs- dezentralisation synonym verwendet werden, und die Entscheidungszentralisation wird zu einer speziellen Ausdrucksform der Verrichtungsorientierung.

Resultat der Aufgabenzerlegung und -bündelung sind Strukturgebilde, die durch einen bestimmten Grad an Arbeitsteilung[1] gekennzeichnet sind. Dabei ist zwischen vertikaler und horizontaler Arbeitsteilung[2] zu unterscheiden. Werden Aufgaben unterschiedlicher *Art* in voneinander getrennten Unternehmenseinheiten ausgeführt, so liegt **vertikale Arbeitsteilung** bzw. Spezialisierung vor. Dagegen werden bei **horizontaler Arbeits- teilung** strukturell gleichartige Aufgaben organisatorisch getrennt voneinander erledigt, um deren *Umfang* zu reduzieren. In Abhängigkeit von den im Rahmen der Aufgaben- bündelung zum Einsatz gelangenden *Arbeitsgestaltungsmaßnahmen* kann entweder elementare Teilarbeit, Mehrfach-Teilarbeit oder ganzheitliche Arbeit entstehen, die sich durch unterschiedliche Grade an horizontaler und vertikaler Arbeitsteilung aus- zeichnen.[3]

Elementare Teilarbeit stellt die extremste Form der Arbeitsteilung dar und geht auf die Überlegungen TAYLORS[4] zurück, der eine verrichtungsorientierte vertikale und horizontale Arbeitsteilung bei Entscheidungszentralisation befürwortete. Die weitge- hende Aufspaltung von Arbeitsinhalten geht hierbei mit einer festen Zuordnung von Elementaraufgaben zu Stellen und damit zu Aufgabenträgern einher.[5] Im Extremfall hat sich ein Mitarbeiter auf die permanente Wiederholung eines einzigen Handgriffs zu beschränken, was in Analogie zu den im folgenden vorzustellenden Begriffen mit Arbeitsverarmung (*Job Impoverishment*) umschrieben werden kann.

Horizontale Reintegration von Arbeitsinhalten verwandelt elementare Teilarbeit in **Mehrfach-Teilarbeit**. Durch Arbeitserweiterung (*Job Enlargement*) wird die Arbeits- aufgabe des Mitarbeiters um mehrere vor- und nachgelagerte Aufgaben ausgedehnt. Die Integration mehrerer qualitativ gleichwertiger Arbeitsgänge zu einer zunehmend objekt- oder prozeßorientierten Gesamtaufgabe führt damit zu einer Reduzierung der horizontalen Arbeitsteilung. Beim Stellenwechsel (*Job Rotation*) üben verschiedene Mitarbeiter im zeitlichen Wechsel mehrere vor- und nachgelagerte Aufgaben aus. Hier- bei handelt es sich folglich um horizontale Arbeitserweiterung in einem multiperson- len Arbeitsfeld. Als Spezialfall des Job Rotation ist in diesem Zusammenhang das in

---

1 Zur Arbeitsteilung als Merkmal der industriellen Produktion vgl. ADAM (1998), S. 1 ff.

2 Vgl. hierzu BÜHNER (2004), S. 120 f. und MACHARZINA/WOLF (2023), S. 514.

3 Vgl. auch im folgenden HILL/FEHLBAUM/ULRICH (1994), S. 302 ff. Ergänzend vgl. zu den in diesem Zusammenhang gebrauchten Begriffen *Job Enlargement, Job Rotation, Job Enrichment* und *teil- autonome Arbeitsgruppe* BÜHNER (2004), S. 63 und 269 f., ROSENSTIEL/NERDINGER (2011), S. 113 ff. und SCHREYÖGG/KOCH (2020), S. 458 f.

4 Vgl. TAYLOR (1911) und TAYLOR (1977), insbesondere S. 32–42 und 123–137.

5 Vgl. ADAM (1998), S. 3.

der Industrie gebräuchliche *Springersystem*[1] zu erwähnen, das die Stellvertretung ausfallender Aufgabenträger regelt. Der Stellenwechsel erfolgt hierbei nicht mehr systematisch und turnusmäßig, sondern bedarfsorientiert.

Schließlich wird die Mehrfach-Teilarbeit durch vertikale Reintegration von Arbeitsinhalten zur **ganzheitlichen Arbeit**. Arbeitsbereicherung (*Job Enrichment*) dehnt das Tätigkeitsfeld des Mitarbeiters um mehrere vor- und nachgelagerte und zusätzlich übergeordnete Aufgaben wie Planen, Entscheiden und Kontrollieren aus. Durch Integration qualitativ gleichwertiger und verschiedenartiger Aufgaben zu einer ganzheitlichen Tätigkeit werden sowohl die horizontale als auch die vertikale Arbeitsteilung verringert, und der Grad der Entscheidungsdezentralisation steigt. Wenn Job Enrichment in einem multipersonalen Arbeitsfeld Anwendung findet, entwickeln sich *teilautonome Arbeitsgruppen*.[2] Die reduzierte Arbeitsteilung wird dabei von einer festen Zuweisung von Arbeitsinhalten zu Gruppen, aber einer variablen Zuordnung zu einzelnen Aufgabenträgern begleitet. Folglich übernehmen derartige Gruppen ganze Aufgabenkomplexe und regeln eigenverantwortlich die Aufteilung der anfallenden Arbeiten auf einzelne Gruppenmitglieder, wobei jeder Mitarbeiter im Laufe der Zeit mit durchaus unterschiedlichen Aufgaben betraut werden kann, aber nicht muß. Die verschiedenen Arbeitsgestaltungsmaßnahmen, die bei einer Aufgabenbündelung Anwendung finden können, werden in Abbildung 10 noch einmal zusammengefaßt.

Arbeitsgestaltungs- maßnahmen	Unipersonales Arbeitsfeld	Multipersonales Arbeitsfeld
Elementare Teilarbeit	Arbeitsverarmung (Job Impoverishment)	Arbeitsverarmung (Job Impoverishment)
Mehrfach- Teilarbeit	Arbeitserweiterung (Job Enlargement)	Stellenwechsel (systematisch: Job Rotation) (bedarfsorientiert: Springersystem)
Ganzheitliche Arbeit	Arbeitsbereicherung (Job Enrichment)	Teilautonome Arbeitsgruppe

Abbildung 10: Systematisierung von Arbeitsgestaltungsmaßnahmen

Mit der Schaffung arbeitsteiliger Strukturen ergibt sich automatisch die Notwendigkeit der **Koordination** der zuvor getrennten, nichtsdestoweniger interdependenten organisatorischen Teilbereiche: Zum einen sind die Material- und Informationsflüsse zwischen den einzelnen Organisationseinheiten (Stellen, Instanzen, Abteilungen) sachlich und zeitlich aufeinander abzustimmen, um die Funktionsfähigkeit des Gesamtsystems zu

---

1 Vgl. KOSIOL (1976), S. 97.
2 Vgl. im folgenden ADAM (1998), S. 3.

gewährleisten. Zum anderen müssen die verschiedenen Aktivitäten (Planung, Entscheidung, Durchsetzung) der separierten Verantwortungsbereiche mit der obersten Unternehmenszielsetzung in Einklang gebracht werden, um Bereichsegoismen zu vermeiden und sich statt dessen dem Systemoptimum zu nähern. Dabei liegt es auf der Hand, daß die Komplexität der Koordinationsaufgabe und damit der mit ihrer Bewältigung verbundene zeitliche und finanzielle Aufwand von der gewählten Organisationsstruktur abhängig sind.[1] Verrichtungsorientierte Strukturen mit vertikaler und horizontaler Arbeitsteilung bei Entscheidungszentralisation führen durch die Zerschneidung zahlreicher Interdependenzen zu einem höheren Koordinationsbedarf als objekt- oder prozeßorientierte Strukturen, die sich durch einen geringeren Grad an Arbeitsteilung und Entscheidungszentralisation auszeichnen. Dieser Sachverhalt ist insbesondere vor dem Hintergrund der Zeit- und Kosteneffizienz betrieblicher Abläufe nicht zu unterschätzen.

Im folgenden ist der strategische Aktionsparameter Technologie zu thematisieren, der neben der Organisationsstruktur ebenfalls die konkreten Verhaltensmöglichkeiten der Arbeitskräfte eines Unternehmens mitbestimmt.

2.1.3.3 Technologie

Der deutsche Begriff **Technologie** setzt sich aus den beiden griechischen Ursprungswörtern *techne* für *Kunst* oder *Gewerbe* und *logos* für *Wort, Kunde* oder *Lehre* zusammen.[2] Strenggenommen ist Technologie somit die Lehre von der Kunst oder auch Gewerbekunde. Umgangssprachlich ist der Begriff Sammelbecken für alle Methoden und Verfahren, die in der Technik Anwendung finden oder finden können. Nicht selten werden Technologie und Technik auch als Synonyme verwendet.

Im folgenden soll ein **naturwissenschaftlich-technischer Technologiebegriff** Verwendung finden, der sowohl anwendungsbezogenes, ingenieurwissenschaftliches Wissen über Problemlösungswege als auch die daraus ableitbaren konkreten technischen Problemlösungen selbst umfaßt und damit Technik als Teilmenge der Technologie versteht.[3]

Grundsätzlich können Technologien zur Verarbeitung von Energie und Materie sowie von Informationen unterschieden werden. Während **Maschinen** im engeren Sinne Energie und Materie kombinieren, transformieren, transportieren und speichern, obliegt es der **Informations- und Kommunikationstechnologie** (I&K-Technologie), Informationen zu gewinnen, zu verarbeiten, zu übermitteln und zu speichern und damit

---

1 Vgl. ADAM (2000), S. 17 ff. Vgl. zur Koordinationsproblematik im allgemeinen ADAM (1969a).
2 Die etymologischen Erläuterungen in diesem Absatz folgen klassischen deutschen Wörterbüchern und Herkunftswörterbüchern wie denen aus dem DUDEN-Verlag oder von WAHRIG.
3 Vgl. GRÖGER (1992), S. 22 und ZÄPFEL (2000a), S. 35.

auch der Kommunikation zwischen einzelnen Maschinen, Aufgabenträgern oder ganzen Abteilungen zu dienen. Der Charakter maschineller Anlagen wird entschieden von der ihnen zugrundeliegenden I&K-Technologie geprägt, die die einzelnen, in unterschiedlichen Beziehungen zueinander stehenden Maschinen und Aggregate in spezifischer Weise miteinander verknüpft. Damit determiniert die I&K-Technologie in nicht unerheblichem Maße die möglichen Verfahrensweisen und Prozesse der Leistungserstellung[1] nicht nur im indirekten, administrativen, sondern auch im direkten, mit der Fertigung betrauten Bereich.

Technologie im hier verstandenen Sinne ist stets **Produktionstechnologie**, wie sie im Abschnitt 3.1.4 als Aktionsparameter des strategischen Produktionsmanagements im Mittelpunkt des Interesses steht. Um unnötige Überschneidungen mit den Inhalten des Abschnitts 3.1.4 zu vermeiden,[2] wird daher an dieser Stelle auf weitergehende Ausführungen zur Technologie verzichtet und zur Unternehmenskultur als letztem noch zu behandelndem Aktionsparameter des strategischen Managements, der die Verhaltensbereitschaft der Mitarbeiter determiniert, übergeleitet.

2.1.3.4 Unternehmenskultur

Der Terminus **Kultur** ist dem lateinischen Ursprungswort *cultura* für *Landbau* oder *Pflege des Körpers und des Geistes* entlehnt.[3] Dem zuletzt genannten Bedeutungsgehalt ist es zu verdanken, daß heutzutage sämtliche geistigen und künstlerischen Ausdrucksformen und Errungenschaften eines Volkes gemeinhin unter den Sammelbegriff Kultur gefaßt werden. Allerdings reicht es nicht aus, Kultur lediglich *deskriptiv*, das heißt an Hand wahrnehmbarer Ergebnisse der Zivilisation zu betrachten.[4] Vielmehr muß eine *explikative* Komponente mit in das Kulturverständnis einfließen, die das geistige und normative Fundament offenlegt, das die oben erwähnten Ausdrucksformen erst ermöglicht. So gesehen ist Kultur die Gesamtheit der Grundannahmen, Wertvorstellungen und Verhaltensnormen eines Volkes, die sich in sichtbaren Entscheidungen, Handlungen und Aktivitäten konkretisiert.[5] In Analogie steht die **Unternehmenskultur**[6] für

---

1 Vgl. GRÖGER (1992), S. 23.

2 Technologien zur Verarbeitung von Energie und Materie werden im Abschnitt 3.1.4.2 und solche zur Verarbeitung von Informationen in den Abschnitten 3.1.4.3 bis 3.1.4.7 erläutert.

3 Die etymologischen Erläuterungen in diesem Absatz folgen klassischen deutschen Wörterbüchern und Herkunftswörterbüchern wie denen aus dem DUDEN-Verlag oder von WAHRIG.

4 Zur Unterscheidung zwischen *deskriptivem* und *explikativem* Kulturbegriff vgl. MACHARZINA/ WOLF (2023), S. 254 f.

5 Vgl. HEINEN/DILL (1986), S. 207 sowie die dort angegebene Literatur. Der vornehmlich der Anthropologie und Soziologie entliehene Kulturbegriff ist nur einer unter vielen. Bereits 1952 konnten an Hand einer groß angelegten Literaturanalyse 161 Kulturdefinitionen unterschieden werden. Vgl. hierzu KROEBER/KLUCKHOHN (1952), Teil II.

6 Zur *Unternehmenskultur* vgl. auch das Standardwerk von DEAL/KENNEDY (1982) und für einen ersten Überblick OLBRICH (1999), S. 23 ff.

sämtliche Grundannahmen, Wertvorstellungen und Verhaltensnormen der Mitarbeiter eines spezifischen Unternehmens, die die sichtbaren Entscheidungen, Handlungen und Aktivitäten im Unternehmensalltag nachdrücklich prägen.

Zur Systematisierung der sichtbaren und unsichtbaren Bestandteile einer Unternehmenskultur und zur Veranschaulichung der zwischen ihnen vorherrschenden wechselseitigen Beziehungen ist das **Kulturebenenmodell von SCHEIN**[1] heranzuziehen, das zwischen der Ebene der Grundannahmen, der Werte und Normen sowie der Symbole unterscheidet (vgl. Abbildung 11).

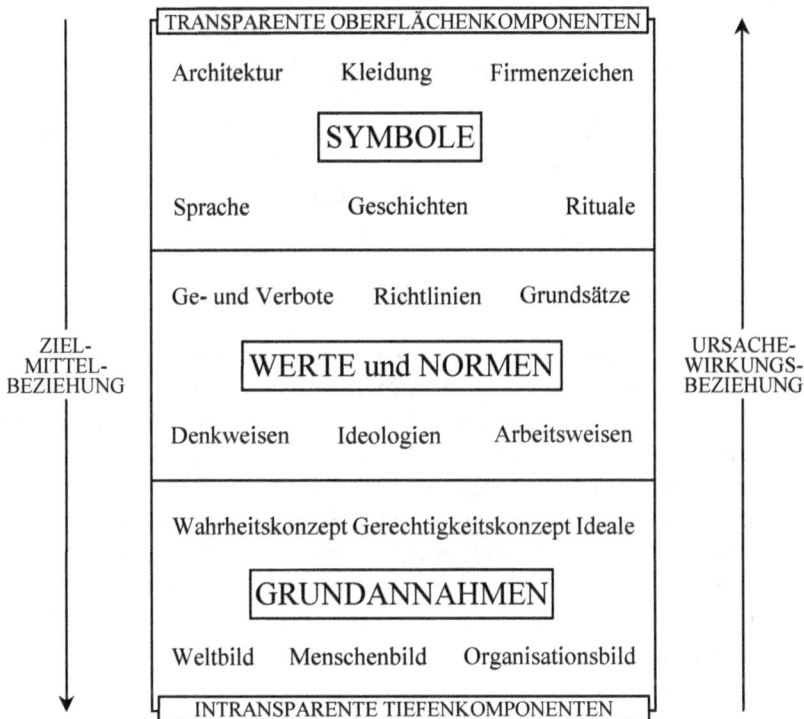

TRANSPARENTE OBERFLÄCHENKOMPONENTEN

Architektur   Kleidung   Firmenzeichen

SYMBOLE

Sprache   Geschichten   Rituale

Ge- und Verbote   Richtlinien   Grundsätze

WERTE und NORMEN

Denkweisen   Ideologien   Arbeitsweisen

Wahrheitskonzept Gerechtigkeitskonzept Ideale

GRUNDANNAHMEN

Weltbild   Menschenbild   Organisationsbild

INTRANSPARENTE TIEFENKOMPONENTEN

ZIEL-MITTEL-BEZIEHUNG

URSACHE-WIRKUNGS-BEZIEHUNG

Abbildung 11:   Kulturebenenmodell nach SCHEIN[2]

Die unsichtbaren, zumeist unbewußten **Grundannahmen** in den Köpfen der Unternehmensangehörigen, die gemeinhin mit dem Begriff „Weltanschauung" umschrieben werden, bilden die Basis der Kultur. Hierzu zählen Annahmen über das Wesen der

---

1 Vgl. im folgenden neben den Originalquellen SCHEIN (1981), SCHEIN (1984) und SCHEIN (1985) vor allem REISS (2008), S. 219 ff., daneben aber auch SCHREYÖGG/KOCH (2020), S. 585 ff. einschließlich der dort zitierten Literatur.

2 In Anlehnung an SCHEIN (1981), S. 64, SCHEIN (1984), S. 4 und SCHEIN (1985), S. 14 sowie REISS (2008), S. 220.

Welt, des Menschen und der Organisation, die durch grundsätzliche Vorstellungen über Wahrheit und Gerechtigkeit sowie durch kollektive Ideale ihre Ergänzung finden. *Weltbilder* enthalten Hypothesen über die Vorherbestimmtheit oder Gestaltbarkeit des Weltgeschehens. Dagegen geben *Menschenbilder* Auskunft darüber, ob Mitarbeiter eher als faul, egoistisch und bösartig oder aber als strebsam, sozial und gutmütig eingestuft werden. Schließlich vergleichen *Organisationsbilder* Unternehmen bspw. mit Maschinen oder aber mit Organismen.

Grundannahmen schlagen sich in weniger abstrakten **Werten** und **Normen** nieder, die den Betriebsangehörigen in hohem Maße bewußt sind und zum Teil in Form von schriftlich fixierten Ge- und Verboten, Verhaltensrichtlinien und Unternehmensgrundsätzen auch sichtbar werden können. In der Regel drücken sie sich aber lediglich in speziellen Ideologien oder Denk- und Arbeitsweisen aus.

An der Oberfläche wird die Unternehmenskultur in **Symbolen** der unterschiedlichsten Art erfahr- und erlebbar. Symbolkraft liegt zum einen in kulturellen Artefakten wie Architektur, Kleidung oder Firmenzeichen, zum anderen aber auch in betriebsspezifischen Ritualen, Sprachregelungen, Legenden und Mythen.

Augenscheinlich sind Symbole somit nur Symptome einer spezifischen Unternehmenskultur, deren Ursachen in den verborgen liegenden Grundannahmen zu suchen sind. Damit aber steht die theoretisch herleitbare **Ursache-Wirkungsbeziehung** in direktem Widerspruch zur technologisch möglichen **Ziel-Mittelbeziehung**; denn es ist unmöglich, die theoretisch wahre Aussage, daß sich die kollektive Weltanschauung der Unternehmensangehörigen in spezifischen Symbolen manifestiert, unmittelbar in eine praktisch anwendbare Ziel-Mittelbeziehung zu transformieren. Einerseits kann die Unternehmenskultur nämlich nur durch Beeinflussung der kollektiven Annahmen *grundlegend* verändert werden. Andererseits ist die Unternehmensleitung aber lediglich in der Lage, auf die Symbole Einfluß zu nehmen, um bestenfalls indirekt über Rückwirkungen die Ursachenebene zu erreichen.[1] Der kausale Zusammenhang läuft folglich dem finalen zuwider, was durch die Richtungspfeile in Abbildung 11 zum Ausdruck kommen soll.

Starke Unternehmenskulturen zeichnen sich dadurch aus, daß zum einen ihre einzelnen Bestandteile vergleichsweise konsistent und widerspruchsfrei sind, womit sich die Belegschaft in nahezu jeder Situation an den Werten und Normen orientieren kann, und daß zum anderen fast alle Mitarbeiter die Werte und Normen aus tiefster Überzeugung teilen, womit relativ homogene und kulturkonforme Denk- und Verhaltensmuster an der Tagesordnung sind.[2] Dies hat sowohl Vorteile als auch Nachteile.[3] Der zentrale

---

1 Vgl. REISS (2008), S. 224.

2 Vgl. im folgenden SCHREYÖGG (1993), S. 318 und MACHARZINA/WOLF (2023), S. 258 f.

3 Zur folgenden Diskussion der vorteilhaften und nachteiligen Wirkungen starker Kulturen vgl. auch SCHREYÖGG (1993), S. 321, SCHREYÖGG/KOCH (2020), S. 599 ff. und MACHARZINA/WOLF (2023), S. 262 ff.

Vorteil starker Unternehmenskulturen liegt in der Bereitstellung eines stabilitätsstiftenden Orientierungsrahmens, der es erlaubt, eher schwerfällige formale Regelungen zuverlässig in effiziente informale Selbststeuerungsmechanismen zu transformieren. Insofern ist die *informale Organisation* als oftmals „ungesteuerte" soziale Struktur innerhalb eines Unternehmens Ausdruck der jeweiligen Unternehmenskultur und notwendige Ergänzung zur *formalen Organisation* als bewußt gestalteter Organisationsstruktur.[1]

Die **Funktion** der Unternehmenskultur besteht somit in erster Linie darin, die Unzulänglichkeiten der formalen Organisation zielorientiert und strategiekonform durch Austausch ineffizienter formaler Regelungen gegen effizientere informale Selbststeuerungsmechanismen auszugleichen.[2] Damit stellt die Kultur als ergänzendes Steuerungselement sicher, daß die mit formalen Regelungen verfolgten Absichten nicht durch informale Verhaltensweisen vereitelt werden;[3] denn die *Verhaltensbereitschaft* der Mitarbeiter determiniert in entscheidendem Maße, inwieweit die in der Organisationsstruktur angelegten *Verhaltensmöglichkeiten* ausgeschöpft werden.

Demgegenüber kann der zentrale **Nachteil** starker Unternehmenskulturen mit mangelnder Veränderungsbereitschaft umschrieben werden. Je erfolgreicher die Denk- und Verhaltensmuster der jeweiligen Kultur in der Vergangenheit waren, desto tiefer sind die kollektiven Grundannahmen, Werte und Normen in der Belegschaft verankert und um so schwerer fällt eine grundlegende Um- oder Neuorientierung. Starke Unternehmenskulturen neigen mithin dazu, der Flexibilität und Anpassungsbereitschaft fordernden dynamischen Umwelt mit *Starrheit* zu begegnen.

Folglich ist abschließend noch zu diskutieren, welche Faktoren die Unternehmenskultur prägen und ob auf eben diese **Bestimmungsfaktoren** Einfluß genommen werden kann, um die Unternehmenskultur gezielt zu gestalten. Hierzu ist zunächst zwischen einer *Mikrokultur* auf betrieblicher und einer *Makrokultur* auf gesellschaftlicher[4] Ebene zu unterscheiden. Während die Vertreter des **kulturfreien Ansatzes** die Unabhängigkeit der Unternehmens- von der Gesellschaftskultur unterstellen, sehen die Vertreter des **kulturgebundenen Ansatzes** eine direkte Kopplung zwischen Mikro- und Makrokultur.[5] Dabei ist der letzten Auffassung aus folgendem Grunde zuzustimmen.[6] Jedes Unternehmen pflegt als offenes Sozialsystem ständigen Kontakt mit seinem gesell-

---

1 Zur Abgrenzung der Begriffe *formale* und *informale Organisation* vgl. BÜHNER (2004), S. 6 ff. und MACHARZINA/WOLF (2023), S. 513.

2 Vgl. HEINEN/DILL (1986), S. 204 f. und die dort zitierte Literatur.

3 Vgl. auch im folgenden GRÖGER (1992), S. 163.

4 Im folgenden ist mit *Gesellschaft* kein Unternehmen, sondern die in einer Nation oder in einem Kulturkreis lebende Bevölkerung gemeint.

5 Vgl. zur Unterscheidung von *Culture-free-* und *Culture-bound-These* OBERG (1963), S. 141 ff. und MACHARZINA/WOLF (2023), S. 261 f.

6 Vgl. im folgenden HEINEN/DILL (1986), S. 208 und die treffenden Ausführungen von GRÖGER (1992), S. 150 einschließlich der dort zitierten Literatur.

schaftlichen Umfeld. So führt der betriebliche Leistungserstellungsprozeß zu einer permanenten Konfrontation mit den Annahmen, Werten und Normen der Öffentlichkeit (bspw. der Mitarbeiter, Kunden, Lieferanten, Konkurrenten, öffentlichen Verwaltung). Insbesondere der bereits vor der Betriebszugehörigkeit von den Mitarbeitern internalisierte geistige und normative Unterbau der jeweiligen Gesellschaft wird unmittelbar in das Unternehmen hineingetragen und bestimmt damit in entscheidendem Maße die Unternehmenskultur. Folglich ist eine grundlegende Divergenz zwischen Mikro- und Makrokultur *langfristig* nicht aufrechtzuerhalten, obgleich die betriebsspezifische Grundorientierung den gesellschaftlichen Wertvorstellungen *kurzzeitig* schon zuwiderlaufen kann. Unternehmenskulturen können sich somit nur in Abhängigkeit von der jeweiligen Gesellschaftskultur entwickeln, wobei die *Gesellschaftskultur* nicht unbedingt unmittelbar, sondern gegebenenfalls über die *Branchenkultur* auf die *Unternehmenskultur* einwirkt (vgl. Abbildung 12). Aus der Gesellschaftskultur als zentraler Determinante der Unternehmenskultur lassen sich wiederum die indirekten Bestimmungsfaktoren Geschichte und Politik, Wirtschafts- und Sozialordnung, vorherrschende Religion sowie Wissenschafts- und Kunstauffassung ableiten.

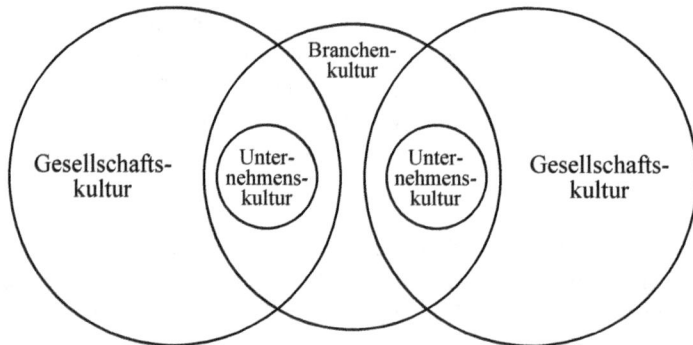

Abbildung 12:   Zusammenhang zwischen Gesellschafts-, Branchen- und Unternehmenskultur [1]

Bereits an dieser Stelle wird deutlich, daß der **Unternehmenskultur** als strategischem Aktionsparameter eine andere Qualität zukommt als der Strategie, Struktur oder Technologie. Die Ausgestaltung der letztgenannten Parameter liegt im alleinigen Ermessen der Entscheidungsträger, während die Kultur zu einem Großteil vorherbestimmt ist. Die nahezu axiomatischen *Grundannahmen* in den Köpfen der Belegschaft sind einer geplanten Gestaltung kaum zugänglich und von der Unternehmenskultur grundsätzlich zu übernehmen. Insofern trägt die Unternehmenskultur Züge eines **Kontextfaktors**. Lediglich auf der Ebene der Werte und Normen besteht für die Entscheidungsträger ein gewisser Spielraum, der zielorientiert und strategiekonform unter Berücksichtigung

---

1 In Anlehnung an BERTHOIN ANTAL/DIERKES/HELMERS (1993), S. 208.

der Grundannahmen ausgeschöpft werden kann. Die Individualität einer Unternehmenskultur gründet damit in erster Linie auf der konkreten Ableitung von *Werten und Normen* aus den für alle Betriebe eines Kulturkreises mehr oder weniger einheitlichen Grundannahmen der Mitarbeiter. Insofern kann die Unternehmenskultur weiterhin als **Aktionsparameter** betrachtet werden.[1]

Die Gesellschaftskultur erlaubt eine Vielzahl unterschiedlicher Unternehmenskulturen,[2] solange sie auf dem einheitlichen Fundament der im Rahmen der primären Sozialisation vermittelten Grundannahmen beruhen. Folglich ist die **Gesellschaftskultur** ein nicht beeinflußbarer **Kontextfaktor**, der hinsichtlich der konkreten Ausgestaltung der Unternehmenskultur wie eine *Restriktion* wirkt.

Ohne zu differenzieren, auf welcher Ebene Kultur überhaupt gestaltet werden kann, haben sich in der Literatur drei unterschiedliche Grundhaltungen hinsichtlich der Formbarkeit von Kultur herausgeschält.[3] Die **Instrumentalisten** betrachten die Unternehmenskultur als ein beliebig veränderbares Führungsinstrument unter vielen. Diametral entgegengesetzt behaupten die **Puristen**, daß die Unternehmenskultur als spontane Ordnung aus dem Zusammenwirken der Weltanschauungen aller Betriebsangehörigen erwächst und sich damit der instrumentellen Beherrschbarkeit gänzlich entzieht. Schließlich vertreten die **Pragmatiker** die Idee des geplanten Wandels, wonach die Veränderung der Unternehmenskultur in einem grundsätzlich offenen Prozeß lediglich initiiert werden kann. Das Ergebnis des evolutorischen Veränderungsprozesses aber bleibt auf Grund mutativer Einflüsse, das heißt hinsichtlich Eintrittsart, -zeitpunkt und -intensität weitgehend zufälliger und richtungsloser Anpassungsreaktionen einer spekulativen Prognose verschlossen.[4]

Die Idee des **geplanten Wandels** leitet sich aus folgenden Überlegungen her:[5] In Krisenzeiten verlieren Unternehmenskulturen nicht selten an Glaubwürdigkeit und werden von den Betriebsangehörigen in Frage gestellt. Der aufkommende Unmut mit den gegebenen Verhältnissen läßt Subkulturen entstehen, die mit der dominierenden Kernkultur in Widerstreit treten. Erweist sich eine neue Grundorientierung als überlegen, indem es ihr gelingt, die Krise zu bewältigen, so wandelt sich die Sub- zur Kernkultur. Andernfalls wird sie glanzlos vor der althergebrachten Unternehmenskultur kapitulieren müssen und damit letztlich zu deren Festigung beitragen. Grundsätzlich unterliegen Unternehmenskulturen somit langfristigen Veränderungsprozessen, die in

---

1 Zur Unternehmenskultur im Spannungsfeld zwischen strategischem Aktionsparameter und situativem Kontextfaktor vgl. WITTMANN (2019), S. 85 ff. und die dort zitierte Literatur.

2 Man denke nur an die Verschiedenartigkeit der Unternehmenskulturen von Parfümerien, Bioläden und „Heavy Metal Fan Shops".

3 Vgl. hierzu die unterschiedlichen Darstellungen bei SCHREYÖGG (1993), S. 322, SCHREYÖGG/ KOCH (2020), S. 605 ff. und MACHARZINA/WOLF (2023), S. 265 f.

4 Zur Verwendung der aus der Biologie entlehnten Begriffe *Mutation* und *Evolution* in diesem Zusammenhang vgl. MATENAAR (1983), S. 21 und GRÖGER (1992), S. 147.

5 Vgl. im folgenden SCHREYÖGG/KOCH (2020), S. 604 f.

der Regel durch externe Einflüsse (bspw. einen gesellschaftlichen Wertewandel) ausgelöst werden. Die Pragmatiker wollen aber nicht länger auf externe Impulse warten, sondern Krisen selbst initiieren, indem zum Beispiel widerborstige Subkulturen durch Neueinstellung bestimmter Mitarbeitertypen in das Unternehmen eingeschleust werden. Auch ist es denkbar, bereits im Betrieb tätige *Hybridführungskräfte*[1], die einerseits in besonderem Maße beliebt und akzeptiert sind, andererseits die neuartigen Denk- und Verhaltensweisen schon internalisiert haben, mit strategischen Schlüsselpositionen zu betrauen. Auf diese Weise ist es zwar möglich, ein gewisses Konfliktpotential aufzubauen und die bestehende Kultur ins Wanken zu bringen. Ob sich aber der geplante Kulturwandel tatsächlich einstellen und wie die neue Unternehmenskultur gegebenenfalls aussehen wird, das wagt auch der Pragmatiker nicht mit Bestimmtheit vorauszusagen.

Der Grundposition der **Pragmatiker** ist vorbehaltlos zuzustimmen, denn wenn die Unternehmenskultur grundsätzlich Veränderungsprozessen unterworfen ist, die durch externe Impulse ausgelöst werden, so ist auch eine aktive Manipulation oder Herbeiführung derartiger Einflüsse denkbar. Damit aber ist die kompromißlose Behauptung der **Puristen** zurückzuweisen. Demgegenüber möge der aufgezeigte Widerspruch zwischen theoretischer Ursache-Wirkungs- und praktisch handhabbarer Ziel-Mittelbeziehung den **Instrumentalisten** dazu dienen, ihre Meinung zu überdenken. Ein Kulturmanagement, das lediglich auf der Wirkungsebene operiert, kann nämlich *niemals zielsicher* auf die Wertvorstellungen der Unternehmensangehörigen gestaltend Einfluß nehmen.[2]

Folglich ist die Unternehmenskultur nicht mittels technokratisch-instrumentalistischer Programme zu **„konstruieren"**, sondern durch Sensibilisierung für kritische Problemfelder, durch bewußte Herbeiführung von „Krisen" sowie durch kontinuierliche Pflege der betriebsspezifischen Werte und Normen über ein adäquat gestaltetes System von Symbolen und Strukturen zu **„kultivieren"**.[3] Wenn es gelänge, den Grundsatz der Veränderungsbereitschaft auf der Ebene der Werte und Normen in der Unternehmenskultur (und in den Köpfen der Belegschaft) zu verankern, so ergäbe sich die erwünschte kulturelle Flexibilität quasi „automatisch": Die Unternehmenskultur könnte sich dann regelmäßig selbst in Frage stellen und damit gewissermaßen ihren eigenen Wandel initiieren. Der Veränderungsprozeß selbst bliebe aber weiterhin nur bedingt kontrollier- und steuerbar.

Bevor nun die situativen Kontextfaktoren mit in die Betrachtung einfließen, sind die bislang isoliert erörterten Aktionsparameter noch integriert zu diskutieren.

---

1 Zum Begriff *Hybridführungskraft* vgl. MACHARZINA/WOLF (2023), S. 268.

2 Deshalb ist es auch ein naiver Irrglaube der Verfechter des „Genderns", daß lediglich die *Sprache* verändert werden müsse, um damit quasi deterministisch das *Denken* und die *Weltanschauung* der Gesellschaft zu verändern (Ziel-Mittelbeziehung), um so wiederum das *Handeln* des Einzelnen, damit Lebenswirklichkeiten und letztlich die *Welt an sich* zu verbessern (Ursache-Wirkungsbeziehung).

3 Vgl. REISS (2008), S. 224 und HEINEN/DILL (1986), S. 213.

2.1.3.5 Zusammenhang zwischen Strategie, Struktur, Technologie und Kultur

Das Zusammenwirken der vier Aktionsparameter war und ist Gegenstand zahlreicher Untersuchungen.[1] Ausgehend von der wegweisenden Studie des amerikanischen Historikers CHANDLER,[2] der die Entwicklung von vier ausgesuchten Großunternehmen analysierte, standen dabei zunächst nur die beiden Gestaltungsparameter **Strategie** und **Struktur** im Mittelpunkt des Interesses,[3] wobei die Existenz eines eindeutigen zeitlichen Wirkungszusammenhangs im Sinne einer unikausalen, deterministischen Beziehung zwischen Strategie und Struktur unterstellt wurde. Nach CHANDLER formulieren Unternehmen angesichts bestehender betriebsspezifischer Stärken und sich im Umfeld bietender Chancen zunächst geeignete Strategien zur Erreichung ihrer Ziele. Erst wenn sich die Diskrepanz zwischen neuen Strategien und alten Strukturen in innerbetrieblichen Reibungen niederschlügen, würden die erforderlichen organisatorischen Anpassungen vorgenommen.[4] Insofern folge die Struktur der Strategie (*„structure follows strategy"*). Dabei stiege die Komplexität der zunehmend dezentraler werdenden Organisationsstrukturen in gleichem Maße wie die Komplexität der zugrundeliegenden Wachstumsstrategien.[5] CHANDLER unterschied in diesem Zusammenhang zwei Phasen, die von expandierenden Unternehmen durchlaufen würden.[6] Während in der ersten Phase Strategien der Produktionsausweitung (Marktdurchdringung, Marktentwicklung) und der vertikalen Integration mit verrichtungsorientierten unternehmensinternen Strukturen (Funktionalorganisation) einhergingen, sei die zweite Phase durch Diversifikationsstrategien und objektorientierte unternehmensinterne Strukturen (Divisionalorganisation) gekennzeichnet. Später wurde insbesondere von BÜHNER eine dritte Phase identifiziert, die in Abkehr von vertikaler Integration und Diversifikation die Strategie der Konzentration auf das Kerngeschäft in Verbindung mit prozeßorientierten, stark dezentralen Strukturen (Prozeßorganisation) umfaßt.[7]

Offensichtlich besteht somit ein genereller Zusammenhang zwischen verfolgter Strategie und implementierter Struktur. Dennoch ist es vermessen, aus dieser Beobachtung eine unumstößliche einseitige Abhängigkeit oder **Dependenz** zwischen den Aktionsparametern ableiten zu wollen. CHANDLERS These blieb daher auch nicht unwiderspro-

---

1 Zu den Interdependenzen zwischen den vier strategischen Aktionsparametern, allerdings im Kontext junger, wachstumsorientierter Industrieunternehmen, vgl. auch WITTMANN (2019), S. 110 ff., 127 ff., 150 ff. und 164 ff.

2 Vgl. CHANDLER (1962) bzw. CHANDLER (1969).

3 Vgl. zu diesem Themenkomplex den aufschlußreichen Artikel von GABELE (1979).

4 Vgl. CHANDLER (1969), S. 15 f. sowie ferner GABELE (1979), S. 181 f., OSTERLOH/FROST (2006), S. 165 f. und KIESER/WALGENBACH (2010), S. 226 f.

5 Vgl. STAEHLE (1999), S. 459. Zu Wachstumsstrategien vgl. Abschnitt 2.1.3.1.

6 Vgl. im folgenden CHANDLER (1969), S. 383 ff.

7 Vgl. BÜHNER (1989), S. 225 und ferner SYDOW (1992), S. 3 f. Gemäß der prozeßorientierten Organisationsgestaltung (vgl. Abschnitt 2.1.3.2) könnte daher formuliert werden, daß die Struktur dem Prozeß und der Prozeß der Strategie folgt (*„structure follows process follows strategy"*; OSTERLOH/ FROST (2006), S. 40, ferner auch S. 7).

chen. So zeigen einige Nachfolgeuntersuchungen, daß in bestimmten Fällen auch die Strategie der Struktur folgen kann und damit der zeitliche Wirkungszusammenhang in diesen Fällen umgekehrt ist („*strategy follows structure*").[1] Da selbst Unternehmen, die nicht in besonderem Maße diversifiziert waren, divisionale Strukturen einführten, wurde darüber hinaus die eher sarkastisch anmutende Hypothese aufgestellt, daß die Struktur Modeerscheinungen folge („*structure follows fashion*").[2] Dies wird zum einen mit von Unternehmensberatern verursachten Modeströmungen und zum anderen mit einem gewissen Nachahmungsbedarf der Unternehmen selbst begründet. Schließlich berichten europäische Nachfolgeuntersuchungen von Unternehmen, die ihre Strategie oder Struktur veränderten, ohne den jeweils anderen Aktionsparameter anzupassen.[3]

Die vorgestellten Untersuchungen geben mithin zu erkennen, daß kein eindeutiger zeitlicher Wirkungszusammenhang im Sinne einer unikausalen, deterministischen Beziehung zwischen Strategie und Struktur besteht. Letztlich entspringt die Suche nach derartigen einseitigen Abhängigkeiten bzw. Dependenzen ohnehin überholten, linearen Denkmustern, mit denen die komplexe betriebliche Wirklichkeit nur in Ausnahmefällen angemessen erfaßt werden kann und die daher einem vernetzten, rückgekoppelten Denken weichen sollten. Dann fällt es auch leichter, sich den offensichtlichen gegenseitigen Abhängigkeiten oder **Interdependenzen** zwischen *Strategie* und *Struktur* zu stellen. Letztlich muß der treffenden Formulierung MINTZBERGS zugestimmt werden, daß die Ausgestaltung des einen Parameters der des anderen nicht mehr und nicht minder als der rechte Fuß dem linken beim Gehen folgt,[4] weil die beiden Gestaltungsparameter in einem interaktionistischen Verhältnis zueinander stehen. Strukturen sind zwar das Ergebnis geplanten menschlichen Handelns und damit von Strategie, sie ermöglichen und beeinflussen allerdings auch menschliches Handeln und somit den Prozeß der Strategieentstehung.[5] Deshalb ist es angebracht, die beiden Aktionsparameter einer *simultanen* Analyse zu unterziehen und konsistent aufeinander abzustimmen, anstatt der Fiktion einer *sequentiellen* Planbarkeit von Strategie und Struktur zu glauben.

Später wurde die erneut linearem Denken entspringende Behauptung aufgestellt, die **Technologie** folge der strategieabhängigen **Struktur** („*technology follows structure*").[6] Zwar ist es nicht gerade unwahrscheinlich, daß Unternehmen, die mit der Auswahl

---

1 Vgl. HALL/SAIAS (1980), S. 156 f., GABELE (1979), S. 182 f. sowie KREIKEBAUM/GILBERT/BEHNAM (2018), S. 179 und die dort erwähnten Untersuchungen.

2 Vgl. KIESER/WALGENBACH (2010), S. 228 f. einschließlich der dort zitierten Quellen.

3 Vgl. GABELE (1979), S. 183 und die dort zitierte Literatur.

4 "... structure must no more follow strategy than the left foot must follow the right in walking." MINTZBERG (1990), S. 115.

5 Vgl. ORTMANN/SYDOW (2001), S. 428, ORTMANN/SYDOW/WINDELER (2000), S. 346 f. und OSTERLOH/FROST (2006), S. 169.

6 Vgl. GÖRGEL (1992), S. 115 f. In Verbindung mit CHANDLERS Aussage könnte also formuliert werden, daß die Technologie der Struktur und die Struktur der Strategie folgt („*technology follows structure follows strategy*").

eines Technologiekonzepts starten, ihre Organisation mühsam anpassen und zuletzt nach der adäquaten Strategie suchen, Schiffbruch erleiden werden. Gleichwohl ist daraus noch lange nicht der Umkehrschluß zu ziehen, daß nach Erfolg strebende Unternehmen genau die andere Reihenfolge zu wählen haben. In gleicher Weise ist auch der Idee des *Technikdeterminismus* mit Vorsicht zu begegnen, wonach eine bestimmte Technologie gleichsam zwangsläufig eine spezifische Arbeitsorganisation nach sich ziehen soll[1] (*„structure follows technology"*). Zu allem Überfluß wird diese deterministische Grundhaltung noch mit pauschalierenden, realitätsfernen Thesen hinsichtlich der sich aus den vermeintlich technologiebestimmten Strukturen ergebenden Arbeitsanforderungen präzisiert. So trifft die *Transformationsthese*, die als Konsequenz von Mechanisierung und Automation eine Umwandlung restriktiver Arbeit in hochqualifizierte Aufgaben mit Entscheidungskompetenz sieht, ebensowenig uneingeschränkt zu wie die *Polarisierungsthese*, die infolge des technologischen Wandels eine Spaltung der Arbeiterschaft in wenige hoch- und viele unqualifizierte Mitarbeiter erwartet.[2]

Die widersprüchlichen Ergebnisse der empirischen Technologie-Struktur-Studien bieten jedenfalls keinen Anhaltspunkt für die Existenz eines abgesicherten, allgemeingültigen, einseitigen Abhängigkeitsverhältnisses zwischen den Aktionsparametern.[3] Erneut muß das Denken in Dependenzen dem Erkennen von **Interdependenzen** weichen und der sequentiellen Planbarkeit der Gestaltungsparameter eine Absage erteilt werden, denn *Struktur* und *Technologie* stehen genauso in einem interaktionistischen Verhältnis zueinander wie Strategie und Struktur, womit gleichzeitig auch Interdependenzen zwischen *Strategie* und *Technologie* gegeben sind. Einerseits bedürfen neuartige Technologien zur Entfaltung ihrer ökonomischen Effizienz adäquater organisatorischer Anpassungsmaßnahmen. Andererseits ist es unmöglich, historisch gewachsene, mehr oder weniger unbewegliche Organisationen in regelmäßigen Abständen kurzfristig „umzukrempeln". Zum einen sind damit der Einführung neuer Technologien unter Umständen unüberwindbare organisatorische Grenzen gesetzt, zum anderen besteht die Gefahr, daß der gelungenen technologischen nicht die erforderliche organisatorische Innovation folgt. Schließlich kann eine strategische Um- oder Neuorientierung zu technologischen Anpassungen führen oder durch unumstößliche technologische Rahmenbedingungen eingeschränkt sein. Mithin hängt der Erfolg eines Unternehmens entscheidend von dem abgestimmten Zusammenspiel aller drei bislang diskutierten Aktionsparameter ab.

Demgegenüber betont das viel beachtete **7-S-Modell** von PASCALE und ATHOS,[4] daß unternehmerischer Erfolg nur möglich ist, wenn die sieben Aktionsparameter Strategie,

---

1 Vgl. BEHR/KÖHLER (1988), S. 9.

2 Vgl. WOBBE-OHLENBURG (1982), S. 144 f. und ferner KERN/SCHUMANN (1984), S. 89 und 191 ff.

3 Ein ausführlicher Überblick über die Diskussion des Struktur-Technologie-Zusammenhangs findet sich beispielsweise in KIESER (1974a), STAEHLE (1999), S. 475 ff., KIESER/WALGENBACH (2010), S. 306 ff. und 354 ff. sowie ferner SCHREYÖGG/KOCH (2020), S. 362 ff.

4 Vgl. hierzu auch im folgenden PASCALE/ATHOS (1982) sowie WATERMAN/PETERS/PHILLIPS (1980), WATERMAN (1982), PETERS/WATERMAN (1982) und STAEHLE (1999), S. 507 ff.

Struktur, Selbstverständnis, Stil, Stammpersonal, Spezialkenntnisse und Systeme[1] widerspruchsfrei aufeinander abgestimmt werden.[2] Während die Parameter Strategie und Struktur hinlänglich behandelt worden sind, müssen die übrigen „S" einer weitergehenden Betrachtung unterzogen werden, um ihre Ähnlichkeit mit den im vorliegenden Lehrbuch zentralen Aktionsparametern Kultur und Technologie herauszustellen.

Die **Unternehmenskultur** wird durch die drei Parameter Selbstverständnis, Stil und Stammpersonal beschrieben. Das *Selbstverständnis*, das in älteren Veröffentlichungen noch unter der Bezeichnung *übergeordnete Zielsetzungen* firmierte, steht für die Grundannahmen und Wertvorstellungen der Unternehmensangehörigen und entspricht damit den beiden untersten Ebenen der Unternehmenskultur.[3] *Stil* ist weniger gleichbedeutend mit dem persönlichen Führungsstil eines Vorgesetzten als vielmehr mit dem kulturellen Stil des gesamten Betriebs, der sich in unternehmensspezifischen Verhaltensmustern, Umgangsformen und Symbolen widerspiegelt. Damit aber deckt sich der Stil mit der obersten Ebene der Unternehmenskultur. Werden unter *Stammpersonal* weniger die formalen Bestandteile wie Leistungsbeurteilung, Entlohnungssystem oder Mitarbeiterschulung gefaßt, sondern mehr die informalen Aspekte wie Arbeitsgeist, Einstellungen, Motivation und Verhalten der Mitarbeiter verstanden, so wird schließlich die Bedeutung des Personals in seiner Rolle als passiver Kulturträger und aktiver Kulturpräger offenbar.

Spezialkenntnisse und Systeme sind Bestandteile der **Technologie** im Sinne des naturwissenschaftlich-technischen Technologiebegriffs. Während *Spezialkenntnisse* sowohl die besonderen Fertigkeiten einzelner Aufgabenträger als auch die außergewöhnlichen Fähigkeiten des Unternehmens in seiner Gesamtheit umfassen, bezeichnen *Systeme* alle Verfahren, Methoden und Techniken, die bei der Bewältigung des Tagesgeschäfts Unterstützung gewähren. Hierzu zählen zum Beispiel das Berichtswesen, die Informations- und Kommunikationssysteme, Herstellungsverfahren, Leistungsbeurteilungssysteme sowie Planungs- und Kontrollverfahren.

Abbildung 13 zeigt das „7-S-Molekül". Die Möglichkeit, die sieben Komponenten des Modells auf die vier im Mittelpunkt der weiteren Untersuchung stehenden Aktionsparameter zu reduzieren, wird in der Abbildung durch die unterschiedlich schattierten Flächen zum Ausdruck gebracht. **Strategie** und **Struktur** werden explizit genannt und bedürfen daher keiner gesonderten Hervorhebung. Der Parameter **Technologie** setzt sich aus den hellgrau schattierten Bestandteilen Spezialkenntnisse und Systeme zusammen. Letztlich besteht die **Unternehmenskultur** aus den drei dunkelgrau gekennzeichneten Komponenten Selbstverständnis, Stil und Stammpersonal.

---

1 Die Alliteration dient weniger der inhaltlichen Deutlichkeit als vielmehr der Einprägsamkeit des Modells. "The alliteration is intentional: it serves as an aid to memory." WATERMAN/PETERS/PHILLIPS (1980), S. 17.

2 "... it is the 'fittedness' among the S's that turns a good strategic idea into a lean, mean program for corporate success." WATERMAN (1982), S. 71.

3 Zum Kulturebenenmodell nach SCHEIN vgl. Abschnitt 2.1.3.4.

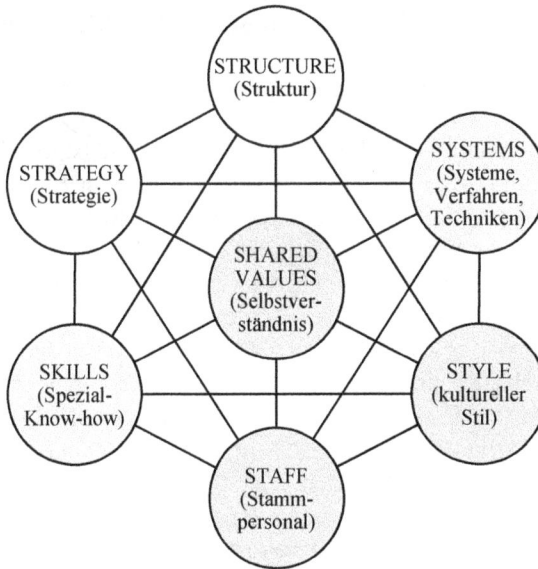

Abbildung 13:   7-S-Modell[1]

Leider verkennt das 7-S-Modell die Abhängigkeit der Mikro- von der Makrokultur und betrachtet die Unternehmenskultur als ein beliebig gestaltbares Führungsinstrument. Insofern handelt es sich um einen *kulturfreien, technokratisch-instrumentalistischen Ansatz*. Weiter ist dem Modell die weitgehende Vernachlässigung der Unternehmensumwelt vorzuwerfen. Damit ist das 7-S-Modell ein reiner *Konsistenzansatz*, der lediglich auf die Abstimmung der unternehmensinternen Gestaltungsparameter abstellt („fittedness"), ohne auf die erforderliche Kongruenz mit gegebenen Kontextfaktoren zu achten. Im Sinne eines geschlossenen Ansatzes ist aber sowohl **Konsistenz** zwischen den vier Aktionsparametern als auch **Kongruenz** zwischen eben diesen Parametern und den Kontextfaktoren herzustellen.[2]

Aus diesem Grunde soll nunmehr der generelle Einfluß situativer Kontextfaktoren auf das strategische Management im Mittelpunkt des Interesses stehen. Darüber hinaus ist die Frage zu beantworten, ob derartige Faktoren tatsächlich als unabänderlich gegeben hingenommen werden müssen oder aber in gewissem Grade gestaltbar sind.

---

1 In Anlehnung an WATERMAN (1982), S. 70 und STAEHLE (1999), S. 508. Vgl. auch WATERMAN/
   PETERS/PHILLIPS (1980), S. 18 und PASCALE/ATHOS (1982), S. 326.
2 Vgl. MINTZBERG (1979), S. 219 f., STAEHLE (1999), S. 60 und WITTMANN (2019), S. 100 ff.

2.2 Kongruenz durch kollektives strategisches Management[1]

2.2.1 Bedeutung situativer Kontextfaktoren

Situative Kontextfaktoren bilden Rahmenbedingungen, die bei der konkreten Ausgestaltung und Abstimmung der strategischen Aktionsparameter zu berücksichtigen sind. Das Wort *situativ* drückt in diesem Zusammenhang aus, daß die Faktoren in Abhängigkeit von der spezifischen Situation hinsichtlich Bedeutung und Ausprägung variieren. Aus dieser Tatsache sollte allerdings nicht das vermessene Vorhaben erwachsen, einen abschließenden Katalog *aller* denkbaren Kontextfaktoren mit *allen* theoretisch möglichen Ausprägungen zusammenstellen zu wollen, aus dem bei Bedarf die jeweils relevanten und spezifisch ausgeprägten Einflußgrößen „herauszupicken" sind. Eine derartige Vorgehensweise implizierte eine *Vorselektion*, die in entscheidendem Maße Inhalt und Umfang des möglichen Erkenntnisgewinns zu beschränken droht. Der Begriff **Situation** läßt sich nämlich nicht abschließend definieren und somit auch nicht auf bestimmte Sachverhalte festlegen, sondern ist vielmehr als ein offenes Konzept zu begreifen, das betriebsindividuell zum jeweiligen Zeitpunkt der Betrachtung in Abhängigkeit vom gegebenen Informationsstand mit Leben zu füllen ist.[2] Der jeweilige Wissensstand determiniert dabei die Anzahl der *erkennbaren* relevanten Kontextfaktoren mit ihren Ausprägungen. Es wird im Endeffekt schwerlich möglich sein, alle in einer bestimmten Entscheidungssituation bedeutsamen Begleitumstände zu identifizieren, geschweige denn zu berücksichtigen. Nichtsdestoweniger sollte ein realitätsnahes Situationskonzept die Option offenhalten, zu jedem Zeitpunkt neuentdeckte Einflußgrößen mit in die Betrachtung einzubeziehen.

Hinsichtlich der Frage, ob situative Kontextfaktoren als gegeben hingenommen werden müssen oder aber grundsätzlich gestaltbar sind, gibt es zwei Auffassungen, die sich in der Kontingenztheorie und im Situationsansatz niedergeschlagen haben. Während der eher realitätsferne **Kontingenzansatz** von einem situativen Determinismus ausgeht und somit den Kontext als Datum auffaßt, legt sich der **Situationsansatz** bezüglich der Formbarkeit von Einflußfaktoren nicht fest und läßt sowohl gestaltbare als auch determinierende Restriktionen zu.[3] Zum einen muß sich das strategische Management demnach an bestimmte situative Gegebenheiten anpassen, zum anderen hat es aber auch die Möglichkeit, gewisse Komponenten der Situation aktiv auf die strategischen Erfordernisse auszurichten.[4]

Interne Kontextfaktoren beschreiben dabei diejenigen Einflußgrößen, die mit Ausnahme der *vergangenheitsbezogenen* Faktoren von einem einzelnen Unternehmen grundsätzlich zielorientiert gestaltet werden können. **Externe Kontextfaktoren** aber

---

1 Vgl. ROLLBERG (2010a), S. 352–355 und ausführlicher ROLLBERG (1996), S. 61–68.
2 Vgl. KIESER/WALGENBACH (2010), S. 196.
3 Vgl. MACHARZINA/WOLF (2023), S. 87.
4 Vgl. auch im folgenden KIESER/WALGENBACH (2010), S. 199 ff.

sind das Ergebnis des Zusammenspiels einer Vielzahl von Unternehmen und damit einer unmittelbaren Beeinflussung durch ein Einzelunternehmen nicht zugänglich. Soweit sich derartige Faktoren auf die *Aufgabenumwelt* beispielsweise einer Branche beziehen, ergeben sich ihre konkreten Ausprägungen entweder ungeplant evolutorisch aus dem Zusammenwirken vieler nicht direkt miteinander kommunizierender Unternehmen oder aber durch das abgestimmte Verhalten der einzelnen Unternehmen eines Unternehmensverbundes. Schließlich gibt es auch die *globale Umwelt* betreffende externe Kontextfaktoren, die durch kulturelle, gesellschaftspolitische und soziale Einflüsse sowie durch das wirtschaftliche Handeln aller Wirtschaftssubjekte einer Nation geprägt sind und sich damit einer proaktiven Gestaltbarkeit auch Unternehmensnetzwerken gegenüber verschließen.

Um die bislang abstrakt gehaltenen Aussagen zu konkretisieren, ist in Abbildung 14 eine Liste potentiell relevanter in- und externer Kontextfaktoren zu finden, die selbstverständlich keinen Anspruch auf Vollständigkeit erheben kann. In dieser nicht überschneidungsfreien Auswahl sind auch die zuvor diskutierten **Aktionsparameter** Strategie, Struktur, Technologie und Kultur wiederzufinden, die *in ihrer gegenwärtigen konkreten Ausgestaltung* **zugleich** als interne **Kontextfaktoren** interpretiert werden können. Dies ergibt sich bereits aus den zwischen den Parametern herrschenden Interdependenzen[1] und der daraus resultierenden Forderung nach betriebsinterner Konsistenz, denn im Rahmen einer strategischen Um- oder Neuorientierung kann sich die Nicht-Anpassung einer gegenwärtig inadäquaten Parameterausprägung zu einem unüberwindbaren Hindernis auf dem Weg zum betrieblichen Erfolg entwickeln.

Erneut erweist sich in diesem Zusammenhang die **Unternehmenskultur** als Zwitterwesen zwischen gestaltbarem Aktionsparameter und klassischem, den Entscheidungsraum einengendem Kontextfaktor.[2] Einerseits ist die gegenwärtig vorherrschende Unternehmenskultur in gewissen Grenzen veränderbar und damit den *gegenwartsbezogenen* Kontextfaktoren zuzurechnen. Andererseits ist sie in entscheidendem Maße der Geschichte des jeweiligen Unternehmens verhaftet und insofern *vergangenheitsbezogen*. Je nachdem, wie stark oder schwach die Kultur durch die Vergangenheit des Unternehmens geprägt ist, gewinnt der eine oder andere Charakterzug die Oberhand. So verliert die Kultur traditionsreicher, über Jahrzehnte von Erfolg gekrönter Unternehmen in verstärktem Maße den Charakter eines wandelbaren Parameters, um sich statt dessen zu einem starren Kontextfaktor zu entwickeln. Nicht zuletzt deshalb bergen starke Kulturen die Gefahr in sich, in turbulenten Zeiten als Anpassungsschranke jeglichen Veränderungstendenzen entgegenzuwirken.[3]

---

1 Einige Beispiele für derartige Interdependenzen finden sich im Abschnitt 2.1.3.5.
2 Vgl. auch Abschnitt 2.1.3.4.
3 Vgl. abermals Abschnitt 2.1.3.4.

Interne situative Kontextfaktoren	Externe situative Kontextfaktoren
Gegenwartsbezogene Faktoren	**Aufgabenspezifische Faktoren**
Branchenzugehörigkeit Leistungsprogramm (Breite, Tiefe) Für die Leistungserstellung erforderliche Ressourcen/Produktionsfaktoren Komplexität der Leistung Fertigungstyp Unternehmensgröße Rechtsform und Eigentumsverhältnisse Standort Gegenwärtig verfolgte Strategie Gegenwärtige Struktur Gegenwärtig eingesetzte Technologie Gegenwärtige Unternehmenskultur	Branchenstruktur und -entwicklung Absatz- und Beschaffungsmarktstruktur Marktliche Diskontinuitäten (Beschäftigungsschwankungen, Ressourcenverfügbarkeit) Wettbewerbsintensität Technologieintensität Technologische Dynamik und Unsicherheit
Vergangenheitsbezogene Faktoren	**Globale Faktoren**
Lebenszyklusphase einzelner Produkte Alter des Unternehmens Geschichte des Unternehmens Gewachsene Unternehmenskultur	Gesellschaftskultur Gesamtwirtschaftliche Entwicklung Arbeitsmarkt- und Kapitalmarktsituation Verkehrs- und kommunikationstechnische Infrastruktur Staatliches und suprastaatliches Handeln (Gesetzgebung, Politik)

Abbildung 14:   Auswahl potentieller in- und externer Kontextfaktoren[1]

Die sich aus einer spezifischen Situation ergebenden in- und externen Kontextfaktoren sowie deren Ausprägungen bilden in ihrer Gesamtheit die unternehmensin- und -externe **Umwelt**, die sich durch ein bestimmtes Maß an Komplexität und Dynamik auszeichnet. Die **Komplexität** der Unternehmensumwelt resultiert dabei aus der *Anzahl* und der *Verschiedenartigkeit* der in einer konkreten Entscheidungssituation zur Wirkung gelangenden Einflußgrößen. Determinanten der **Dynamik** sind dagegen die *Häufigkeit,*

---

[1] Darstellungsform in Anlehnung an KIESER/WALGENBACH (2010), S. 201. Zur inhaltlichen Erweiterung vgl. insbesondere SYDOW (1992), S. 284 ff., 297 ff., KREIKEBAUM/GILBERT/BEHNAM (2018), S. 103 ff., 307 f. und MACHARZINA/WOLF (2023), S. 18 ff. Zahlreiche theoretische Erklärungsversuche und empirische Befunde hinsichtlich des Einflusses situativer Kontextfaktoren vor allem auf die Organisationsgestaltung werden bspw. in KIESER/WALGENBACH (2010), S. 191 ff. und MACHARZINA/WOLF (2023), S. 580 ff. zusammengefaßt.

die *Intensität* und die *Irregularität*, mit der sich die Kontextfaktoren im Zeitablauf verändern. Mit steigender Komplexität und Dynamik der relevanten Umwelt wächst naturgemäß auch die **Unsicherheit** bei der Entscheidungsfindung.[1]

Ebenso wie in der Diskussion um den Zusammenhang zwischen Strategie, Struktur, Technologie und Kultur ist darauf hinzuweisen, daß es aussichtslos ist, nach eindeutigen, allgemeingültigen Ursache-Wirkungsbeziehungen zwischen Kontextfaktoren und Aktionsparametern zu suchen,[2] denn eine gegebene Situation kann auf die konkrete Ausgestaltung der strategischen Aktionsparameter in der gleichen Weise einwirken, wie mit den Parametern Einfluß auf die Situation ausgeübt werden kann. Infolgedessen erzwingt eine veränderte Situation nicht automatisch eine strategische Um- oder Neuorientierung, sondern eröffnet bestenfalls Möglichkeiten zur zielgerechten Adaption, ohne dabei die Frage zu beantworten, ob das Unternehmen an die Situation oder die Situation an das Unternehmen anzupassen ist. Letztlich ist für den unternehmerischen Erfolg nur die **Kongruenz** zwischen Situation und Parameterausprägung ausschlaggebend. Auf welchem Wege diese Übereinstimmung herbeigeführt wird, liegt genauso im Ermessen des jeweiligen Unternehmens wie die Entscheidung, ob eine Anpassung überhaupt erfolgen soll. Diskrepanzen zwischen gegebener Situation und strategischem Verhalten einzelner Unternehmen sind daher keine Seltenheit. Auf Grund der angeführten Argumente dürfen Kontextfaktoren somit nicht als *Determinanten*, sondern lediglich als *Einflußgrößen* des strategischen Managements bezeichnet werden.

Grundsätzlich sind für jedes Unternehmen und zu jedem Zeitpunkt andere Kontextfaktoren von Bedeutung, so daß *keine abschließenden Aussagen* über alle potentiellen künftigen Umweltzustände getroffen werden können. Das Vorhaben, einen allgemeingültigen Katalog situationsspezifischer Gestaltungsempfehlungen für die vier Aktionsparameter ableiten zu wollen, ist damit von vornherein zum Scheitern verurteilt. Gestaltungsempfehlungen auf der Grundlage in Erwägung gezogener Situationen sind in nicht erwogenen Situationen naheliegenderweise wertlos. Aus diesem Grunde ist das hehre Streben nach dem wünschenswerten, aber letztlich unerreichbaren allgemeingültigen Aussagensystem aufzugeben.[3]

Im folgenden Abschnitt ist der Frage nachzugehen, wie ein kollektiv verstandenes strategisches Management dazu beitragen kann, die aus aufgabenspezifischen externen Kontextfaktoren resultierende Entscheidungsunsicherheit zu reduzieren.

---

1 Zur Unterscheidung der Begriffe *Komplexität, Dynamik* und *Unsicherheit* vgl. KIESER (1974b), S. 302 und KIESER/WALGENBACH (2010), S. 385 ff.

2 Vgl. im folgenden GABELE (1979), S. 184 und KIESER/WALGENBACH (2010), S. 203 ff.

3 Vgl. WITTMANN (2019), S. 103, der sich in seiner Untersuchung deshalb bewußt auf den Entwurf einer „Theorie nur mittlerer Reichweite" beschränkt, wenn er sich explizit auf die „strategisch konsistente Gestaltung junger, wachstumsorientierter Industrieunternehmen" konzentriert.

2.2.2 Reduktion kontextbedingter Unsicherheit durch kollektive Strategien

Jedes Unternehmen hat prinzipiell die Möglichkeit, die aufgabenspezifische unterneh-mensexterne Umwelt als Datum hinzunehmen oder aber im Verbund mit Partnerunter-nehmen zu beeinflussen. Unternehmen, die der ersten Alternative folgen, sind den externen Kontextfaktoren bedingungslos ausgeliefert und sehen sich daher zahlreichen **Umweltinterdependenzen** gegenüber.[1] Das Ausmaß dieser Umweltinterdependenzen wird zum einen durch die bereits erwähnte *Komplexität* und *Dynamik* der Umwelt und zum anderen durch die noch zu erläuternde *Umweltverkettung* bestimmt. Die Umwelt-verkettung beschreibt die verhaltenssteuernde Intensität der Interaktionen zwischen verschiedenen Marktteilnehmern und setzt sich aus *Wettbewerbsverkettungen* und *Vertragsverkettungen* zusammen. Während erstere über den Marktmechanismus ver-haltensregulierend wirken, müssen sich letztere formaler und informaler überbetrieb-licher Vereinbarungen zur Verhaltenssteuerung bedienen. Mit steigender Umweltkom-plexität und -dynamik sowie zunehmender Wettbewerbs- bei nur schwach oder gar nicht ausgeprägter Vertragsverkettung steigt das Unvermögen eines Unternehmens, die entscheidungsrelevanten Kontextfaktoren zu erfassen und ihre zukünftige, auch vom Verhalten der übrigen Marktteilnehmern abhängige Entwicklung zuverlässig abzu-schätzen. Die sich daraus ergebende **Entscheidungsunsicherheit** ist letztlich ursäch-lich dafür, daß sich zum Planungszeitpunkt noch vorteilhaft erscheinende Entschei-dungen später als nicht revidierbare Fehlentscheidungen erweisen können.

In dieser Situation sind kollektive Strategien in Ergänzung zu den Unternehmensstrate-gien dazu geeignet, für einen gewissen Zeitraum Teilbereiche der kollektiven Unter-nehmensumwelt zu stabilisieren und damit die Entscheidungsunsicherheit einzudäm-men.[2] Aufgabenspezifische externe Kontextfaktoren erwachsen bekanntlich aus dem Zusammenwirken einer Vielzahl von Unternehmen zum Beispiel einer bestimmten Branche, so daß eine nachhaltige und wirkungsvolle Beeinflussung der aufgabenspezi-fischen Umwelt nur durch mehrere Unternehmen *gemeinsam* gelingen kann. Mit Hilfe eines **kollektiven strategischen Managements**[3] werden dann die für ein einzelnes Unternehmen in der Regel unabänderlich gegebenen externen Kontextfaktoren zum Teil aktiv gestaltbar. In welcher Art und Weise verschiedene Unternehmen Absprachen miteinander treffen und Vertragsverkettungen eingehen, um vorteilhafte Umweltver-hältnisse zu schaffen, ist von den jeweils zur Anwendung gelangenden **kollektiven Strategien**[4] abhängig, die sowohl zu horizontalen als auch zu vertikalen Kooperations-beziehungen führen können.

---

1 Vgl. auch im folgenden BRESSER (1989), S. 547–549 sowie die dort angegebene Literatur.
2 Vgl. BRESSER (1989), S. 548.
3 Vgl. hierzu die äußerst aufschlußreiche Arbeit von SYDOW (1992), S. 238 f. und 267 ff.
4 Vgl. BRESSER (1989), SYDOW (1992), S. 268 ff. und SYDOW/MÖLLERING (2015), S. 214 ff.

Grundsätzlich sind die Quasi-Externalisierung und die Quasi-Internalisierung von unternehmerischen Funktionen als zwei Ausdrucksformen kollektiver Strategien zu werten.[1] Mit der Strategie der **Quasi-Externalisierung** wird eine langfristige Verlagerung von Teilfunktionen der betrieblichen Wertschöpfungskette auf ausgewählte Zulieferer mit dem Ziel verfolgt, die Fertigungs- oder Leistungstiefe unter Beibehaltung der ursprünglichen Planungs- und Kontrollkompetenz zu reduzieren. Die rechtlich selbständigen Zulieferer sind dann dazu verpflichtet, ihre Leistung unter Einhaltung der Vorgaben des Abnehmers zu erbringen. Ein Vorteil dieser Maßnahme liegt für die Abnehmer darin, Absatzschwankungen voll auf die Zulieferer abwälzen und dadurch die eigene Flexibilität erhöhen zu können, ohne dafür auf ein individuell auf sie zugeschnittenes Leistungsprogramm verzichten zu müssen.

Zentrales Anliegen der **Quasi-Internalisierung** ist dagegen die Zusammenführung von Ressourcen mehrerer Unternehmen im weitesten Sinne mit dem Ziel, Synergien auszuschöpfen, Risiken zu teilen und/oder Marktmacht zu entwickeln. Diese Form des abgestimmten strategischen Verhaltens ist prinzipiell dazu geeignet, *jeden* gewünschten externen Kontextfaktor der Aufgabenumwelt gezielt zu beeinflussen. Insofern ist die Quasi-Internalisierung die eigentliche kollektive Strategie.

Während die Quasi-Externalisierung stets auf vertikalen Vertragsbeziehungen beruht, können bei der Quasi-Internalisierung die unterschiedlichsten horizontalen und/oder vertikalen Kooperationsformen auftreten. In Abbildung 15 finden sich die Kurzcharakterisierungen der in der Managementpraxis gängigsten Erscheinungsformen kollektiver Strategien, wobei auf die Wertschöpfungspartnerschaft in den Unterkapiteln 3.2 und 3.3 noch ausführlicher einzugehen sein wird.

Nur einem Unternehmensverbund ist es im Rahmen eines kollektiven strategischen Managements unter Verfolgung von Quasi-Internalisierungsstrategien möglich, die aufgabenspezifischen externen situativen Kontextfaktoren *aktiv* zu gestalten, um so die Situation an die Bedürfnisse der kooperierenden Unternehmen anzupassen.[2] Hinreichende **Kongruenz** zwischen Unternehmensverbund und Umwelt ist aber erst dann gegeben, wenn sich der Verbund zudem *reaktiv* an die globalen Kontextfaktoren angepaßt hat.[3] Darüber hinaus ist es erforderlich, unter Berücksichtigung der gemeinsamen Ziele des Verbundes ein Mindestmaß an *inner-* und *inter*betrieblicher **Konsistenz** zwischen den Strategien, Strukturen und Technologien sicherzustellen sowie kulturelle Reibungen zumindest an den Unternehmensschnittstellen zu vermeiden. Die Diskussion des Konsistenz-Kongruenz-Gebots wird im folgenden Unterkapitel von der strategischen auf die operativ-taktische Betrachtungsebene gelenkt.

---

1 Vgl. im folgenden SYDOW (1992), S. 64 und SCHMETTAU (2023), S. 15.

2 In Ausnahmefällen mag dies auch einem besonders großen Monopolisten allein gelingen.

3 In Ausnahmefällen, beispielsweise durch erfolgreiche Lobbyarbeit, können globale Kontextfaktoren auch aktiv gestaltet werden.

Quasi-Externa-lisierung	Subcontracting	Ausgliederung und Übertragung einer Teilfunktion an ausgewählte, rechtlich selbständige Zulieferer, die auf der Basis längerfristiger Verträge Leistungen nach Vorgaben des Abnehmers erstellen
Quasi-Interna-lisierung	horizontale strategische Allianz	formalisierte, längerfristige Beziehung zu anderen Unternehmen, die mit dem Ziel aufgenommen wird, eigene Schwächen durch Stärkepotentiale anderer Betriebe zu kompensieren, um auf diese Art und Weise die Wettbewerbsposition eines Unternehmens oder einer Gruppe von Unternehmen zu sichern und langfristig zu verbessern
	Wertschöpfungs-partnerschaft	vertikale strategische Allianz von Unternehmen, die ihre Aktivitäten auf bestimmte Stufen der Wertkette konzentrieren und entlang der Wertkette kooperieren
	Joint Venture, Gemeinschafts-unternehmen	ein von zwei oder mehr kooperierenden Unternehmen gegründetes und strategisch geführtes Unternehmen, an dem die Kooperationspartner zu etwa gleichen Teilen beteiligt sind

Abbildung 15:   Ausgewählte kollektive Strategien[1]

2.3 Konsistenz und Kongruenz durch integrierte operativ-taktische Unternehmensplanung

2.3.1 Interdependenzen in der Unternehmensplanung[2]

2.3.1.1 Dependenzen und Interdependenzen

So wie zwischen den strategischen Aktionsparametern und zwischen den Parametern und der Unternehmensumwelt wechselseitige Abhängigkeiten bestehen, so existieren auch zwischen den operativ-taktischen Unternehmensteilplänen und zwischen den Teilplänen und der Umwelt Interdependenzen. Doch Interdependenzen, die in quantitativen operativ-taktischen Modellen konkret abgebildet werden müssen, sind differenzierter zu betrachten als solche, die lediglich in qualitative strategische Plausibilitätsüberlegungen einfließen. Aus diesem Grunde sind im folgenden verschiedene Interdependenzen zu unterscheiden und die mit ihnen verbundenen Modellierungskonsequenzen aufzuzeigen.

---

1 Extrem verkürzte Wiedergabe eines Teils einer Synopse von SYDOW (1992), S. 63 f. Die einzelnen Definitionen entsprechen bis auf wenige marginale Abweichungen dem Wortlaut der Ursprungsquelle, so auch die Ausführungen zum *Subcontracting*, die SYDOW nicht in seine Synopse integriert hat.
2 Vgl. ROLLBERG (2012), S. 55–66.

Eine zielorientierte Festlegung künftig zu ergreifender Maßnahmen bzw. entsprechender Variablenausprägungen in den Grenzen eines geschaffenen Systems und unter Berücksichtigung der relevanten externen situativen Kontextfaktoren setzt voraus, sämtliche zwischen den Teilbereichen des jeweiligen Unternehmens bestehenden sachlichen und zwischen den Teilperioden des Planungszeitraums vorhandenen zeitlichen Abhängigkeiten zu erfassen. Je nachdem, ob es sich dabei um **einseitige** oder **wechselseitige Abhängigkeiten** handelt, ist von Dependenzen oder von Interdependenzen zu sprechen.

Dependenzen liegen vor, falls über das Niveau einer Variablen x_2 erst entschieden werden kann, wenn das unabhängig von x_2 festzulegende Niveau einer anderen Variablen x_1 bekannt ist.[1] Die Variablenausprägung x_1 hat dann faktisch dieselbe Bedeutung für x_2 wie ein unbeeinflußbarer Kontextfaktor als Bestandteil der entscheidungsrelevanten Unternehmensumwelt. In diesem Falle können die Ausprägungen der beiden Variablen *sukzessiv* bestimmt werden. Greifen zum Beispiel[2] zwei Teilbereiche eines Unternehmens auf ein und denselben knappen Produktionsfaktor zurück, wobei dem einen Bereich Priorität bei der Bedarfsdeckung gewährt wird, muß der andere Bereich vor Planungsbeginn über die für ihn noch verfügbaren Faktormengen und damit implizit über die bereits autonom eingeplanten Verbrauchsmengen seines „Konkurrenten" informiert sein. Bei mehrstufiger Fertigung kann die Produktionsplanung in einer Fertigungsstufe erst im Anschluß an die Planung in der vorhergehenden Stufe beginnen, weil die geplante Produktionsmenge dieser Stufe die der nachfolgenden determiniert, ohne selbst wiederum von ihr abhängig zu sein.

Interdependenzen zeichnen sich dadurch aus, daß die Entscheidung über das Niveau einer Variablen x_1 Informationen über die Ausprägung der Variablen x_2 voraussetzt, gleichzeitig aber für die Bestimmung dieser Ausprägung bereits Informationen über das Niveau von x_1 vorhanden sein müssen.[3] In dieser Situation kann das Niveau der beiden Variablen nicht mehr sukzessiv, sondern nur noch *simultan* festgelegt werden. Beispielsweise bestehen Interdependenzen zwischen der Beschaffungsplanung und der Produktionsprogrammplanung, weil einerseits die Mengen bereitzustellender Produktionsfaktoren vom geplanten Fertigungsprogramm und andererseits die Mengen zu produzierender Erzeugnisse von den Faktorpreisen und gestaltbaren Beschaffungspotentialen abhängen.[4]

---

1 Vgl. VOIGT (1992), S. 89 f.

2 Zu den Beispielen vgl. ADAM (1996), S. 168 und VOIGT (1992), S. 103.

3 Vgl. VOIGT (1992), S. 90 f.

4 Vgl. ADAM (1996), S. 169.

2.3.1.2 Intra- und intersubjektive Interdependenzen

Intrasubjektive Interdependenzen bestehen zwischen den Teilplänen ein und desselben Unternehmens und verlangen eine integrierte und im Idealfalle *simultane* Unternehmensplanung zur Festlegung *konsistenter* operativ-taktischer Unternehmensteilpläne. Dabei sind die **intrasubjektiven einseitigen Abhängigkeiten** der Teilpläne von den Ausprägungen der *internen situativen Kontextfaktoren* (beispielsweise der strategischen Aktionsparameter) zur Herstellung der geforderten *Konsistenz* genauso wie die **intersubjektiven einseitigen Abhängigkeiten** der Teilpläne von den Ausprägungen der *externen situativen Kontextfaktoren* zur Herstellung der geforderten *Kongruenz* im *Restriktionsgefüge* des Planungsmodells zu erfassen.[1]

Intersubjektive Interdependenzen als wechselseitige Abhängigkeiten zwischen jeweiliger Unternehmenspolitik und entscheidungsrelevanter Unternehmensumwelt erfordern keinen Simultanplanungsansatz. Dafür steigern sie die Entscheidungsunsicherheit, weil der Einfluß unternehmerischer Handlungen auf solche der Umwelt, das heißt der übrigen Wettbewerbskräfte wie Lieferanten, Kunden und Konkurrenten, nicht verläßlich abgeschätzt werden kann. Als Beispiel möge die weitgehend unvorhersehbare Reaktion der Konkurrenz auf Absatzpreisänderungen oder Sortimentsanpassungen eines Unternehmens dienen. Wenn im folgenden von Interdependenzen die Rede sein wird, sind grundsätzlich intra- und nicht intersubjektive Interdependenzen gemeint.[2]

2.3.1.3 Sachliche Interdependenzen und Erfolgsinterdependenzen

Wechselwirkungen zwischen einzelnen Planungsbereichen lassen sich danach unterscheiden, ob sie unabhängig oder in Abhängigkeit von einer bereichsübergreifenden Zielsetzung existieren. Sachliche Interdependenzen gehören zu der ersten, Erfolgsinterdependenzen zu der zweiten Kategorie.[3]

Allein die Existenz einer für mehrere Bereiche gemeinsam geltenden *Restriktion* führt bereits zu **sachlichen Interdependenzen**. Greifen zwei Teilbereiche eines Unternehmens auf ein und denselben knappen Produktionsfaktor zurück, wobei diesmal keinem der Bereiche Priorität bei der Bedarfsdeckung gewährt werden soll, läßt sich keine logisch begründbare Reihenfolge für die Aufstellung der Teilbereichspläne im Rahmen

---

1 Vgl. ROLLBERG (2010a), S. 356.

2 Zur Unterscheidung intra- und intersubjektiver Interdependenzen vgl. KOCH (1982), S. 21.

3 Vgl. auch im folgenden ADAM (1996), S. 168 ff., der in diesem Zusammenhang von sachlichen Kopplungen einerseits und von Erfolgskopplungen bzw. Interdependenzen andererseits spricht. VOIGT (1992), S. 99 i. V. m. S. 92 differenziert zwar ebenfalls zwischen sachlichen Interdependenzen und Erfolgsinterdependenzen, geht dabei allerdings von einem anderen („Ursache der Interdependenzen") als dem hier gewählten Unterscheidungskriterium aus und unterstellt in beiden Fällen eine gemeinsame Zielsetzung. Rein etymologisch ist dem Wort „Interdependenz" jedoch nicht zu entnehmen, daß die wechselseitige Abhängigkeit im Hinblick auf ein bestimmtes Ziel definiert sein muß, weshalb die vorliegende Begriffsabgrenzung bevorzugt wird.

eines *sukzessiven* Planungsablaufs mehr angeben. Gilt zum Beispiel die Kapazitätsbedingung $x_1 + x_2 \leq$ Kap, so ist x_1 bzw. x_2 über den Ausdruck $x_1 \leq$ Kap $- x_2$ bzw. $x_2 \leq$ Kap $- x_1$ von der jeweils anderen Variablen abhängig.[1] Das zulässige Niveau der einen Variablen wird dann durch ein Intervall in Abhängigkeit vom Niveau der anderen Variablen beschrieben. Bei Restriktionen in Gleichungsform verkümmert das Intervall zu einem einzigen Wert. Neben Faktor-, Produktions- und Absatzmengen können auch Beschaffungs-, Verrechnungs- und Verkaufspreise Gegenstand wechselseitiger Informationsbeziehungen zwischen verschiedenen Planungsbereichen sein. Sachliche Interdependenzen werden unter anderem durch *programmgebundene Verfahren der Materialbedarfsrechnung* bei Vorliegen echter Rückkopplungen zwischen verschiedenen Halb- oder zwischen Halb- und Fertigfabrikaten[2] sowie durch *simultane Verfahren der innerbetrieblichen Leistungsverrechnung* bei wechselseitigen Leistungsbeziehungen zwischen einzelnen Kostenstellen[3] abgebildet.

Sachliche Interdependenzen entwickeln sich zu Erfolgsinterdependenzen, sobald die verschiedenen betrachteten Bereiche zusätzlich noch von einer gemeinsamen *Zielfunktion* überlagert werden. **Erfolgsinterdependenzen** liegen vor, wenn das zielsetzungsgerechte Niveau einer Variablen x_1 von dem einer anderen Variablen x_2 abhängt und umgekehrt. In diesem Falle ist es erforderlich, alle Ausprägungskombinationen der Variablen vor dem Hintergrund des angestrebten Ziels zu begutachten und *simultan* über das zielsetzungsgerechte Niveau aller Variablen zu entscheiden.

Tritt zur Kapazitätsbedingung $x_1 + x_2 \leq$ Kap ein *Extremalziel* (Maxi- oder Minimierungsvorschrift) hinzu, kommt es zu sogenannten **„funktionalen" Erfolgsinterdependenzen**,[4] weil dann für die beiden Variablen x_1 und x_2, außer bei dualer Degeneration[5], nur eine *optimale Wertekombination* existiert, die der jeweiligen Zielsetzung genügt. Soll beispielsweise die lineare Zielfunktion DB $= d_1 \cdot x_1 + d_2 \cdot x_2$, mit $d_1 > d_2$ (mit d_1 bzw. d_2 für Zielbeitrag je Ausprägungseinheit der Variablen x_1 bzw. x_2), maximiert werden, so entfällt die gesamte zur Verfügung stehende Kapazität auf die erste Maßnahme, während die zweite leer ausgeht. Im Falle $d_1 = d_2$ ist die Aufteilung der Gesamtkapazität beliebig und die Lösung folglich dual degeneriert.

---

1 Die in den Beispielen des Abschnitts 2.3.1 verwendeten Symbole sind selbsterklärend und finden sich nicht im Symbolverzeichnis wieder.

2 Vgl. ADAM (1996), S. 173 ff. i. V. m. ADAM (1998), S. 505.

3 Vgl. bspw. SCHNEIDER (1941), S. 255 ff., GÖTZE (2010), S. 89 ff. und COENENBERG/FISCHER/ GÜNTHER/BRÜHL (2024), S. 143 ff.

4 Zur Unterscheidung funktionaler und relationaler Interdependenzen vgl. VOIGT (1992), S. 98.

5 Eine dual degenerierte Lösung weist mindestens eine Nichtbasisvariable mit einem Dualwert von null auf. Dies kommt bspw. im zweidimensionalen Falle vor, wenn eine Restriktion parallel zur Zielfunktion verläuft und sich als Lösung kein Tangentialpunkt („Eckpunktlösung"), sondern eine „Tangentialstrecke" zwischen zwei benachbarten Eckpunkten des Beschränkungspolygons ergibt. Zur dualen Degeneration vgl. MÜLLER-MERBACH (1973), S. 115 und GAL (1987), S. 154 ff.

Durch ein *Satisfikationsziel* (Mindest- oder Höchstzielsetzung) in Kombination mit der bekannten Kapazitätsrestriktion entstehen lediglich **„relationale" Erfolgsinterdependenzen**, da es für die Variablen in diesem Falle mehrere zieladäquate Wertekombinationen gibt.[1] Wird zum Beispiel ein Mindestzielwert in Höhe von DB* angestrebt, so können *zielsetzungsgerechte Zulässigkeitsintervalle* für die beiden Variablen gebildet werden.[2] Das maximal mögliche Niveau der Variablen x_1 ergibt sich aus der Kapazitätsrestriktion mit $x_1 = Kap - x_2$. Um den Mindestzielwert DB* zu erreichen, muß x_1 wenigstens den Wert $(DB^* - d_2 \cdot x_2) / d_1$ annehmen. Entsprechende Ausdrücke lassen sich selbstverständlich auch für x_2 formulieren.

Unter der Voraussetzung, daß bei Verwendung konkreter Werte für die Konstanten des Problems (a) $d_1 > d_2$ gilt und (b) DB* allein über x_1, nicht aber allein über x_2 erreicht werden kann, soll bei einem Variablenwert von $x_2 = 0$ die Obergrenze des Intervalls von x_1 größer als die Untergrenze sein ($Kap > DB^*/d_1$). Durch Erhöhung des Variablenwertes x_2 über null sinken naheliegenderweise die rechnerischen Intervallgrenzen von x_1, wobei sich Ober- und Untergrenze bei schrittweiser Erhöhung von x_2 einander annähern, bis beide Grenzen zusammenfallen.

$$Kap - x_2^{max} = \frac{DB^* - d_2 \cdot x_2^{max}}{d_1} \quad \rightarrow \quad x_2^{max} = \frac{d_1 \cdot Kap - DB^*}{d_1 - d_2}$$

Das zielsetzungsgerechte Zulässigkeitsintervall für x_2 startet also bei null und endet bei dem soeben ermittelten Wert.

$$0 \leq x_2 \leq \frac{d_1 \cdot Kap - DB^*}{d_1 - d_2}$$

Wird der höchstmögliche Wert für x_2 realisiert, entfällt die Restkapazität auf x_1.

$$Kap - x_2^{max} = Kap - \frac{d_1 \cdot Kap - DB^*}{d_1 - d_2} = \frac{(d_1 - d_2 - d_1) \cdot Kap + DB^*}{d_1 - d_2} = \frac{DB^* - d_2 \cdot Kap}{d_1 - d_2}$$

Mithin reicht das zielsetzungsgerechte Zulässigkeitsintervall für x_1 von eben diesem Wert bis Kap.

$$\frac{DB^* - d_2 \cdot Kap}{d_1 - d_2} \leq x_1 \leq Kap$$

Offensichtlich lassen sich für ein zielsetzungsgerechtes Niveau der einen Variablen mehrere zieladäquate Niveaus der anderen Variablen bestimmen, solange nicht die

---

1 Vgl. hierzu auch VOIGT (1992), S. 97 f.

2 Zahlenbeispiele zur im folgenden beschriebenen Bestimmung der Intervallgrenzen finden sich in ADAM (1996), S. 171 f. und VOIGT (1992), S. 95 ff.

zielwertmaximale Ausprägung (x_1 = Kap) oder die nach obiger Formel berechnete Untergrenze (Obergrenze) des Intervalls der Variablen x_1 (x_2) vorgegeben wird. Zudem muß der gewählte Mindestzielwert kleiner als der mit nur *einer einzigen zulässigen* und größer als ein mit *jeder beliebigen*, die Kapazität ausschöpfenden Wertekombination erreichbarer Zielwert sein. Anderenfalls führt der Mindestzielwert nicht zu relationalen, sondern zu *funktionalen Erfolgsinterdependenzen*, weil er dem maximal möglichen Zielwert entspricht, oder zu *sachlichen Interdependenzen*, weil es ausreicht, beliebige, die Kapazitätsnebenbedingung in Gleichungsform erfüllende Variablenwerte festzulegen. Ob relationale Erfolgsinterdependenzen vorliegen, hängt mithin vom Niveau des Mindestzielwerts ab.

Das vorangegangene Beispiel sollte verdeutlichen, daß bei einem unter bereichsübergreifenden Restriktionen zu satisfizierenden Ziel die zielsetzungsgerechten Zulässigkeitsintervalle der Variablen interdependent und damit *simultan* zu bestimmen sind. Die konkreten Variablenwerte können dagegen *sukzessiv* aus den Intervallen ausgewählt werden. „Während also zwischen den Intervallen Interdependenzen bestehen, reduzieren sich die Beziehungen der Variablenausprägungen zu Dependenzen."[1]

Auf mindestens eine Knappheitssituation zurückzuführende Erfolgsinterdependenzen der beschriebenen Art sind genauer als **indirekte Erfolgsinterdependenzen** zu bezeichnen, weil die jeweils zugrundeliegende *lineare* oder *nichtlineare, dafür aber separable*[2] *Zielfunktion* allein nicht ausschlaggebend für die entstehende Planungskomplexität ist.[3] Erst die hinzukommende Restriktion, die die Variablen der relevanten Entscheidungsbereiche zusammenführt, bewirkt wechselseitige Abhängigkeiten.

Direkte Erfolgsinterdependenzen sind unabhängig von gemeinsamen Nebenbedingungen das Ergebnis *nichtlinearer und nichtseparabler Zielfunktionen*, in denen verschiedene Variablen multiplikativ miteinander verknüpft sind.[4] Falls, wie in der Zielfunktion max. U; $U := p_1(x_1,x_2) \cdot x_1 + p_2(x_1,x_2) \cdot x_2$, der Zielbeitrag je Ausprägungseinheit einer Variablen (auch) vom Niveau anderer Variablen abhängt, ist eine simultane Planung der zielsetzungsgerechten Variablenwerte unumgänglich. Dieser Fall tritt beispielsweise bei komplementärer und bei substitutionaler absatzmäßiger Verflechtung von Erzeugnissen auf, bei der infolge einer Minderung der Angebotsmenge des Produkts 1 der Absatzpreis eben dieses Produkts wie gewöhnlich zunimmt, obendrein aber auch der von 2 ceteris paribus steigt bzw. sinkt und umgekehrt. U könnte dann als Umsatzfunktion mit den Absatzmengen der Erzeugnisse als Variablen interpretiert werden. Die produktbezogenen Umsatzbestandteile ergäben sich aus der Multiplika-

---

1 VOIGT (1992), S. 98. Mit seiner dieser Formulierung vorausgehenden zutreffenden Argumentation widerspricht VOIGT (1992), S. 97 f. der Auffassung ADAMS (1996), S. 170 ff., nach der nur Extremalziele (Erfolgs-)Interdependenzen begründen könnten.

2 Eine separable Funktion „ist in eine Summe von Funktionen mit nur einer Variablen" zerlegbar. Vgl. HILLIER/LIEBERMAN (1997), S. 425.

3 Vgl. RIEPER (1973), S. 27.

4 Vgl. RIEPER (1973), S. 26.

tion der jeweiligen Absatzmenge (x_1 bzw. x_2) mit dem Preis des zugehörigen Produkts als Funktion in Abhängigkeit von beiden Absatzmengen ($p_1(x_1,x_2)$ bzw. $p_2(x_1,x_2)$), womit die zwei Variablen des Problems multiplikativ miteinander verknüpft wären.

Eine schematische Darstellung der in diesem Abschnitt erörterten Zusammenhänge ist in Abbildung 16 zu finden.

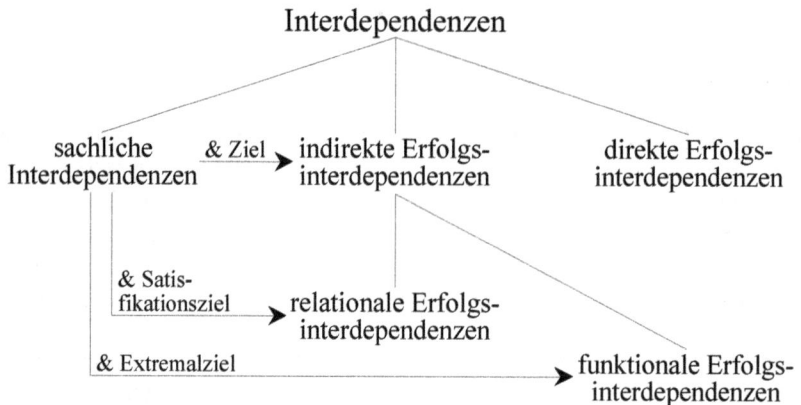

Abbildung 16:   *Sachliche Interdependenzen und Erfolgsinterdependenzen*

2.3.1.4 Zeitlich horizontale und zeitlich vertikale Interdependenzen

Beziehen sich die zuvor erläuterten Wechselwirkungen auf eine einzige Periode, dann ist von **zeitlich horizontalen Interdependenzen** zu sprechen. Die verschiedenen Entscheidungsbereiche konkurrieren nur in der gegebenen Periode um die begrenzten Potentiale oder knappen Ressourcen (sachliche Interdependenzen), und lediglich die zielsetzungsgerechten Ausprägungen *gleichzeitig* zu realisierender Maßnahmen beeinflussen einander (Erfolgsinterdependenzen).[1] In diesen Fällen reicht es also aus, das simultane Planungsproblem mit Hilfe eines *statischen Modells* zu lösen.

Setzt dagegen eine Entscheidung über das Niveau einer Variablen in Periode t Informationen über die Ausprägung einer anderen Variablen in t', mit t' ≠ t, voraus und umgekehrt, liegen **zeitlich vertikale Interdependenzen** vor.[2] Zeitlich vertikale *sachliche* Interdependenzen resultieren beispielsweise daraus, daß einzelne Bereiche um „nichtregenerierbare, periodenübergreifend genutzte Potentiale"[3] konkurrieren. Bei zeitlich

---

1 Vgl. zu diesem Themenkomplex auch ADAM (1996), S. 183 ff. und VOIGT (1992), S. 116 ff.

2 SCHWEIM (1969), S. 26 f. konkretisiert zeitlich vertikale Interdependenzen mit Hilfe einiger anschaulicher Beispiele aus den Bereichen der Absatz-, Produktions- und Investitionsplanung.

3 VOIGT (1992), S. 117.

vertikalen *Erfolgs*interdependenzen hängt das zielsetzungsgerechte Niveau mindestens einer Variablen in t von dem einer anderen in t′ ab und umgekehrt. Folglich muß sich der erforderliche simultane Planungsansatz eines *dynamischen Modells* bedienen, das die Wechselwirkungen begründenden Perioden abbildet.

Abschließend bleibt der Vollständigkeit halber darauf hinzuweisen, daß bei **zeitüber-greifenden Dependenzen** über das Niveau einer Variablen in Periode t′ erst entschieden werden kann, wenn das unabhängig davon festzulegende Niveau einer Variablen in t, mit t < t′, bekannt ist.[1] Derartige Dependenzen allein erfordern kein dynamisches Totalmodell. Hier reicht es aus, den Planungszeitraum in Teilperioden zu zergliedern und periodenspezifische Partialmodelle *sukzessiv in chronologischer Reihenfolge* aus-zuwerten. Die Variablenausprägungen einer Vorperiode gehen dann als fixe Bestand-teile des entscheidungsrelevanten Umweltzustands in spätere Planungsläufe ein.

2.3.1.5 Interdependenzen zwischen den Unternehmensteilplänen

Grundsätzlich können mit dem Absatz-, Produktions-, Beschaffungs-, Investitions- und Finanzierungsplan fünf wesentliche Teilpläne der Unternehmensplanung unterschie-den werden. Wenngleich letztlich alle Teilpläne mehr oder weniger wechselseitig von-einander abhängen, reicht es der Übersichtlichkeit halber aus, nur die Interdependenzen zwischen den am engsten verflochtenen Teilplänen zu thematisieren. Hierzu zählen zum einen die Interdependenzen zwischen der *Produktionsplanung* und den übrigen Teilplänen der Unternehmensplanung und zum anderen die Interdependenzen zwi-schen der *Finanzierungsplanung* und den übrigen Teilplänen. Aus der „Verkettung" der so entstehenden „Zweierbetrachtungen" ergeben sich dann nahezu „automatisch" die Interdependenzen zwischen den nicht explizit einander gegenübergestellten Teilplänen.[2] Aus systematischen Gründen sind die Wechselwirkungen zwischen der Produktionsplanung und den übrigen Teilplanungen Gegenstand des Abschnitts 4.2.1, während im folgenden der Zusammenhang zwischen der Finanzierungsplanung und den übrigen Teilplanungen im Mittelpunkt der Betrachtungen steht.

Investition und Finanzierung sind zwei Seiten ein und derselben Medaille, weil unter Finanzierung die *Bereitstellung* der für Investitionen erforderlichen Zahlungsmittel und unter Investition die *Verwendung* der im Rahmen der Finanzierung aufgebrachten Mittel zu verstehen ist.[3] Während bei einer Investition Auszahlungen zeitlich vor den erhofften Einzahlungen anfallen, fließen bei der Finanzierung zunächst Einzahlungen, denen zu einem späteren Zeitpunkt Auszahlungen folgen müssen. Die Finanzierung

---

1 Vgl. ADAM (1996), S. 179 f.

2 Wenn Interdependenzen zwischen A und B und zwischen A und C bestehen, sind auch B und C wechselseitig voneinander abhängig.

3 Zum Investitions- und Finanzierungsbegriff vgl. MATSCHKE (1993), S. 18 ff. und MATSCHKE (1991), S. 14 ff.

dient der Überbrückung der Zeit bis zur *Wiedergeldwerdung* des investierten Kapitals. Die Vorteilhaftigkeit einzelner Investitionsobjekte hängt von den verfügbaren Finanzierungsmöglichkeiten, die Vorteilhaftigkeit der Finanzierungsobjekte wiederum von den Investitionsmöglichkeiten ab.[1] Mithin benötigt die **Investitionsplanung** Informationen über das beschaffbare Kapital und die **Finanzierungsplanung** über den investitionsbedingten Kapitalbedarf.

Finanzie-rungs-planung	→ Kapitalangebot, Sollzinsfüße, Effektivverzinsungen Renditen, Habenzinsfüße, Kapitalbedarf ←	Investitions-planung i.w.S.
Finanzie-rungs-planung	→ Kapitalangebot Kapitalbedarf für Sach- und Finanzinvestitionen ← Rückflüsse aus Devestitionen ←	Investitions-planung i.e.S.
Finanzie-rungs-planung	→ Kapitalangebot Kapitalbedarf für Absatzpolitik und -logistik ←	Absatz-planung
Finanzie-rungs-planung	→ Kapitalangebot Kapitalbedarf für den güterwirtsch. Leistungsprozeß ← Rückflüsse aus dem güterwirtsch. Leistungsprozeß ←	Produk-tions-planung
Finanzie-rungs-planung	→ Kapitalangebot Kapitalbedarf für Beschaffungspolitik und -logistik ← Kapitalbedarf für Repetierfaktoren ←	Beschaf-fungs-planung

Abbildung 17:   Interdependenzen zwischen der Finanzierungsplanung und den übrigen Unternehmensteilplänen

Jede betriebswirtschaftliche Maßnahme läßt sich monetär ausdrücken und ist damit letztlich **Investition oder Finanzierung**: Neben Sachinvestitionen in Potentialfaktoren und Finanzinvestitionen in Kapitalanlagen stehen Investitionen in den güterwirtschaftlichen Leistungsprozeß, in beschaffungs- und absatzpolitische Maßnahmen sowie in die Beschaffungs- und Distributionslogistik; und zur Finanzierung sind neben klassischen Krediten Rückflüsse aus dem Umsatzprozeß genauso geeignet wie Devestitionen, also die Liquidation von Potentialfaktoren und Kapitalanlagen. Je nach kapitalbedarfsbeeinflussender Ursache ergeben sich folglich Interdependenzen zwischen der

---

1 Zur quantitativen und qualitativen Bewertung und Auswahl von Instrumenten der Außenfinanzierung im allgemeinen vgl. ROLLBERG/ROLLBERG (2025) und von mezzaninen Finanzierungsinstrumenten im besonderen vgl. KAMINSKAITE (2011).

Finanzierungsplanung und allen übrigen Teilplänen der Unternehmensplanung (vgl. auch Abbildung 17).

2.3.2 Notwendigkeit und Formen einer integrierten Unternehmensplanung[1]

Die Unternehmensplanung muß etwaige Dependenzen und Interdependenzen zwischen den einzelnen Teilplanungen angemessen berücksichtigen. Dabei determiniert die Qualität der relevanten Wechselwirkungen die jeweils zweckdienliche Vorgehensweise. Zeitlich horizontale und zeitlich vertikale *Dependenzen* erlauben es, das gesamte Planungsproblem in mehrere Teilprobleme zu zerlegen, die in Richtung des durch die einseitigen Abhängigkeitsverhältnisse erzwungenen Informationsflusses zu lösen sind.[2] Im Zusammenhang mit *sachlichen Interdependenzen* bereitet diese Vorgehensweise eher Schwierigkeiten, weil auf Grund der wechselseitigen Abhängigkeiten zwischen den Teilplanungen der Informationsfluß durch Gegenströme gekennzeichnet ist. Allerdings könnten Annahmen hinsichtlich der erforderlichen Informationen aus anderen Planungsbereichen getroffen und die Probleme in einer willkürlich gewählten Reihenfolge gelöst werden. Divergenzen zwischen den getroffenen Annahmen und den tatsächlichen Planungsergebnissen der später betrachteten Bereiche müßten jedoch zu einem Neuaufwurf vorhergehender Planungen (Rückkopplung) führen. Dependenzen und sachliche Interdependenzen sind unter der Prämisse, daß die Unternehmensplanung grundsätzlich ziel-, wenn nicht gar extremalzielorientiert ist, für die weitere Betrachtung ohne Belang. Das zentrale Problem der Unternehmensplanung sind die *Erfolgsinterdependenzen*; sie begründen das der Unternehmensplanung inhärente Koordinations- und Integrationserfordernis. Aus den bereits erörterten Gründen ist es illusorisch, mit einer rein sukzessiven Planung ohne Rückkopplungen derartige Wechselwirkungen hinreichend berücksichtigen zu wollen. Daher muß jede Unternehmensplanung zur **integrierten Unternehmensplanung** werden, deren theoretisches Ideal die simultane Koordination aller Teilpläne auf der Basis eines das gesamte unternehmerische Geschehen abbildenden Totalmodells ist.[3]

Obgleich eine integrierte Unternehmensplanung darum bemüht sein sollte, die komplexe unternehmerische Realität mit allen ihren Interdependenzen möglichst ganzheitlich zu erfassen, so darf dies nicht damit verwechselt werden, die Wirklichkeit eins zu eins abbilden[4] und alle zielsetzungsgerechten Maßnahmen unter Berücksichtigung aller betrieblichen Zusammenhänge über die gesamte Lebensdauer des betrachteten Unternehmens simultan bestimmen zu müssen. Aus Gründen der begrenzten mensch-

---

1 Vgl. ROLLBERG (2012), S. 66–70.
2 Vgl. auch im folgenden ADAM (1996), S. 186 f.
3 Vgl. auch GUTENBERG (1980), S. 368 ff.
4 Dies gliche der sinnfreien Idee, einen Stadtplan im Maßstab 1:1, also in der Größe der realen Fläche der Stadt, anfertigen zu wollen.

lichen Rationalität[1] ist es unumgänglich, sowohl die zeitliche als auch die sachliche Komplexität des Planungsproblems erheblich zu reduzieren. So kann beispielsweise mit der Wahl eines Planungshorizonts die zeitliche Ausdehnung des letztlich offenen Entscheidungsfelds künstlich beschränkt werden. Auch in sachlicher Hinsicht wird kein Entscheidungsträger umhinkönnen, sich auf das Wesentliche zu konzentrieren und Vereinfachungen in Kauf zu nehmen. Nichtsdestoweniger sind die *bedeutendsten Interdependenzen* zwischen den Entscheidungsbereichen „Absatz", „Produktion", „Beschaffung", „Investition" und „Finanzierung" nicht zu ignorieren, sondern explizit zu berücksichtigen. Vorsichtig ausgedrückt, obliegt es der integrierten Unternehmensplanung damit lediglich, die bereichsspezifischen Planungen vor dem Hintergrund der angestrebten Zielsetzung *möglichst gut* aufeinander abzustimmen und zu koordinieren.

Isolierte Bereichsplanungen sind wegen der aufgezeigten Interdependenzen nicht in der Lage, das unternehmensweite Gesamtoptimum zu finden. Nur einem unwahrscheinlichen Zufall könnte es zu verdanken sein, wenn *unkoordinierte* Teilplanungen mit womöglich unterschiedlichen Zielsetzungen unter Vernachlässigung bereichsübergreifender Interdependenzen gemeinsam auch nur annähernd zum selben Ergebnis gelangten wie eine gewinnmaximierende integrierte Unternehmensplanung.

Vollkommene Planungsintegrität, die sich dadurch auszeichnet, daß unter Berücksichtigung des vollständig beschriebenen Entscheidungsfelds mit all seinen potentiellen Umweltzuständen, relevanten Handlungsmöglichkeiten und erwarteten Wirkungszusammenhängen die Ausprägungen aller Unternehmensvariablen konsistent aufeinander abgestimmt werden, setzt eine **zentralistische Unternehmensplanung** voraus.[2] Theoretisch vermag nur eine einzelne Instanz, die Unternehmensleitung, die Maßnahmen aller Entscheidungsbereiche unter konsequenter Verfolgung der obersten Unternehmenszielsetzung *simultan* zu *koordinieren*,[3] wobei komplexe Optimierungsmodelle zur Anwendung gelangen müßten. Unterinstanzen, die nicht selten eigene Ziele verfolgen, wären daher in erster Linie mit der Umsetzung der vorgegebenen Pläne zu betrauen und dürften nur in Notfällen improvisieren.

Ein Verzicht auf isolierte Bereichsplanungen zugunsten einer integrierten Unternehmensplanung ist nicht unbedingt gleichbedeutend mit einem Bekenntnis zur zentralistischen Planungsphilosophie. Da vollkommene Planungsintegrität auf Grund der begrenzten menschlichen Rationalität ohnehin nicht zu erreichen ist, bietet es sich durchaus an, auch über weniger strenge Formen der integrierten Unternehmensplanung

---

1 Zur begrenzten Rationalität, die aus der beschränkten menschlichen Informationsgewinnungs- und -verarbeitungskapazität resultiert, vgl. bspw. ADAM (1996), S. 40 und die dort zitierte Literatur.

2 Zur Planungsintegrität vgl. KOCH (1982), S. 19 ff., und zur zentralistischen Unternehmensplanung vgl. KOCH (1982), S. 24 ff. und ROLLBERG (2012), S. 148 ff.

3 Diese Aussage gilt selbstverständlich nur, wenn vom bereits erwähnten Problem der begrenzten Rationalität abstrahiert wird.

nachzudenken. Die **dezentralistische Unternehmensplanung**[1] stellt beispielsweise die Idee des zuvor skizzierten Konzepts auf den Kopf, wenn sie davon ausgeht, daß Entscheidungen zur Beschleunigung des Planungsprozesses und zur Motivation der Mitarbeiter allein von Unterinstanzen getroffen werden sollten. Um der erforderlichen Planungsintegrität auch in diesem Falle zu ihrem Recht zu verhelfen, ist die Unternehmensleitung dazu angehalten, die bereichsspezifischen Entscheidungen entweder *ex ante* oder *ex post* zu *koordinieren*, um die entsprechenden Teilpläne aufeinander abzustimmen. Die nebeneinander stehenden Entscheidungsbereiche der Unterinstanzen sind das Ergebnis einer Interdependenzen zerschneidenden horizontalen Dekomposition des ganzheitlichen Entscheidungsfelds.[2] Der daraus erwachsende Koordinationsbedarf kann theoretisch zum Beispiel über Lenkpreise[3] (ex ante oder ex post) oder über eine die vorliegenden Bereichspläne zielorientiert kombinierende Alternativplanung[4] (ex post) gedeckt werden. Doch praktisch ist eine zielsetzungsgerechte Ex-ante- oder Ex-post-Koordination der Teilpläne bei Problemen realistischer Größenordnung genauso illusorisch wie die Aufstellung und Lösung eines Simultanplanungsansatzes.

Während die zentralistische Unternehmensplanung theoretisch korrekt, praktisch aber nicht durchführbar ist, scheint die dezentralistische Unternehmensplanung zwar grundsätzlich praktikabler zu sein, doch letztlich vermag sie die notwendige Planungsintegrität und Konsistenz nicht zu gewährleisten.[5] Aus diesem Grunde wurde das Konzept der **hierarchisch integrierten Unternehmensplanung** als Kombination zentralistischer und dezentralistischer Planungsprinzipien entwickelt, das auf einer sowohl horizontalen als auch vertikalen Dekomposition beruht.[6] Horizontal wird das Entscheidungsfeld erneut unter Inkaufnahme zerschnittener Interdependenzen in gleichrangige, dezentrale Planungsbereiche zerlegt. Vertikal erfolgt dagegen eine Hierarchisierung des Entscheidungsproblems: Auf einer oberen Planungsstufe ist die Unternehmensleitung mit der das gesamte Unternehmen global betrachtenden, umfassende und langfristige Maßnahmen zentral festlegenden strategischen Planung beschäftigt. Die Ergebnisse dieser Planungsstufe sind rahmengebend für die auf einer unteren Stufe von den Unterinstanzen dezentral auszuführende, detaillierte, taktische Planung bereichsbezogener und eher kurzfristiger Aktivitäten. Zur näherungsweisen Sicherstellung der Planungsintegrität und damit der Konsistenz bedürfen die Interdependenzen vernachlässigenden Bereichs- und hierarchischen Teilpläne einer adäquaten *horizontalen und vertikalen Koordination*. In Abhängigkeit von der Komplexität des zu lösenden Entscheidungsproblems sind

---

1 Zur dezentralistischen Unternehmensplanung vgl. KOCH (1982), S. 28 ff. und ROLLBERG (2012), S. 175 ff.

2 Vgl. auch im folgenden ADAM (1996), S. 358 ff.

3 Vgl. SCHMALENBACH (1947) und SCHMALENBACH (1948) sowie ADAM (1970), S. 173 ff. und BUSCHER (1997), S. 59 ff.

4 Vgl. ADAM (1969a), S. 628 f.

5 Vgl. KOCH (1982), S. 25 ff. und 30 f.

6 Zur hierarchischen Unternehmensplanung vgl. KOCH (1977), KOCH (1982) und ROLLBERG (2012), S. 184 ff., 192 ff. und 232 ff. sowie ferner ROLLBERG/WITTMANN (2013).

weitere „operative" Planungsebenen zwischen der strategischen und der taktischen Planung denkbar.

Mit der Gestaltung des Maßnahmenprogramms können bestenfalls ausgewählte gegenwartsbezogene interne situative Kontextfaktoren verändert werden – beispielsweise das Leistungsprogramm durch Neueinführung von Produktinnovationen.[1] Demgegenüber sind die Ausprägungen der strategischen Aktionsparameter genauso wie die der externen Kontextfaktoren im **Restriktionsgefüge** des jeweiligen Planungsmodells zu erfassen. Die Maßnahmenplanung hat sich also an den system- und umweltbedingten Gegebenheiten auszurichten, um sich *reaktiv* an den in- und externen Kontext anzupassen und auf diesem Wege *Kongruenz* zwischen Maßnahmenprogramm und in- und externer Umwelt herzustellen.

Zumindest theoretisch führt die *zentralistische Unternehmensplanung* unmittelbar zu simultan aufeinander abgestimmten Absatz-, Produktions-, Beschaffungs-, Investitions- und Finanzierungsplänen und somit zu einem *konsistenten Maßnahmenprogramm*, das gleichzeitig **optimal** ist. Da zudem die einzuhaltenden Restriktionen des Modells die in- und externen Umweltbedingungen spiegeln, ist auch *Konsistenz zwischen Maßnahmenprogramm und strategischen Aktionsparametern* sowie *Kongruenz zwischen Maßnahmenprogramm und externen Kontextfaktoren* gegeben – sonst wäre die ermittelte Lösung nicht **zulässig**. Das Streben nach ökonomischem Erfolg im Rahmen der zentralistischen Unternehmensplanung führt folglich „automatisch" zur Einhaltung des Konsistenz-Kongruenz-Gebots. Die praxistaugliche *hierarchisch integrierte Unternehmensplanung* strebt dieses Ideal ebenfalls an, wird sich ihm aber auf Grund ihres heuristischen und iterativen Charakters in aller Regel nur nähern können.

Aufbauend auf den Ausführungen zur konsistenz-kongruenz-orientierten Unternehmensführung im Kapitel 2 ist nunmehr in den Kapiteln 3 und 4 das Konzept einer sowohl strategisch als auch operativ-taktisch konsistenten und kongruenten Produktionswirtschaft zu erörtern.

---

1 Vgl. auch im folgenden ROLLBERG (2010a), S. 356.

3 Strategisch konsistente und kongruente Produktionswirtschaft

3.1 Konsistenz durch strategisches Produktionsmanagement[1]

3.1.1 Strategischer Einfluß der Produktion auf den Unternehmenserfolg

Der strategische Einfluß der Produktion auf den Unternehmenserfolg wurde lange Zeit unterschätzt und erstmals 1969 von SKINNER in seinem berühmten Aufsatz „Manufacturing – Missing Link in Corporate Strategy" thematisiert.[2] Doch bis Ende der 1970er Jahre hielt sich das Bild von der **Produktion als notwendigem Übel**, als Kosten- und Problemverursacher, als Ort hoher Kapitalbindung und Quelle von Mißerfolgen.[3] Die Produktion wurde nicht als strategischer Erfolgsfaktor erkannt, sondern hatte schlicht zu funktionieren. Mithin ging es lediglich darum, Qualitäts-, Termin- und Produktivitätsproblemen in der Produktion gegensteuernd zu begegnen.

Wird die **Produktion als „Hygienefaktor"**[4], also weiterhin nicht als Erfolgs-, wohl aber als „Mißerfolgsvermeidungsfaktor" gesehen, dann ist dafür Sorge zu tragen, stets auf demselben produktionstechnologischen Niveau wie die Hauptkonkurrenten zu weilen, um keine Nachteile zu erleiden (*„technology follows competition"*). Diese Grundhaltung führt zu reaktiven Anpassungen an den Stand der Technik, nicht aber zu eigenständigen organisatorischen oder technologischen Innovationen.

Innovationen setzen voraus, daß die **Produktion** wenigstens **als Mittel zum Zweck** betrachtet wird. Nur dann werden innovative Strukturen, Prozesse und Technologien als Antwort auf spezifische Markterfordernisse entwickelt, um komparative Konkurrenzvorteile zu etablieren (*„structure, process, and technology follow strategy"*). Diese Grundhaltung entspricht *rein marktorientierten Unternehmen*, die angesichts eines attraktiven Marktes ihre Wettbewerbsstrategie festlegen, hieraus ihre *marktbasierte Produktionsstrategie* ableiten und anschließend die zu ihrer Verfolgung erforderlichen Produktionsressourcen als Mittel zum Zweck aufbauen oder anpassen.

Markt- und ressourcenorientierte Unternehmen richten ihre bereits vorhandenen Ressourcen auf Märkte, in denen ihre Kompetenzen gefragt sind, und formulieren ihre Strategien in Abhängigkeit nicht nur von der vorgefundenen Wettbewerbssituation, sondern auch von ihren spezifischen Ressourcen und Kompetenzen, die ihrerseits regelmäßig an erwartete künftige Marktkonstellationen anzupassen sind, um permanent erfolgreich zu bleiben. Der „proaktive", interaktionistische Abgleich zwischen Ressourcen, Kompetenzen, Strategien und Markterfordernissen ist typisch für die

---

1 Vgl. auch die Kurzfassungen in ROLLBERG (2017) und ROLLBERG (2018b), S. 332–337.

2 Vgl. SKINNER (1969) und ferner auch SKINNER (1985).

3 Vgl. zum Abschnitt 3.1.1 WHEELWRIGHT/HAYES (1985) sowie GÖRGEL (1992), S. 35 f. und BRASSLER/SCHNEIDER (2000), S. 27.

4 Zum Begriff „Hygienefaktor" vgl. HERZBERG (1966), S. 72 ff., der diesen Terminus im Zusammenhang mit seiner Zwei-Faktoren-Theorie der Motivation prägte.

https://doi.org/10.1515/9783112219843-003

Betrachtung der **Produktion als strategischen Erfolgsfaktor** und die Verfolgung einer *integrierten Produktionsstrategie*.[1]

Die beschriebenen **vier Stufen des strategischen Einflusses** der Produktion auf den Unternehmenserfolg lassen sich danach unterscheiden, ob die Produktion grundsätzlich als *Erfolgsfaktor* betrachtet wird oder nicht und ob die Produktion annahmegemäß nur eine *Innenwirkung* oder aber auch eine *Außenwirkung* entfaltet (vgl. Abbildung 18). In der Realität bestehen keine trennscharfen Grenzen zwischen den einzelnen Ausprägungen auf dem Kontinuum zwischen Stufe 1 und 4, so daß sich die Produktionsbetriebe eines Unternehmens nicht immer einer der Stufen eindeutig zuordnen lassen. Zudem können sich verschiedene Produktionsbetriebe ein und desselben Unternehmens durchaus auch auf unterschiedlichen Stufen des Kontinuums befinden.

Produktion	nur Innenwirkung	auch Außenwirkung
kein Erfolgsfaktor	Stufe 1: Produktion als notwendiges Übel	Stufe 2: Produktion als „Hygienefaktor"
Erfolgsfaktor	Stufe 3: Produktion als Mittel zum Zweck	Stufe 4: Produktion als strategischer Erfolgsfaktor

Abbildung 18:   Vier Stufen des strategischen Einflusses der Produktion auf den Unternehmenserfolg[2]

3.1.2 Produktionsstrategie

3.1.2.1 Auftrags- und Vorratsfertigung

In der Literatur wird unter einer Produktionsstrategie nicht selten die Gesamtheit aller strategischen Entscheidungen im Rahmen der Produktionsprogramm-, -prozeß- und -faktorgestaltung und damit letztlich das Endergebnis des gesamten strategischen Produktionsmanagements verstanden.[3] Dieser weiten Auffassung soll hier nicht gefolgt werden. Unter einer **Produktionsstrategie** im engeren Sinne ist vielmehr eine allgemeine Verhaltensrichtlinie zur Erlangung produktionswirtschaftlich begründeter Wettbewerbsvorteile zu verstehen, die strikt zu trennen ist von den konkreten Verhaltensmöglichkeiten, die sich durch spezifische organisatorische und technologische Entscheidungen im Produktionsbereich ergeben. So gibt eine Produktionsstrategie Auskunft darüber, ob der Kunde oder das Unternehmen Auslöser der Produktion sein

---

1 Zur Unterscheidung marktbasierter und integrierter Fertigungsstrategien vgl. THUN (2007), S. 28 f.

2 Vgl. bspw. GÖRGEL (1992), S. 35.

3 Vgl. bspw. ZÄPFEL (2000a), S. 93 f. und 115 ff.

soll und ob (relativ) geringe oder hohe Stückzahlen eines Produkts einmalig oder wiederholt hergestellt werden sollen.[1] Als grundlegende Produktionsstrategien lassen sich damit die Auftrags- und Vorratsfertigung (vgl. Abschnitt 3.1.2.1) sowie die Einzel-, Varianten-, Serien-, Sorten- und Massenfertigung (vgl. Abschnitt 3.1.2.2) unterscheiden.[2]

Die **Auftragsfertigung** ist eine unmittelbar kundenorientierte Produktionsstrategie, die mit der Differenzierungsstrategie harmoniert und vor allem bei Investitionsgütern mit hoher Spezifität und hoher Kapitalbindung pro Stück zur Anwendung gelangt. Erst nach Eingang eines konkreten Kundenauftrags und nach Fertigstellung eines adäquaten Produktentwurfs beginnt die Produktion. Der Produktentwurf kann das Ergebnis einer Neu- oder einer Änderungskonstruktion sein. Die *Neukonstruktion* zeichnet sich durch einen maximalen Individualisierungsgrad aus und korrespondiert mit der Einzelfertigung. Demgegenüber werden bei einer *Änderungskonstruktion* bestehende Grundtypen von Produkten lediglich nach Wunsch des Kunden modifiziert oder erweitert, wie in der Variantenfertigung üblich. Viele unterschiedliche Aufträge mit heterogenen Produktionsabläufen verkomplizieren die Fertigungssteuerung und erschweren die Materialbereitstellung. Instabile Produktionsprozesse, unterausgelastete Potentialfaktoren, wartende Aufträge und Schwierigkeiten bei der Vereinbarung verläßlicher Liefertermine sind die Folge.

Die **Vorratsfertigung** ist eine nur mittelbar kundenorientierte Produktionsstrategie, die grundsätzlich mit der Kostenführerschaftsstrategie korrespondiert, im Falle der Serien- und Sortenfertigung aber auch mit der Differenzierungsstrategie einhergehen kann und primär bei standardisierten Konsumgütern verfolgt wird. Hierbei ist nicht der konkrete Kundenauftrag Auslöser der Produktion, sondern das Unternehmen selbst, das auf Basis von kundengruppen- bzw. marktsegmentspezifischen Absatzprognosen Produkte entwickelt, Produktionsprogramme zusammenstellt und auf Lager produziert. Anschließend wird der anonyme Markt aus dem Lager heraus mit verkonsumierbaren Standardprodukten oder weiterverarbeitbaren Gleichteilen versorgt. Voraussetzung ist naheliegenderweise die Lagerfähigkeit der Produkte. Die wiederholte Fertigung standardisierter Erzeugnisse führt im Vergleich mit der Auftragsfertigung zu zeitlich, mengenmäßig und qualitativ stabileren Produktionsprozessen mit einer besseren Auslastung der Kapazitäten und kürzeren Durchlaufzeiten der Aufträge. Die Steuerungskomplexität ist geringer und die Materialbereitstellung einfacher.

---

1 Die in den Abschnitten 3.1.2 und 3.1.3 erörterten Produktionsstrategien bzw. -strukturen werden in der einschlägigen Literatur in der Regel als Erscheinungsformen oder Typen sowie Eigenschaften oder Merkmale der Produktion bezeichnet. Vgl. bspw. CORSTEN/GÖSSINGER (2022), S. 6 ff. und STEVEN (2013), S. 24 f. bzw. S. 21 f.

2 Zu den strategiespezifischen Ausführungen im Abschnitt 3.1.2 vgl. ADAM (1998), S. 10 f. und 21 ff.

3.1.2.2 Einzel-, Varianten-, Serien-, Sorten- und Massenfertigung

Nach der relativen Fertigungsmenge und der Auflagehäufigkeit der herzustellenden Erzeugnisse lassen sich mit der Einzel- und Variantenfertigung zwei der Auftragsfertigung und mit der Serien-, Sorten- und Massenfertigung drei der Vorratsfertigung subsumierbare Produktionsstrategien konkretisieren.

Bei **Einzelfertigung** wird ein spezifisches Produkt ein einziges Mal in der gesamten Lebensdauer des Unternehmens (*Einmal- oder Individualfertigung*) oder jeweils ein einziges Mal in verschiedenen Planungszeiträumen (*Wiederhol- oder Kleinserienfertigung mit der „Losgröße 1"*) aufgelegt und hergestellt. Mithin handelt es sich in der Regel um kundenindividuelle Auftragsfertigung nicht standardisierter Produkte mit den bereits im vorhergehenden Abschnitt erörterten Problemen.

Analog wird bei **Variantenfertigung** eine spezifische Variante ein einziges Mal in der gesamten Lebensdauer des Unternehmens (*Einmalvariante*) oder mit der „Losgröße 1" gegebenenfalls auch mehrmals innerhalb eines Planungszeitraums (*Wiederholvariante*) aufgelegt und hergestellt. Da hierbei einzelne Grundtypen von Produkten kundenindividuell angepaßt oder ausgebaut werden, sind Teile und Prozesse vorderer Produktionsstufen standardisiert und hinterer Produktionsstufen auftragsspezifisch. Insofern kann die *standardisierte Vorfertigung als Vorratsfertigung* unabhängig vom spezifischen Kundenauftrag ablaufen, während die *individualisierte Endfertigung als Auftragsfertigung* erst nach Vorliegen eines konkreten Kundenauftrags beginnen kann. Der Wirtschaftlichkeit halber ist bei Variantenfertigung dafür Sorge zu tragen, die Produkte erst spät zu individualisieren, um möglichst viele Gleichteile in großen Stückzahlen mit standardisierten Prozessen herstellen zu können.[1] Bestehen die Produkte ausschließlich aus standardisierten *Modulen* eines *Baukastens*, die sich zu kundenindividuellen Varianten kombinieren lassen, ist mit Beginn der Endmontage der spätestmögliche *Individualisierungszeitpunkt* erreicht. Zudem liegt dann Variantenfertigung in der Extremform des *„Mass Customization"* vor,[2] da die individuell kombinierbaren Module in Serien- oder Massenfertigung produziert werden können.

Intermittierende Produktion ist gegeben, wenn verschiedene fertigungsverwandte Erzeugnisse im Wechsel auf ein und derselben Produktionsanlage in Losen hergestellt werden. Ein Los beschreibt dabei die ohne Unterbrechung durch die Fertigung anderer Produkte herzustellende Menge eines Erzeugnisses. Handelt es sich bei den Erzeugnissen um *Produktarten*, ist von **Serienfertigung** zu sprechen, im Falle von *Produktvarianten* von **Sortenfertigung**.[3] Bevor nach Fertigstellung eines Loses mit der Produktion eines anderen Erzeugnisses begonnen werden kann, ist die Fertigungsanlage unter Inkaufnahme von Umrüstkosten und Umrüstzeiten sowie gegebenenfalls von

---

1 Vgl. ADAM/ROLLBERG (1995), S. 669 und BUSCHER (2003b), S. 37 f.
2 Vgl. PILLER (2006), der dies trotz seiner Ausführungen auf S. 219 f. auf S. 159 anders sieht.
3 Vgl. bspw. BLOECH/BOGASCHEWSKY/BUSCHER/DAUB/GÖTZE/ROLAND (2014), S. 216 f.

Wiederanlaufphasen mit Qualitäts- und Produktivitätsproblemen umzurüsten. Dies ist bei Serienfertigung wesentlich aufwendiger als bei Sortenfertigung, weil die Produktionsverwandtschaft zwischen Produktarten für gewöhnlich weniger ausgeprägt ist als zwischen Produktvarianten. Die Grenzen zwischen Einzel-, Serien- und Massenfertigung sind fließend, weil sich eine *Kleinserienfertigung* mit der „Losgröße 1" kaum von einer Einzelfertigung in Form der Wiederholfertigung und eine *Großserienfertigung* mit „nahezu unbegrenzter Losgröße" kaum von der Massenfertigung unterscheidet. Das einzige Unterscheidungsmerkmal dieser beiden Extremausprägungen der Serienfertigung ist die Auflagehäufigkeit, die im Planungszeitraum in beiden Fällen größer eins sein kann. Je nach Ausprägung der Serien- bzw. Sortenfertigung kann diese Produktionsstrategie daher sowohl mit der Differenzierungs- als auch mit der Kostenführerschaftsstrategie korrespondieren.

Dagegen harmoniert die **Massenfertigung** als standardisierte Einproduktfertigung ausschließlich mit der Kostenführerschaftsstrategie, da hierbei ein spezifisches homogenes Produkt letztlich ein einziges Mal in der gesamten Lebensdauer des Unternehmens aufgelegt und anschließend in ex ante unbegrenzter Zahl für den anonymen Markt hergestellt wird. Der auf die Fertigung des einen Produkts spezialisierte Produktionsapparat zeichnet sich durch *minimale Produktionsflexibilität* aus und ist selbst bei kleineren Produktvariationen als Reaktion auf den technischen Fortschritt oder auf veränderte Kundenbedürfnisse bestenfalls noch in Teilen wiederverwendbar. Beispielsweise sind die Pressen für einzelne Bleche eines spezifischen Automobils selbst nach kleinsten Geometrieveränderungen im Rahmen eines sogenannten „Facelifts" nicht mehr zu gebrauchen. Dafür bietet die Massenfertigung alle bereits im vorhergehenden Abschnitt erwähnten Vorteile der Vorratsfertigung.

Nach den Ausführungen zur Produktionsstrategie als allgemeiner Verhaltensrichtlinie für den Produktionsbereich ist im folgenden Abschnitt die Produktionsstruktur, die neben der Produktionstechnologie die konkreten produktionswirtschaftlichen Verhaltensmöglichkeiten determiniert, zu thematisieren.

3.1.3 Produktionsstruktur

3.1.3.1 Werkstattfertigung

Mit der Verrichtungs-, Objekt- und Prozeßorientierung kommen zur Strukturierung von Produktionssystemen dieselben organisatorischen Gestaltungsprinzipien zur Anwendung wie bei der Strukturierung von Unternehmen.[1] Grundlegende Erscheinungsformen der **Produktionsorganisation** sind damit die Werkstatt-, die Gruppen- und die Fließfertigung.

---

1 Vgl. Abschnitt 2.1.3.2 sowie zu den folgenden Ausführungen und auch Abbildungen das besonders anschauliche Unterkapitel 3.3 zum „Entwurf der Produktionsstruktur" in ZÄPFEL (2000b), S. 157 ff.

Verrichtungszentralisation bei **Objektdezentralisation** ist das Charakteristikum der Werkstattfertigung, weil Produktiveinheiten mit gleichartigen Funktionen in organisatorischen Einheiten (Werkstätten wie bspw. Fräserei, Schweißerei, Lackiererei) räumlich gebündelt werden.[1] Jedes Arbeitsobjekt durchläuft die Werkstätten in Abhängigkeit von der objektspezifischen Arbeitsgangfolge, wobei einzelne Werkstätten auch ausgelassen oder mehrfach durchlaufen werden können („Different Routing"; vgl. Abbildung 19).

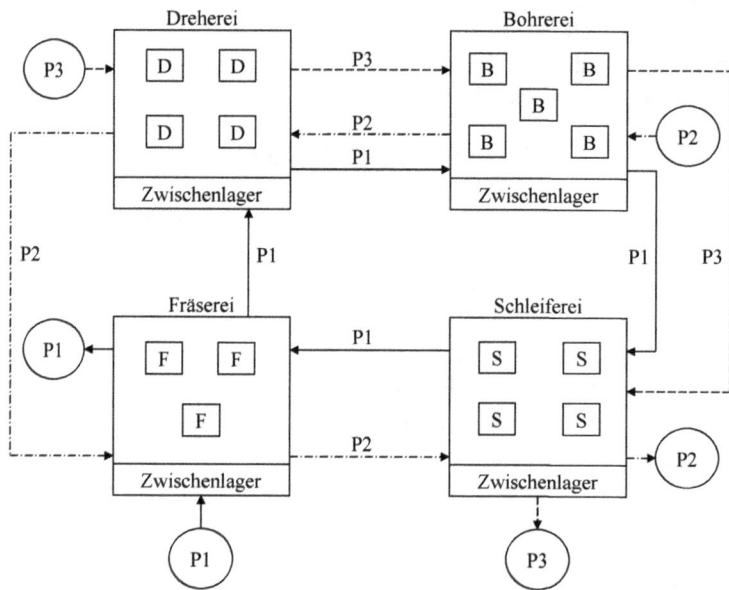

Abbildung 19: Verrichtungsorientierte Produktionsorganisation[2]

Diese Form der Produktionsorganisation ist unausweichlich, wenn die abzuarbeitenden Aufträge keine homogenen Arbeitsgangfolgen aufweisen, wie es für die kundenindividuelle Auftragsfertigung typisch ist. Nur die **hohe Produktionsflexibilität** der Werkstattfertigung erlaubt es, sich schnell und ohne große Schwierigkeiten an wechselnde Kundenwünsche anzupassen. Doch erneut gilt, daß viele unterschiedliche Aufträge mit heterogenen Produktionsabläufen die Fertigungssteuerung verkomplizieren, die Materialbereitstellung erschweren und instabile Produktionsprozesse, unterausgelastete Potentialfaktoren, wartende Aufträge und Schwierigkeiten bei der Vereinbarung verläßlicher Liefertermine zur Folge haben.

---

1 Vgl. auch im folgenden bspw. ADAM (1998), S. 17, 19 und ausführlicher ZÄPFEL (2000b), S. 164 ff.
2 Abbildung aus ZÄPFEL (2000b), S. 165.

Ein Sonderfall der Werkstattfertigung ist die **Baustellenfertigung**, bei der nicht die verrichtungsorientiert organisierten Produktiveinheiten, sondern die Arbeitsobjekte örtlich gebunden sind, weshalb die Potential- und Repetierfaktoren zum jeweiligen Arbeitsobjekt gebracht werden müssen.[1]

3.1.3.2 Gruppenfertigung

Da im Falle der Baustellenfertigung aber letztlich *alle* Produktiveinheiten, die für die Errichtung bspw. einer Großanlage oder eines Gebäudes benötigt werden, zum unbeweglichen Arbeitsobjekt zu bringen sind, kann die **Baustellenfertigung** freilich auch als Sonderfall der Gruppenfertigung interpretiert werden.

Im Gegensatz zur Werkstattfertigung zeichnet sich die Gruppenfertigung durch eine **Objektzentralisation** bei **Verrichtungsdezentralisation** aus.[2] Dies bedeutet, daß alle Produktiveinheiten, die zur Komplettbearbeitung art- und fertigungsverwandter Teile, Komponenten, Baugruppen oder Endprodukte erforderlich sind, in organisatorischen Einheiten (Fertigungsbereichen, -segmenten, -inseln[3]) räumlich gebündelt werden. Dies ist zum Beispiel in der Automobilindustrie für spezifische Baugruppen (bspw. Karosserie-, Fahrwerks-, Getriebe-, Motorenbau) oder in der Maschinenbauindustrie bei sehr schweren und sperrigen Anlagen (Großanlagenbau) der Fall. Intern können die Fertigungsbereiche wahlweise nach dem Werkstatt- oder nach dem Fließprinzip organisiert sein (vgl. Abbildung 20).

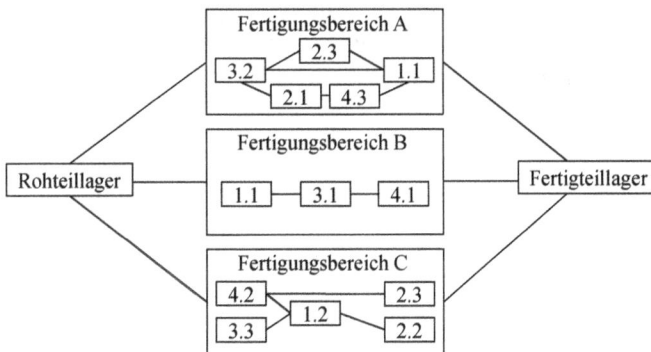

Abbildung 20:   Objektorientierte Produktionsorganisation[4]

---

1 Vgl. HOITSCH (1993), S. 15 und ZÄPFEL (2000b), S. 160.

2 Vgl. auch im folgenden bspw. ADAM (1998), S. 16 f. und ausführlicher ZÄPFEL (2000b), S. 225 ff.

3 Vgl. in diesem Zusammenhang auch die Ausführungen zu den flexiblen Fertigungsinseln sowie zu den flexiblen Fertigungszellen, Fertigungssystemen und Transferstraßen im Abschnitt 3.1.4.2.

4 Geringfügig modifizierter unterer Teil der Abbildung 104 aus ZÄPFEL (2000b), S. 230.

Gruppenfertigung ist dazu geeignet, durch **Fertigungssegmentierung**[1] die Komplexität der Produktionsabläufe und damit der Fertigungssteuerung zu reduzieren, die Materialbereitstellung zu vereinfachen und die Produktionsprozesse zu stabilisieren. Durch Komplettbearbeitung der Arbeitsobjekte in einem Segment sinken tendenziell die unproduktiven Wartezeiten und folglich auch die Durchlaufzeiten, was wiederum eine Vereinbarung verläßlicherer Liefertermine ermöglicht. Im Falle stabiler Produktionsprogramme ist die Kapazitätsauslastung bei Gruppenfertigung auf Grund geringerer ablaufbedingter Stillstandszeiten eher höher, bei regelmäßig wechselnder Programmzusammensetzung wegen der geringeren Flexibilität eher geringer als bei Werkstattfertigung. Zudem ergeben sich Betriebsmittelredundanzen, weil bestimmte Potentialfaktoren bei Werkstattfertigung nur einmal für die jeweilige Werkstatt, bei Gruppenfertigung dagegen unter Umständen mehrmals für verschiedene Fertigungssegmente beschafft werden müssen.

3.1.3.3 Fließfertigung

Wenn die zu erledigenden Aufträge wie im Falle der Sortenfertigung ähnliche Arbeitsgangfolgen aufweisen oder wenn wie im Falle der Massenfertigung ein standardisiertes Erzeugnis in großer Stückzahl zu produzieren ist, also in allen Fällen der Vorratsfertigung, bietet sich mit der Fließfertigung eine prozeßorientierte Produktionsorganisation an.[2] Hierbei sind die objektorientiert ausgewählten Produktiveinheiten gemäß der jeweiligen Arbeitsgangfolge anzuordnen und stets in gleicher Reihenfolge vollständig („Identical Routing") oder teilweise („Identical Routing Passing") zu durchlaufen (vgl. Abbildung 21). Mithin ist Fließfertigung durch **Objektzentralisation** bei **Verrichtungsdezentralisation** und **materialflußgerechter Anordnung** der Betriebsmittel und Arbeitsplätze gekennzeichnet.

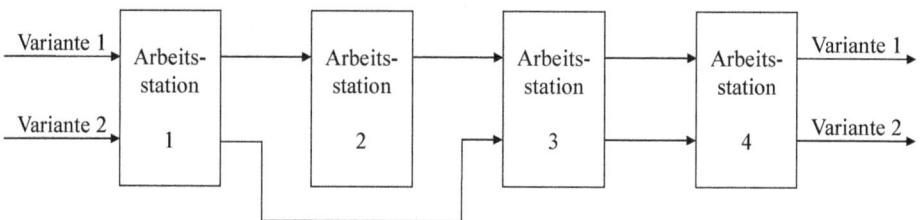

Abbildung 21:   Prozeßorientierte Produktionsorganisation[3]

---

1 Zur Fertigungssegmentierung vgl. bspw. WILDEMANN (1997a), S. 225 ff. und WILDEMANN (1998).
2 Vgl. auch im folgenden bspw. ADAM (1998), S. 17 ff. und ausführlicher ZÄPFEL (2000b), S. 184 ff.
3 Geringfügig modifizierte Abbildung aus ZÄPFEL (2000b), S. 184.

Der Transport der Werkstücke kann zwischen den prozeßorientiert angeordneten Arbeitsstationen manuell, mechanisch oder automatisch sowie diskontinuierlich oder kontinuierlich erfolgen. Fließfertigung ist daher nicht unbedingt Fließbandfertigung, Fließbandfertigung aber stets Fließfertigung, genauer *getaktete Fließfertigung* mit starrer zeitlicher Bindung der Arbeitsstationen und damit kontinuierlichem Materialfluß – oder kürzer **Taktfertigung**. Die starre Kopplung automatisch arbeitender Potentialfaktoren führt zu sogenannten **Transferstraßen**.[1] *Ungetaktete Fließfertigung* ohne starre zeitliche Bindung der Arbeitsstationen und mit diskontinuierlichem Materialfluß wird **Reihenfertigung** genannt. Fließfertigung läßt sich auch danach unterscheiden, ob diese Form der Organisationsgestaltung wie in der Automobilindustrie frei wählbar oder wie in der chemischen Industrie (bspw. in Raffinerien), in der Eisen- und Stahlindustrie (bspw. in Hüttenwerken) oder in der Lebensmittelindustrie (bspw. in Brauereien) verfahrenstechnisch erzwungen ist. Der Begriff **Zwangslauffertigung** steht naheliegenderweise für die *verfahrenstechnisch erzwungene getaktete automatische Fließfertigung*. Abbildung 22 faßt die terminologischen Unterscheidungen noch einmal zusammen.

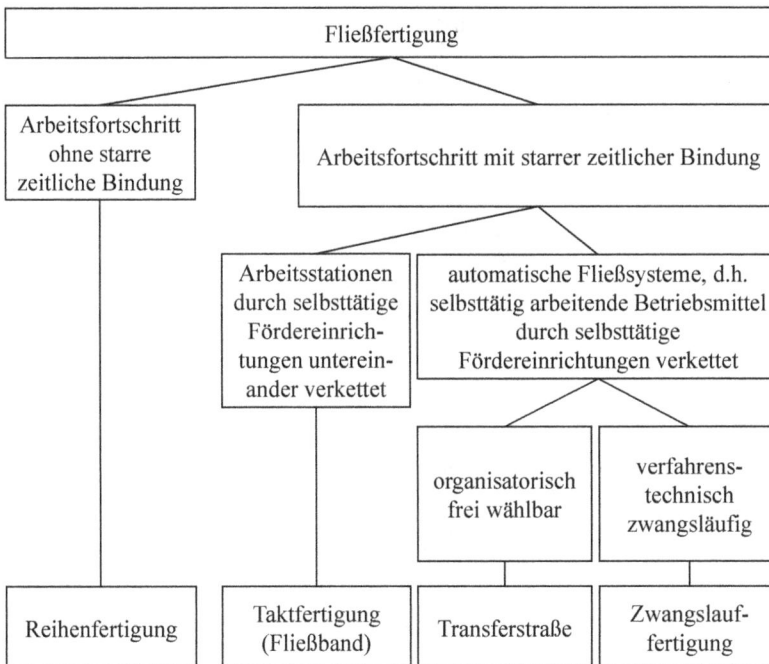

Abbildung 22: Erscheinungsformen der Fließfertigung[2]

---

1 Vgl. in diesem Zusammenhang auch die Ausführungen zur Mechanisierung und Automation im Abschnitt 3.1.4.1 sowie zu starren und flexiblen Transferstraßen im Abschnitt 3.1.4.2.

2 Geringfügig modifizierte Abbildung aus ZÄPFEL (2000b), S. 185.

Im Gegensatz zur Werkstattfertigung zeichnet sich Fließfertigung durch eine höhere **Produktivität** aus. Homogene Produktionsabläufe, eine einfache Fertigungssteuerung und Materialbereitstellung, stabile Produktionsprozesse, spezialisierungsbedingt kürzere Bearbeitungszeiten, im Idealfall vernachlässigbare Rüst-, Transport-, Warte- und Stillstandszeiten sowie dadurch kurze Durchlaufzeiten, eine geringe Kapitalbindung im Umlaufvermögen und eine hohe Kapazitätsauslastung sind hierfür ursächlich. Dafür ist die Produktionsflexibilität äußerst gering und die **Störanfälligkeit** sehr hoch. Fällt eine Arbeitsstation aus, gerät das gesamte Produktionssystem ins Stocken. Und Betriebsmittelredundanzen führen zu erhöhter Kapitalbindung im Anlagevermögen.

Ein Sonderfall der Fließfertigung ist die **Wanderfertigung**, bei der nicht die objektorientiert ausgewählten und prozeßorientiert angeordneten Produktiveinheiten, sondern die Arbeitsobjekte örtlich gebunden sind, weshalb die Potentialfaktoren im Produktionsprozeß am jeweiligen Arbeitsobjekt entlangwandern (bspw. beim Straßenbau).[1] Eine Übersicht über alle erläuterten Formen der Produktionsorganisation findet sich zusammenfassend in der folgenden Abbildung 23.

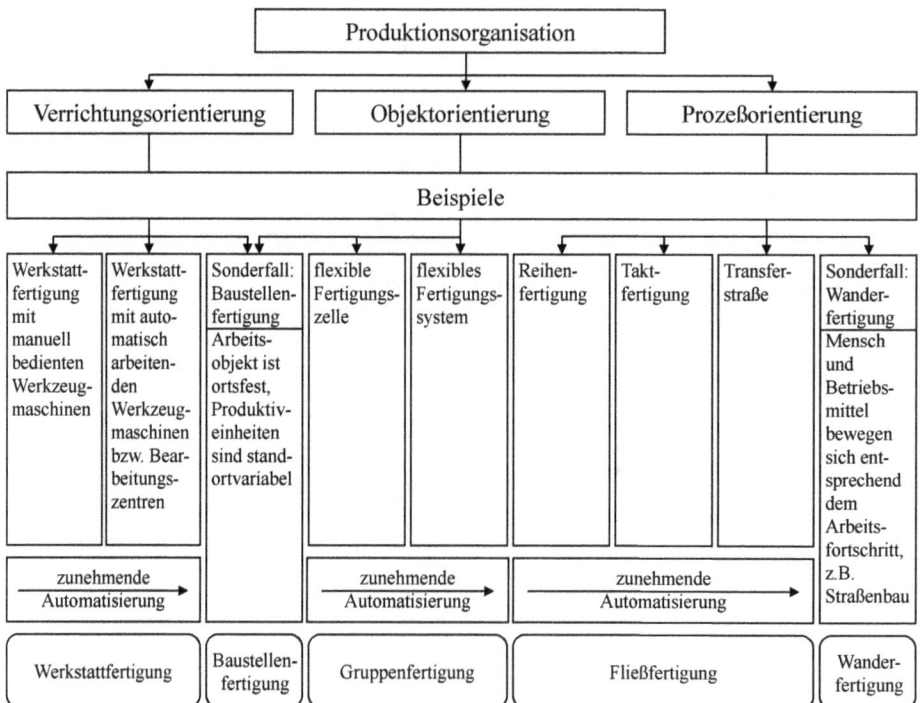

Abbildung 23:   Formen der Produktionsorganisation[2]

---

1 Vgl. ZÄPFEL (2000b), S. 160.
2 Geringfügig modifizierte Abbildung aus ZÄPFEL (2000b), S. 159.

3.1.4 Produktionstechnologie

3.1.4.1 Mechanisierung und Automation

Neben anwendungsbezogenem, ingenieurwissenschaftlichem *Problemlösungswissen* zählen bereits einfache *Werkzeuge*, wie ein Hammer oder ein Meißel, zur Produktionstechnologie. Werkzeuge können von Menschen oder *Maschinen* bewegt, und Maschinen von Menschen oder *Programmen* gesteuert werden. **Mechanisierung** führt zum Ersatz menschlicher Arbeitskraft durch Maschinen. Während die Maschinen mit der Werkstückbearbeitung befaßt sind, verbleibt die Steuerung der Maschinen beim Menschen (bspw. Münzprägemaschine im Mittelalter).[1] **Automation** ist gegeben, wenn auch Steuerungsfunktionen auf die Maschinen übergehen. Indirekt steuert selbstverständlich noch immer der Mensch, der die erforderlichen Programme zur Selbststeuerung der Maschinen generieren muß. Neben der eigentlichen Werkstückbearbeitung können auch Hilfsfunktionen (bspw. Werkstück- und Werkzeughandhabung, -transport und -lagerung) automatisiert werden. Demzufolge lassen sich unterschiedliche Grade des Technologieeinsatzes in der Produktion unterscheiden (vgl. Abbildung 24).

Grad	Tätigkeit	Charakteristika
1. Grad	manuelle Tätigkeit	Werkstückbearbeitung durch den Menschen gegebenenfalls unter Zuhilfenahme eines Werkzeugs
2. Grad	mechanisierte Tätigkeit	Werkstückbearbeitung durch den Menschen unter Zuhilfenahme einer Werkzeugmaschine
3. Grad	teilautomatisierte Tätigkeit a)	automatische Werkstückbearbeitung und automatischer Werkzeugwechsel
4. Grad	teilautomatisierte Tätigkeit b)	3. Grad & automatischer Werkstückwechsel
5. Grad	teilautomatisierte Tätigkeit c)	4. Grad & automatischer Werkstücktransport
6. Grad	automatisierte Tätigkeit a)	5. Grad & automatische Datenverteilung und -rückmeldung → Rechnerdirektführung
7. Grad	automatisierte Tätigkeit b)	6. Grad & automatischer Werkzeugtransport sowie automatische Werkstück- und Werkzeuglagerung

Abbildung 24: Grade des Technologieeinsatzes in der Produktion[2]

---

1 Zur Mechanisierung und Automation vgl. ADAM (1998), S. 6, ZÄPFEL (2000b), S. 107 ff., STEVEN (2013), S. 20 und CORSTEN/GÖSSINGER (2016), S. 319.

2 In Anlehnung an HOITSCH (1993), S. 95 und ZÄPFEL (2000b), S. 110.

Notwendige Voraussetzung der Mechanisierung und Automation sind die wiederholte Ausübung gleichartiger Arbeiten an ähnlichen Objekten und damit ein gewisser Grad an Standardisierung von Produkten und Prozessen.[1] Mit der Mechanisierung werden primär die *Bearbeitungszeiten* und mit der Automation primär die *Übergangszeiten*, wie Kontroll-, Handhabungs- und Transport- sowie Liege- und Wartezeiten, reduziert. Gleichzeitig trägt die Automation zu einer Erhöhung der tagesspezifischen *Nutzungs-dauern* der maschinellen Anlagen bei, weil auf Grund der Emanzipation der Maschinen vom Menschen prinzipiell „rund um die Uhr" produziert werden kann. Aus der Substitution menschlicher Arbeitskraft durch Maschinenleistung resultieren auch Verschiebungen in den Kostenstrukturen, weil der Umfang der *Betriebsbereitschaftskosten* kapitalintensiver moderner Anlagen gegenüber den variablen, vom Beschäftigungsniveau abhängigen *Stückkosten* immer mehr zunimmt.

Grundsätzlich kann formuliert werden, daß die Mechanisierung zu *sinkender körperlicher* und die Automation zu *steigender geistiger Belastung* der betroffenen Menschen führt, denn automatisierte Prozesse müssen akribisch geplant, detailliert vorbereitet und zentral überwacht werden. Hieraus folgt aber weder eine flächendeckende Umwandlung restriktiver Arbeit in hochqualifizierte Aufgaben mit Entscheidungskompetenz noch eine unvermeidbare Spaltung der Arbeiterschaft in wenige hoch- und viele unqualifizierte Mitarbeiter. Insofern sind die zum Teil politisch motivierten Thesen der euphorischen Transformationstheoretiker und der klassenkämpferischen Polarisierungstheoretiker, wie bereits im Zusammenhang mit dem Technikdeterminismus erwähnt, schlichtweg abzulehnen.[2]

3.1.4.2 Maschinenkonzepte[3]

Wesentliches Merkmal zur Unterscheidung von Maschinenkonzepten ist die fertigungstechnische Flexibilität als Fähigkeit, sich unterschiedlichen Produktionsanforderungen schnell anpassen zu können.[4] Eine Anlage ist flexibel, wenn auf ihr mehrere Bearbeitungsfunktionen ausgeführt und/oder unterschiedliche Produkte gefertigt werden können. Der Grad der Flexibilität bestimmt sich dabei über den Umfang der Anpassungsmöglichkeiten und der für die Anpassungen erforderlichen Zeit.

Auf **Spezialmaschinen**, die in erster Linie bei *Fließfertigung* eingesetzt werden, ist in der Regel nur die Bearbeitung eines einzigen Produkts unter Ausführung einer einzigen Fertigungsfunktion möglich. In *Werkstätten* genutzte **Universalmaschinen** erlauben zwar die Bearbeitung unterschiedlicher Erzeugnisse, allerdings ebenfalls mit nur einer

---

1 Vgl. auch im folgenden ADAM (1998), S. 6 ff.

2 Zum vermeintlichen *Technikdeterminismus* in den Varianten der *Transformationsthese* und der *Polarisierungsthese* vgl. Abschnitt 2.1.3.5.

3 Vgl. ROLLBERG (1996), S. 36 ff.

4 Vgl. im folgenden ADAM (1998), S. 90.

einzigen Funktion. Zudem ist die nicht automatisierte Umrüstung auf andere Produkte recht kosten- und zeitintensiv, so daß nur von einer Minimalflexibilität gesprochen werden kann. **Flexible Anlagen**, die nicht selten bei *Gruppenfertigung* genutzt werden, zeichnen sich dagegen durch echte Produkt- und Bearbeitungsflexibilität aus.[1]

Die **Bearbeitungsflexibilität** gründet auf der Magazinierungs- und der Werkzeugwechselflexibilität: Zum einen läßt sich eine derartige Anlage gleichzeitig mit unterschiedlichen Werkzeugen bestücken (*Magazinierungsflexibilität*). Zum anderen können in Abhängigkeit von der Zusammensetzung des aktuellen Werkzeugmagazins verschiedenartige Bearbeitungsgänge an unterschiedlichen Produkten einer Teilefamilie[2] ohne nennenswerten Rüstaufwand im Wechsel durchgeführt werden (*Werkzeugwechselflexibilität*). Die **Produktflexibilität** ist nicht auf die Anzahl verschiedenartiger Erzeugnisse einer Teilefamilie beschränkt, sondern bezieht sich auf das Produktspektrum, das mit allen erdenklichen Magazinzusammensetzungen grundsätzlich gefertigt werden könnte. Eine verkürzte Unterscheidung der drei Maschinenkonzepte an Hand der Dimensionen „Bearbeitungsfunktion" und „Produktzuordnung" findet sich in Abbildung 25 wieder.

Maschinenkonzept	traditionell		modern
	Spezialmaschine	Universalmaschine	flexible Anlage
Bearbeitungsfunktion	gegeben	gegeben	flexibel
Produktzuordnung	gegeben	flexibel	flexibel

Abbildung 25: Abgrenzung unterschiedlicher Maschinenkonzepte[3]

Flexible Maschinenkonzepte basieren auf numerisch gesteuerten Bearbeitungssystemen, die über rechnergestützte Steuerungssysteme mit automatisierten Materialflußsystemen gekoppelt sein können.[4] **Bearbeitungssysteme** bestehen aus NC-, CNC- oder DNC-Maschinen zur Werkstückfertigung oder universell einsetzbaren Industrierobotern zur Werkstückmontage, die sich durch ihre besondere Beweglichkeit entlang mehrerer Achsen auszeichnen.[5]

---

1 Zu den im folgenden vorgestellten unterschiedlichen Flexibilitätstypen vgl. ADAM (1990), S. 799.

2 Eine *Teilefamilie* besteht aus mehreren Produkten, die sich hinsichtlich bestimmter Bearbeitungsmerkmale (geometrische Form, Bearbeitungsart, Fertigungstechnologie, Arbeitsvorgangsfolge) gleichen.

3 Geringfügig modifizierte Abbildung aus ADAM (1990), S. 797.

4 Vgl. SPUR (1994), S. 627 ff., SCHÜLER (1994), S. 89 f., ADAM (1998), S. 90 und ferner auch NEBL (2011), S. 383.

5 Vgl. zu den folgenden Ausführungen HELBERG (1987), S. 20 f., SCHEER (1990), S. 49 f., HOITSCH (1993), S. 169 f., ADAM (1998), S. 91, CORSTEN/GÖSSINGER (2016), S. 368 und KURBEL (2021), S. 430 ff.

Numerical-Control- oder **NC-Maschinen** stellten in den 1970er Jahren die erste Generation numerisch gesteuerter Universal- und damit Einverfahrenmaschinen (bspw. Bohr-, Dreh- oder Fräsmaschinen) dar. Sie wurden mit Hilfe eines Lochstreifens oder einer Magnetkassette für die Fertigung eines spezifischen Produkts programmiert. Erneutes Einlesen des veränderten Eingabemediums ermöglichte eine problemlose Programmänderung und damit eine schnelle Umstellung auf andere Produkte.

NC-Maschinen wurden Anfang der 1980er Jahre durch komfortablere Computerized-Numerical-Control- oder kürzer **CNC-Maschinen** verdrängt, die über einen speicherprogrammierbaren Mikroprozessor verfügen und damit eine direkte Programmierung vor Ort ermöglichen. Vorgegebene Programme stehen im Speicher zur Verfügung, können bei Bedarf aufgerufen und gegebenenfalls direkt an der Maschine verändert werden.

Von einem Direct-Numerical-Control- oder **DNC-System** wird gesprochen, wenn mehrere CNC-Maschinen über einen Zentralrechner verbunden sind, der eine zeitgerechte Versorgung der Maschinen mit NC-Programmen aus der von ihm verwalteten NC-Programmbibliothek gewährleistet.

Transport, Handhabung und Lagerung von Werkstücken und Werkzeugen werden über **Materialflußsysteme** automatisiert, die sich aus fahrerlosen Transportsystemen, Handhabungsrobotern und rechnergesteuerten Lagersystemen zusammensetzen.[1] Schließlich haben zentrale rechnergestützte **Steuerungssysteme** die einzelnen Elemente zu überwachen sowie zustandsabhängig zu koordinieren und damit zu integrieren.

Insgesamt sind fünf flexible Maschinenkonzepte danach zu unterscheiden, inwieweit sie verschiedene Bearbeitungs-, Materialfluß- und/oder technische Steuerungssysteme in sich vereinen.[2] Ein **flexibles Fertigungsmodul (FFM)** ist nichts weiter als eine schlichte CNC-Maschine, also eine numerisch gesteuerte Universal- und *Einverfahrenmaschine* mit einem einzigen Werkzeug, die sich durch einen hohen Grad an Produktflexibilität auszeichnet.

Demgegenüber setzt sich ein **flexibles Bearbeitungszentrum (FBZ)** aus einer numerisch gesteuerten *Mehrverfahrenmaschine*, aus einem Werkzeugspeicher sowie automatischen Werkzeug- und Werkstückwechseleinrichtungen, also auch aus vereinzelten Elementen eines *Materialflußsystems* zusammen.

---

1 Ausführliche Erläuterungen finden sich hierzu bei SCHEER (1990), S. 50 ff., HELBERG (1987), S. 22 f. und LORENZ/TRAUT (1985), S. 13. Vgl. auch SCHÜLER (1994), S. 89 f., SPUR (1994), S. 629 ff. und NEBL (2011), S. 385 ff.

2 In der Literatur findet sich leider keine einheitliche Namensgebung für die unterschiedlichen flexiblen Maschinenkonzepte. Vgl. zu den folgenden Ausführungen bspw. CRONJÄGER (1990), S. 75 ff., HAASIS (1993), S. 140 ff., HOITSCH (1993), S. 172 ff., TEMPELMEIER/KUHN (1993), KALUZA (1994), S. 66, SCHÜLER (1994), S. 91 ff., SPUR (1994), S. 633 ff., 635 f., ZAHN/SCHMID (1996), S. 137 f., NEBL (2011), S. 395 ff., STEVEN (2015), S. 74 ff. und CORSTEN/GÖSSINGER (2016), S. 369 f.

Eine **flexible Fertigungszelle (FFZ)** erweitert das FBZ um Werkstückspeicher sowie Einrichtungen zur automatischen Werkstück- und Werkzeugüberwachung und ergänzt den bereits existierenden Werkzeugspeicher um Ersatzwerkzeuge, auf die in Notfällen (Bruch oder Verschleiß der im Einsatz befindlichen Werkzeuge) zurückgegriffen werden kann. Auf diese Weise werden zum einen die automatisierte Werkstückbeschickung und zum anderen die zeitlich begrenzte bedienerlose Bearbeitung eines definierten Teilespektrums möglich. FFZ bestehen folglich aus einem *Bearbeitungs-, Materialfluß- und Steuerungssystem*.

Ein **flexibles Fertigungssystem (FFS)** vereint *mehrere* unabhängig voneinander arbeitende *FFZ* zur weitestgehenden Komplettbearbeitung von Rohteilen oder Zwischenprodukten. Vor und hinter dem FFS befindet sich ein Lager für Roh- bzw. Fertigteile. Der programmgesteuerte, *nicht richtungsgebundene Materialfluß* zwischen den einzelnen FFZ erfolgt individuell über *automatische Transportsysteme*, Werkstückpuffer und Handhabungsautomaten. Die Koordination der Abläufe und die Versorgung der Bearbeitungssysteme mit NC-Programmen übernimmt ein Leitrechner. Ein FFS ist damit immer auch ein *DNC-System*.

Schließlich unterscheidet sich eine **flexible Transferstraße (FTS)** von einem FFS durch die *starre Kopplung* hintereinander angeordneter FFZ zur Bearbeitung von Werkstücken mit ähnlichen Arbeitsvorgangsfolgen. Der *Materialfluß* ist *richtungsgebunden und getaktet*, wobei einzelne Bearbeitungsstationen auch ausgelassen werden können. Eine starre Kopplung nicht von FFZ, sondern von Spezialmaschinen führt zu **starren Transferstraßen (STS)**.

Während sich die fünf erläuterten flexiblen Maschinenkonzepte hauptsächlich hinsichtlich des jeweils realisierten Automatisierungsgrades voneinander unterscheiden, besteht der Unterschied zwischen einer **flexiblen Fertigungsinsel (FFI)** und den übrigen flexiblen Anlagetypen in dem ihr zugrundeliegenden arbeitsorganisatorischen Konzept.[1] Dem Taylorismus wird entschieden der Rücken gekehrt, indem sämtliche für die weitestgehende Komplettbearbeitung einer Teilefamilie erforderlichen Arbeitsplätze und Betriebsmittel räumlich und organisatorisch zusammengefaßt (Objektorientierung, Gruppenfertigung), Arbeitsgruppen gebildet und die Mitarbeiter mit erweiterten Entscheidungskompetenzen ausgestattet werden (Entscheidungsdezentralisation, Arbeitsbereicherung, teilautonome Arbeitsgruppe). Im Ergebnis handelt es sich dann um ein FFS, das neben numerisch gesteuerten auch konventionelle Maschinen und Handarbeitsplätze umfaßt und eine universalqualifizierte Inselmannschaft sowohl mit allen direkten als auch mit möglichst vielen indirekten, planerischen Aufgaben betraut.

Die unterschiedlichen Maschinenkonzepte zeichnen sich durch unterschiedliche *Flexibilitäts- und Produktivitätsgrade* aus. So ist beispielsweise eine FTS eher für sehr hohe Stückzahlen bei geringer Teilevielfalt geeignet als ein FFM, das in werkstattähnlichen

---

1 Vgl. hierzu auch SCHÜLER (1994), S. 96 f.

Bearbeitungsstationen eine große *Teilevielfalt* bei geringen *Stückzahlen* bewältigen kann. Folglich ist ein FFM grundsätzlich flexibler als eine FTS, die dafür bei der Fertigung von Großserien ein Höchstmaß an Produktivität beweist. In Abbildung 26 findet sich unter Rückgriff auf die beiden miteinander korrespondierenden Dimensionspaare „Produktivität/Flexibilität" bzw. „Stückzahl/Teilevielfalt" eine Systematisierung der Maschinenkonzepte, ausgehend vom FFM als numerisch gesteuerter *Universalmaschine* für die *Werkstattfertigung* bis zur STS mit ihren *Spezialmaschinen* für die *Fließfertigung*.

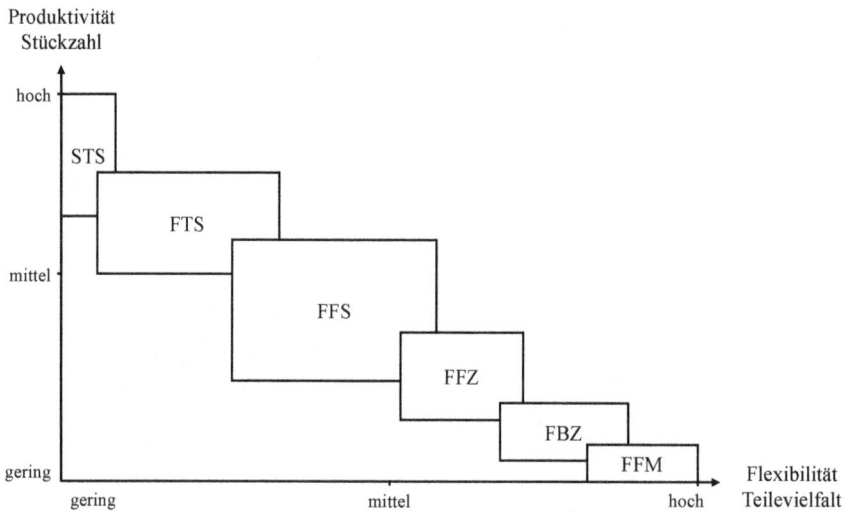

Abbildung 26: Flexibilität, Produktivität und Maschinenkonzept[1]

3.1.4.3 Manufacturing Resource Planning (MRP)[2]

Erste Informationssysteme für die Produktionsplanung und -steuerung (PPS) stammen aus den 1960er und 1970er Jahren und werden als klassische PPS- oder als MRP-Systeme bezeichnet.[3] Hierbei handelt es sich um **Informationssysteme**, die ausschließlich mit der Materialbedarfsermittlung (MRP I für „Material Requirements Planning") oder zusätzlich mit einer, wenn auch nur rudimentären, Fertigungskapazitätsplanung

---

1 In Anlehnung an CRONJÄGER (1990), S. 78, SPUR (1994), S. 634 und ZAHN/SCHMID (1996), S. 138. Vgl. auch HAASIS (1993), S. 140 und SCHÜLER (1994), S. 92.

2 Vgl. ROLLBERG (2002), S. 139 ff.

3 Vgl. KURBEL (2021), S. 1 f.

(MRP II für „Manufacturing Resource Planning") befaßt sind.[1] Letztere dienen der „organisatorischen Planung [sic!], Steuerung und Überwachung der Produktionsabläufe von der Angebotsbearbeitung bis zum Versand unter Mengen-, Termin- und Kapazitätsaspekten"[2] und damit auf dem ersten Blick einer „ganzheitlichen" Produktionsplanung und -steuerung, wobei die Produktionsprogramm-, die Mengen- sowie die Termin- und Kapazitätsplanung Bestandteile der Planungsphase sind, der mit der Auftragsveranlassung und Auftragsüberwachung die Steuerungsphase folgt.[3]

Konkret vorliegende Kundenaufträge und/oder Vorhersagen über zu erwartende Absatzmengen bilden die Grundlage der **Produktionsprogrammplanung**, in der die Primärbedarfe an End- und selbständig absetzbaren Zwischenprodukten künftiger Perioden nach Art und Menge festgelegt werden. Eine deckungsbeitragsorientierte Programmplanung unter Berücksichtigung etwaiger Produktions- oder Beschaffungsengpässe unterbleibt. Statt dessen wird nicht selten das Produktionsprogramm mit dem gegebenen Absatzprogramm synchronisiert.[4]

In der **Mengenplanung** sind die Bruttosekundärbedarfe an Repetierfaktoren künftiger Perioden entweder auf der Grundlage der gegebenen Primärbedarfe durch Stücklistenauflösung (*programmgebundene Materialbedarfsermittlung*) oder ausgehend von früheren Verbrauchswerten mit Hilfe von Hochrechnungen (*verbrauchsgebundene Materialbedarfsermittlung*) zu bestimmen. Nach Reduzierung der Bruttosekundärbedarfe um Lagerbestände und ausstehende Bestellungen ergeben sich die Nettosekundärbedarfe, die in grob terminierte Produktions- und Beschaffungsaufträge zu überführen sind. Dabei wird bei der programmgebundenen Bedarfsermittlung auf eine einfache Vorlaufzeitverschiebung, die von Kapazitätsengpässen abstrahiert, zurückgegriffen. Also entspricht die Mengenplanung weitgehend dem Aufgabenspektrum des MRP-I-Konzepts.

Termin- und Kapazitätsplanung dienen dazu, durchsetzbare Start- und Endtermine für die einzelnen Arbeitsgänge der Produktionsaufträge zu generieren, wobei anfänglich erneut von unbeschränkten Kapazitäten ausgegangen wird. Hierzu sind in der Durchlaufterminierung isoliert auf der Basis mittlerer Solldurchlaufzeiten für jeden Auftrag entweder in der Vorwärtsterminierung ausgehend vom Planungszeitpunkt die

---

1 Zur Unterscheidung von MRP I und MRP II vgl. auch FRITSCHE (1999), S. 50. Da beide Konzepte auf derselben Grundidee fußen, wird im folgenden der Einfachheit halber nur noch von MRP gesprochen.

2 AWF (1985), S. 8 (im Original zum Teil fett gedruckt). Der Begriff „organisatorische Planung" soll wohl darüber hinwegtäuschen, daß letztlich nicht wirklich geplant, sondern bestenfalls organisiert wird, wie später noch zu erläutern ist. Vgl. zum Verhältnis zwischen Planung und Organisation Unterkapitel 1.1 und HAX (1959), S. 610 f.

3 Zum im folgenden skizzierten Aufbau klassischer PPS-Systeme vgl. bspw. ADAM (1988a), S. 8 ff., ADAM (1998), S. 597 ff., BLOECH/BOGASCHEWSKY/BUSCHER/DAUB/GÖTZE/ROLAND (2014), S. 98 ff., STEVEN (2014), S. 192 ff. und CORSTEN/GÖSSINGER (2016), S. 585 ff. Vgl. ausführlicher auch KURBEL (2021), S. 42 ff. und 101 ff.

4 Vgl. DREXL/FLEISCHMANN/GÜNTHER/STADTLER/TEMPELMEIER (1994), S. 1025.

frühesten oder in der Rückwärtsterminierung ausgehend vom Liefertermin die spätesten Start- und Endtermine der erforderlichen Arbeitsgänge zu ermitteln (Grobterminierung). Für jede Arbeitsstation wird sodann unter Zuhilfenahme dieser Termine ein Belastungsprofil erstellt, das Auskunft über die in bestimmten Zeitintervallen benötigten Kapazitäten gibt. Bei der Gegenüberstellung von Belastungsprofil und tatsächlich verfügbarer Kapazität der betrachteten Arbeitsstation kann eine Kapazitätsüberdeckung zutage treten. Diese ist dann per Kapazitätsabgleich zu beseitigen, indem Kapazitäten aufgestockt, Aufträge gemäß ihrer Dringlichkeit zeitlich verschoben (*zeitlicher Kapazitätsabgleich*) oder auf andere Arbeitsstationen verteilt (*technologischer Kapazitätsabgleich*) werden. Nach diesen Schritten liegt die Grobterminierung fest.

Im Rahmen der **Auftragsveranlassung**, die die Steuerungsphase einleitet, findet zunächst noch eine Verfügbarkeitsprüfung hinsichtlich der zur Auftragsabwicklung benötigten Repetier- und Potentialfaktoren statt, ehe die Freigabe der dringlichsten Aufträge zur Produktion erfolgen kann. Mittels geeigneter Prioritätsregeln wird schließlich in der Maschinenbelegungsplanung (!) die zeitliche Reihenfolge festgelegt, in der die freigegebenen Aufträge die jeweilige Arbeitsstation durchlaufen sollen (Feinterminierung).

Die mehrstufige Vorgehensweise konventioneller PPS-Systeme auf der Grundlage des MRP-Konzepts findet mit der **Auftragsüberwachung** ihr Ende. Dabei wird die Steuerung und Anpassung der Fertigungsprozesse an aktuelle Gegebenheiten durch Betriebsdatenerfassungssysteme (BDE-Systeme) gewährleistet, die zeit- und ereignisnahe Daten hinsichtlich des Produktionsfortschritts und des Faktoreinsatzes zur Verfügung stellen.

Mit dem MRP-Konzept fand das Prinzip der **Sukzessivplanung** Eingang in die praktische Produktionsplanung, nach dem das komplexe Problem in hierarchisch angeordnete Teilprobleme zerlegt wird, die mit Hilfe von Partialmodellen in einer vorgegebenen Reihenfolge ohne etwaige Rückkopplungsmechanismen zu lösen sind. Eine reine Sukzessivplanung ist aber nur dazu geeignet, *Dependenzen*, nicht jedoch Interdependenzen adäquat zu berücksichtigen. Engpässe auf untergeordneten Hierarchieebenen werden somit in übergeordneten Planungsstufen konsequent ignoriert. Inkonsistente Teilpläne sind die Folge, die in untergeordneten Ebenen Abweichungen von den Planvorgaben übergeordneter Ebenen erzwingen, womit vorgelagerte Planungen nicht selten zu „Makulatur" werden.

Allerdings läßt sich darüber streiten, ob **das „P" in MRP** überhaupt gerechtfertigt ist, da strenggenommen weder in MRP I noch in MRP II wirklich geplant wird.[1] Nicht monetäre Erfolgsziele unter Berücksichtigung von Knappheiten, sondern Mengen- und Zeitziele bei weitgehender Vernachlässigung etwaiger Engpässe stehen im Mittelpunkt der Betrachtungen; und statt Optimalität wird lediglich die Zulässigkeit der „Pläne"

---

1 Vgl. auch im folgenden ADAM (1988a), S. 16 ff. und FLEISCHMANN (1998), S. 52.

angestrebt. So wird das Produktionsprogramm nicht wirklich geplant, sondern vielmehr aus einer Art „Synchronisation" mit einem gegebenen Absatzprogramm gewonnen. Aus den so festgelegten Produktionsmengen lassen sich wiederum schematisch die benötigten Materialmengen und über eine einfache Vorlaufzeitverschiebung, die von Kapazitätsengpässen abstrahiert, grobe Beschaffungstermine errechnen. Mithin erfolgt keine Planung, sondern lediglich eine „Datentransformation". Gleiches gilt für die sich anschließende isolierte Auftragsterminierung unter Verwendung mittlerer Solldurchlaufzeiten. Und die sogenannte Kapazitäts„planung" erschöpft sich in einer schlichten periodenspezifischen Gegenüberstellung von Kapazitätsangebot und aus dem Produktions„plan" resultierendem Kapazitätsbedarf, ohne bei etwaiger Kapazitätsüberdeckung einen erfolgszielsetzungsgerechten Kapazitätsabgleich zu unterstützen. Lediglich die Bestimmung der Losgrößen sowie Bestellmengen und Bestellzeitpunkte in der Mengenplanung trägt planerische Züge, wenngleich auch hier nur einfachste Heuristiken zur Auftragsgrößenplanung zum Einsatz gelangen.[1] MRP-Systeme sind somit weniger Planungs- als vielmehr *Datenverwaltungssysteme*. Es wird gerechnet oder „heuristisch improvisiert"[2], nie aber im engeren Sinne geplant.

Ebenso wenig wird in der Steuerungsphase gesteuert. Zwar dient die Steuerungsphase der Umsetzung des vermeintlich Geplanten. Doch wird im Rahmen der Auftragsveranlassung zunächst nur überprüft, ob auch alle für die Auftragsabwicklung benötigten Verbrauchsfaktoren verfügbar sind. Die Verfügbarkeitsprüfung ist notwendig, weil sich durch zeitliche Kapazitätsabgleiche Terminverschiebungen ergeben, die nicht mit den zuvor ermittelten Beschaffungsterminen koordiniert sind (Sukzessivplanung). Die dringlichsten Aufträge, für die alle erforderlichen Einsatzfaktoren zur Verfügung stehen, werden anschließend zur Produktion freigegeben. Nur die Auftragsüberwachung mit Hilfe von BDE-Systemen dient ansatzweise der Steuerung. Allerdings reicht es nicht aus, den Fertigungsprozeß lediglich zu kontrollieren. Vielmehr muss der Disponent im Falle unvorhergesehener Planabweichungen in die Lage versetzt werden, adäquate erfolgszielorientierte Gegenmaßnahmen zu ergreifen, um die Fertigungsprozesse an aktuelle Gegebenheiten anzupassen und so die Planrealisation zu sichern. Die Möglichkeit, „kurzfristig" einzelne computergesteuerte Maschinen und Teile des Materialflusses zu beeinflussen, reicht hierzu nicht aus. Insofern läßt sich auch über **das „S" in PPS** als deutsches Pendant zum MRP streiten.[3]

Die Steuerungsschwächen klassischer PPS-Systeme haben dazu geführt, daß in der Vergangenheit auch viel über **Fertigungsleitstände**[4] und die Integration ausgefeilterer **Steuerungskonzepte** diskutiert wurde, die sich unterschiedlich stark auf die Termin- und Kapazitätsplanung sowie auf die Auftragsveranlassung und -überwachung kon-

---

1 Vgl. ADAM (1998), S. 601.

2 In Anlehnung an DREXL/FLEISCHMANN/GÜNTHER/STADTLER/TEMPELMEIER (1994), S. 1026.

3 Vgl. KURBEL (2021), S. 378.

4 Zu Fertigungsleitständen vgl. auch BUZACOTT/CORSTEN/GÖSSINGER/SCHNEIDER (2010), S. 113 ff. und die Ausführungen im Abschnitt 3.1.4.7.

zentrieren. Hierzu zählen bspw. das Fortschrittskennzahlenkonzept (FKZ), Kanban, die Optimized Production Technology (OPT), die belastungsorientierte Auftragsfreigabe (BOA) und die retrograde Terminierung (RT), die sich in Kombination mit der jeweils passenden Produktionsstrategie und -struktur zumindest vorteilhaft auf die Mengen- und Zeitziele auswirken können (vgl. Abbildung 27). Zur ausführlichen Darstellung dieser Steuerungskonzepte sei auf die einschlägige Literatur verwiesen.[1]

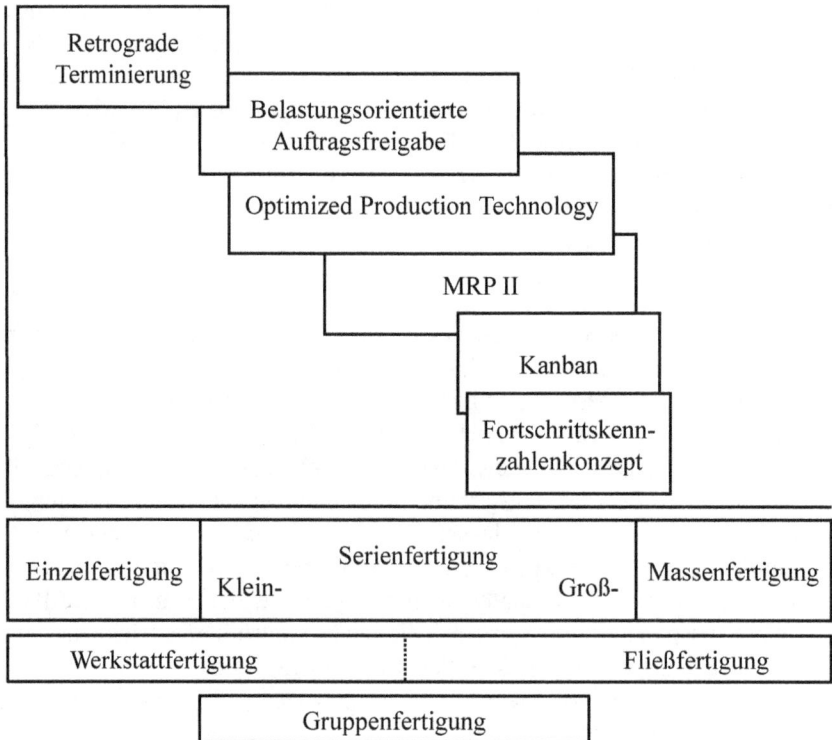

Abbildung 27: Produktionsstrategie, -struktur und -steuerungskonzept[2]

Zusammenfassend sind MRP-Systeme also nicht Produktionsplanungs- und -steuerungssysteme, sondern **Produktionsdatenverwaltungssysteme**, mit denen bestenfalls zulässige Produktions„pläne" zur Realisierung eines gegebenen Absatzplans generiert werden können.

---

1 Vgl. bspw. ADAM (1990), S. 810 ff., ADAM (1998), S. 614 ff., BUZACOTT/CORSTEN/GÖSSINGER/ SCHNEIDER (2010), S. 117 ff., BLOECH/BOGASCHEWSKY/BUSCHER/DAUB/GÖTZE/ROLAND (2014), S. 258 ff., BLOHM/BEER/SEIDENBERG/SILBER (2016), S. 417 ff., CORSTEN/GÖSSINGER (2016), S. 615 ff., SCHULTE (2017), S. 661 ff. und CORSTEN/GÖSSINGER (2022), S. 318 ff. sowie die dort jeweils zitierte Literatur.

2 In Anlehnung an ZÄPFEL (1994), S. 741 und BLOHM/BEER/SEIDENBERG/SILBER (2016), S. 420.

3.1.4.4 Computer Integrated Manufacturing (CIM)[1]

Die komplexe Datenbasis der betriebswirtschaftlich-dispositiven MRP-Systeme wird nicht zuletzt aus den Daten der **technischen Planungsbereiche** des jeweiligen Unternehmens gespeist, in denen ebenfalls Informationssysteme zum Einsatz gelangen. Aus diesem Grunde wurde in den 1980er Jahren die Idee geboren, eine gemeinsame Datenbank für den integrierten EDV-Einsatz in allen am Produktentstehungsprozeß beteiligten Abteilungen zu schaffen. Seither steht Computer Integrated Manufacturing (CIM) für das informationstechnologische Zusammenwirken der *primär betriebswirtschaftlich-dispositiven Funktionen* der soeben beschriebenen PPS-Systeme auf der Basis des MRP-Konzepts und der *primär technischen Funktionen* des Computer Aided Design (CAD), Computer Aided Planning (CAP), Computer Aided Manufacturing (CAM) und Computer Aided Quality Assurance (CAQ), wobei die Integration aller technischen Funktionen nicht selten verkürzt unter CAD/CAM zusammengefaßt wird (vgl. Abbildung 28).[2]

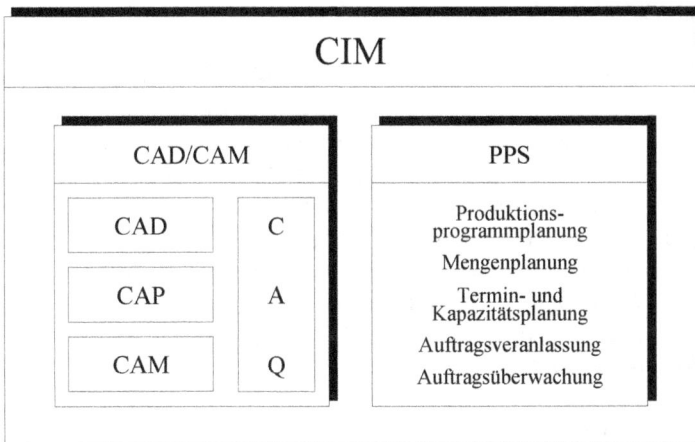

Abbildung 28:   Komponenten des Computer Integrated Manufacturing (CIM)[3]

Computer Aided Design (CAD) umfaßt den direkten und indirekten Einsatz der EDV im Produktentwicklungs- und -konstruktionsprozeß. Zum einen kann der Computer von lästigen, regelmäßig wiederkehrenden und langwierigen Routinetätigkeiten entlasten, um dem Konstrukteur einen zusätzlichen zeitlichen Spielraum für die kreativen

---

1 Vgl. ROLLBERG (1996), S. 105–114.

2 Vgl. auch im folgenden AWF (1985) und SCHEER (1990) sowie HELBERG (1987), CRONJÄGER (1990) und KURBEL (2021), S. 421 ff.

3 Abbildung in enger Anlehnung an AWF (1985), S. 10.

Aufgaben in der Konzipierungs-, Gestaltungs- und Detaillierungsphase zu eröffnen.[1] Zum anderen erfährt der Konstrukteur im interaktiven Dialog mit dem Rechner eine unmittelbare Unterstützung der verbleibenden Tätigkeiten in den drei Phasen des Konstruktionsprozesses. So ist es möglich, graphisch-interaktiv digitale zwei- oder dreidimensionale Objektdarstellungen zu generieren und zu manipulieren, technische Berechnungen durchzuführen und Zeichnungen zu erstellen. Um fortlaufend die Eigenschaften der geplanten Objekte untersuchen zu können, gelangen während des gesamten Entwicklungs- und Konstruktionsprozesses rechnergestützte Analyse- und Simulationswerkzeuge zur Anwendung, die gelegentlich unter dem Begriff *Computer Aided Engineering (CAE)* zusammengefaßt werden, im folgenden aber als integraler Bestandteil des CAD aufzufassen sind.[2] Die im CAD-System erzeugte digitale Objektdarstellung wird in der bereichsübergreifenden Datenbank abgelegt, auf die alle mit der Leistungserstellung befaßten Betriebsbereiche zurückgreifen können. Die CAD-Geometriedaten können so ohne Neueingabe zur direkten Unterstützung der NC-Programmierung im CAP weiterverwendet werden. Eine enge Datenbeziehung besteht auch zwischen CAD und MRP, weil es möglich ist, Stücklisten unmittelbar aus den technischen Zeichnungen formal abzuleiten.

Computer Aided Planning (CAP) ist ein Sammelbegriff für alle rechnergestützten Planungsaufgaben, die sich auf die Herstellung eines Zwischen- oder Endprodukts beziehen. Die Ergebnisse des Konstruktionsprozesses werden dazu genutzt, Arbeitsvorgänge und Arbeitsvorgangsfolgen EDV-unterstützt zu planen, Verfahren und Betriebsmittel für die Produktion auszuwählen oder auch neu zu entwickeln sowie Daten für die Steuerung der Betriebsmittel zu generieren. Im Ergebnis liegen dann Teilefertigungs- und Montageanweisungen in Form von Arbeitsplänen oder NC-Programmen vor. Damit aber ermöglicht CAP die Umwandlung der konstruktionsspezifischen Daten des CAD in Arbeitspläne und Steuerungsinformationen für den automatischen Einsatz der Betriebsmittel im CAM.

Computer Aided Manufacturing (CAM) sorgt unter Verwendung der im CAP generierten Steuerungsinformationen für die rechnergestützte technische Steuerung der einzelnen Betriebsmittel im Fertigungsprozeß. Der Rechnereinsatz in diesem Bereich führt zu der für moderne Maschinenkonzepte in Gestalt flexibler Fertigungsanlagen typischen Automatisierung der Produktion und Montage von Werkstücken sowie der Handhabung, des Transports und der Lagerung von Werkstücken und Werkzeugen.[3]

Computer Aided Quality Assurance (CAQ) steht schließlich für die rechnergestützte Planung und Durchführung einer den gesamten Produktentstehungsprozeß begleitenden Qualitätssicherung. Nach Festlegung relevanter, aus den Ergebnissen des Konstruktionsprozesses abgeleiteter Prüfmerkmale werden zunächst Prüfpläne und

---

1 Vgl. ADAM (1990), S. 837 und ADAM (1998), S. 676.
2 Vgl. HELBERG (1987), S. 12 f.
3 Zu den einzelnen Bestandteilen moderner Maschinenkonzepte vgl. Abschnitt 2.4.3.2.

-programme für computergestützte Meß- und Prüfeinrichtungen erstellt, ehe die eigentliche Überwachung der Merkmale am Objekt selbst erfolgen kann.

Der Einsatz der CIM-Komponenten fand zunächst nicht bereichsübergreifend statt, sondern führte zu voneinander unabhängigen, abteilungsspezifischen **Insellösungen** für spezielle Problemstellungen.[1] Der Datenaustausch zwischen diesen EDV-Inseln erfolgte manuell oder über externe Datenträger, war somit relativ langsam und fehleranfällig und stand damit im krassen Widerspruch zu den Möglichkeiten der elektronischen Datenverarbeitung und -verwaltung.

Aus diesen Unzulänglichkeiten erwuchs die Forderung, eine gemeinsame Datenbasis aller am Produktentstehungsprozeß beteiligten Abteilungen zu schaffen.[2] Durch eine derartige **Datenintegration** werden Doppelarbeiten, wie zum Beispiel mehrfache Dateneingaben, verhindert; die Zahl möglicher Fehlerquellen sinkt, Datenkonsistenz und -aktualität werden sichergestellt, und Übertragungsfehler entfallen, was letztlich sowohl den Informationsfluß als auch die Arbeitsabläufe stabilisiert und beschleunigt.

Datenbank- und benutzerfreundliche Dialogverarbeitungssysteme erhöhen darüber hinaus die Informationsverarbeitungskapazität des einzelnen Mitarbeiters, der an seinem Arbeitsplatz nunmehr problemlos auf alle relevanten Informationen zurückgreifen kann. Damit nehmen die Entscheidungsmöglichkeiten vor Ort zu, so daß übertriebene Arbeitsteilung sowohl durch horizontale als auch vertikale Reintegration von Arbeitsinhalten zurückgefahren werden kann. Eine derartige **Vorgangsintegration** vermindert die Anzahl der Mitarbeiter, die sich nacheinander auf die jeweilige Aufgabe einstellen müssen, reduziert so Einarbeitungs- und Informationsübertragungszeiten und beschleunigt wie die Datenintegration die Arbeitsabläufe.

Allerdings ist die Vorgangsintegration nur eine Eigenart der *idealtypischen* rechnerintegrierten Fabrik, denn – wie bereits zweimal erwähnt – findet die Hypothese vom Technikdeterminismus, nach der eine bestimmte Technologie zwangsläufig eine spezifische Organisationsform nach sich zieht, in der Realität keine Bestätigung. Vielmehr ergeben sich im Zusammenhang mit CIM zahlreiche Optionen der Arbeitsgestaltung, die von einer Intensivierung des *Taylorismus* bis zur ausgeprägten *Vorgangsintegration* reichen. Dabei markieren zentralistische und dezentralistische CIM-Konzepte die beiden Pole des Kontinuums **organisatorischer Gestaltungsalternativen**.[3]

Zentralistisch organisierte rechnerintegrierte Fabriken folgen dem Prinzip des rechnergestützten Neo-Taylorismus und führen zu einer Intensivierung horizontaler und vertikaler Arbeitsteilung. Die fortgeschrittene Computerisierung ermöglicht eine Zentralisierung von Werkstattfunktionen, wie Aggregate-, Materialfluß- und Fertigungssteuerung, in den technischen Abteilungen der Arbeitsvorbereitung. Spezialisierte

---

1 Vgl. HELBERG (1987), S. 5.

2 Vgl. auch im folgenden SCHEER (1990), S. 3 ff. und HELBERG (1987), S. 10.

3 Vgl. im folgenden ausführlich BEHR/KÖHLER (1988), S. 9–12.

Facharbeiter und Techniker ausgelagerter Servicebereiche sind für die Instandhaltung, Reparatur, Werkzeugvoreinstellung und Qualitätssicherung zuständig. Selbst in der Werkstatt, in der nur unmittelbar fertigungsbezogene Arbeitsinhalte, wie Handhabung, Überwachung und Einrichtung, verbleiben, kommt es zu zusätzlicher Arbeitsteilung und Hierarchisierung, denn der *rechnergestützte Neo-Taylorismus* betrachtet den Mitarbeiter primär als zu eliminierende Stör- und Restgröße in der Übergangsphase zur angestrebten vollautomatisierten, menschenleeren Fabrik.[1]

Dagegen zeichnen sich **dezentralistisch** organisierte rechnerintegrierte Fabriken durch eine reduzierte horizontale und vertikale Arbeitsteilung aus. *Systemmannschaften mit Universalqualifikation* überführen die von der Arbeitsvorbereitung vorgegebene Rahmenplanung in eine detaillierte Feinplanung, tragen volle Verantwortung für Servicefunktionen, wie zum Beispiel die Instandhaltung und Qualitätssicherung, und erfüllen verbleibende Restfunktionen selbststeuernd im Rahmen der ihnen übertragenen ganzheitlichen Arbeitsinhalte. Nur in komplizierten Fällen werden die Dienste spezialisierter Serviceabteilungen in Anspruch genommen, mit denen dann allerdings zusammengearbeitet wird. Die Vertreter dieses Konzepts waren sich bewußt, daß eine effektive Ausnutzung des Rationalisierungspotentials neuer Technologien entscheidend von den Kenntnissen und Erfahrungen qualifizierter Mitarbeiter vor Ort abhängt. Deshalb wurde eine sowohl betriebswirtschaftlich gebotene als auch die Aufgabenträger zufriedenstellende und motivierende Arbeitsorganisation parallel zur Automation vorangetrieben.

Der Übergang von zentralistisch zu dezentralistisch organisierten rechnerintegrierten Fabriken korrespondierte in hohem Maße mit dem von technik- zu humanzentrierten CIM-Konzepten. Anfangs waren CIM-Projekte von der **technikzentrierten** Idee geprägt, moderne Technologien zur Unterstützung gewachsener arbeitsteiliger Strukturen und Abläufe einsetzen zu wollen, ohne erforderliche organisatorische Anpassungsmaßnahmen zu ergreifen.[2] Doch mit der Erkenntnis, daß moderne Technologien nur in Verbindung mit einem adäquat motivierten und qualifizierten Personal die erhofften Rationalisierungseffekte zeitigen, gerieten dezentralistische und damit auch **humanzentrierte** CIM-Konzepte zunehmend in den Vordergrund.

Traditionelle CIM-Komponenten sind auf einzelne betriebliche Funktionen ausgerichtet und können prinzipiell für jedes beliebige Produkt Verwendung finden. Werden die einzelnen Insellösungen per Datenintegration miteinander verknüpft, entstehen hochkomplexe, **verrichtungsorientierte** CIM-Systeme, die in der Lage sind, *alle* Funktionen an grundsätzlich *allen* erdenklichen Objekten auszuführen.[3] Eine dermaßen hohe Funktionalität ist aber nur in Ausnahmefällen tatsächlich zweckmäßig.

---

1 Vgl. KERN/SCHUMANN (1984), S. 155 f., MENSE (1987), S. 24 und BULLINGER/GANZ (1990), S. 48.

2 Vgl. zu diesem Absatz BULLINGER/GANZ (1990), S. 48 und 50.

3 Vgl. SCHEER (1992), S. 140, 143 und SCHEER (1994), S. 544 ff.

Wenn es gelingt, auf eine übertriebene Universalität der einzelnen Funktionsmodule zu verzichten, kann die Komplexität von CIM-Systemen nachhaltig reduziert werden. **Prozeßorientierte** CIM-Konzeptionen implementieren und verknüpfen deshalb nur auf spezifische Objekt-Verrichtungskombinationen bestimmter Geschäftsprozesse spezialisierte Teilsysteme. Dadurch sinkt neben der Komplexität auch der Integrationsaufwand, weil die Wechselwirkungen zwischen den getrennten Prozessen in der Regel wesentlich schwächer sind als die zwischen den verschiedenen Funktionen innerhalb einer Prozeßkette.[1]

Gerade prozeßorientierte CIM-Konzeptionen bieten sich dazu an, nicht ausschließlich eine **innerbetriebliche**, sondern darüber hinaus auch eine **überbetriebliche** Datenintegration entlang der gesamten Wertschöpfungskette vom externen Zulieferer bis zum externen Abnehmer zu verfolgen.[2]

Die überbetriebliche Datenintegration führt nur bei verrichtungsorientierter Prägung zu einer **totalen** Integration, die nach einer bereichs- und unternehmensübergreifenden Kopplung aller informationstechnologischen *Strukturen* und *Systeme* trachtet. Dagegen hat eine **partielle** Integration lediglich die Verknüpfung einzelner Teilprozesse zu ganzheitlichen und damit eben oftmals auch überbetrieblichen *Geschäftsprozessen* zum Ziel.[3]

3.1.4.5 Enterprise Resource Planning (ERP)

Eine Erweiterung der MRP-Systeme nicht um technische, sondern um zusätzliche betriebswirtschaftliche Funktionen ließ in den 1990er Jahren die sogenannten ERP-Systeme entstehen. Dem Begriff „Enterprise Resource Planning"[4] werden Informationssysteme subsumiert, die nicht nur die Produktion, sondern alle betriebswirtschaftlichen Bereiche eines Unternehmens (wie bspw. Beschaffung, Produktion und Absatz, Anlagen-, Personal- und Finanzwirtschaft, Rechnungswesen, Logistik und Qualitätssicherung) zu unterstützen versprechen und folglich nicht nur Produktions-, sondern alle für die Geschäftstätigkeit eines Unternehmens relevanten Ressourcen berücksichtigen. ERP-Systeme gründen auf einer gemeinsamen Datenbank für den integrierten EDV-Einsatz in allen betriebswirtschaftlich bedeutsamen Unternehmensbereichen und verwirklichen damit letztlich die Idee eines **Computer Integrated Enterprise (CIE)**. Doch auch ERP-Systeme sind wie ihre MRP-Module weniger Unternehmensplanungs- als vielmehr *Unternehmensdatenverwaltungssysteme* und unterstützen vorrangig nur die Umsetzung anderweitig aufgestellter Pläne.[5]

---

1 Vgl. hierzu SCHEER (1992), S. 144 ff. und SCHEER (1994), S. 548 ff.
2 Vgl. BECKER/ROSEMANN (1993), S. 12, SCHEER (1992), S. 145 und SCHEER (1994), S. 549.
3 Vgl. BULLINGER/FÄHNRICH/NIEMEIER (1993), S. 17 und BULLINGER/NIEMEIER (1992), S. 166 f.
4 Vgl. hierzu ausführlich KURBEL (2021), S. 3 und 212 ff.
5 Vgl. FLEISCHMANN (1998), S. 52 und 55.

Mithin wurden weder durch die informationstechnologische Integration der betriebswirtschaftlichen und technischen Bereiche der Produktion (CIM) noch durch die
informationstechnologische Integration der verschiedenen betriebswirtschaftlichen
Funktionsbereiche eines Unternehmens (ERP) die Planungs- und Steuerungsdefizite
der MRP-Systeme überwunden.

3.1.4.6 Advanced Planning Systems (APS)[1]

Die aus den aufgezeigten Unzulänglichkeiten konventioneller MRP- und ERP-Systeme
erwachsenden **Planungsdefizite** lassen sich durch zusätzliche „Advanced Planning
Systems (APS)" beheben.[2] Deutlich gesteigerte Rechnerleistungen, der Preisverfall auf
dem Markt für Speicherchips und die Diskussion um das unternehmensübergreifende
„Supply Chain Management"[3] begünstigten die Entwicklung von Systemen, die zu
Recht das „P" in der Abkürzung ihres Namens führen, wenngleich nun mit einem
Augenzwinkern über die Berechtigung des „A" gestritten werden kann; denn nur wer
die Datenverwaltung mit MRP-Systemen als Planung ansieht, wird die Planung mit
APS-Systemen als fortgeschritten bezeichnen.[4]

Grundsätzlich ergeben sich die Aufgaben der APS aus der „Supply-Chain-Planungsmatrix" (vgl. Abbildung 29).[5] Die **Planungsaufgaben** sind horizontal nach betrieblichen Funktionsbereichen in Beschaffung, Produktion, Distribution und Absatz sowie
vertikal nach der Fristigkeit der Planung in lang-, mittel- und kurzfristig unterteilt.
Dementsprechend ergeben sich in der Matrix kachelartig angeordnete Planungsmodule,
die untereinander in wechselseitiger Beziehung stehen. Während die strategische Netzwerkplanung, die Absatzplanung, die Auftragsannahme und Verfügbarkeitsprüfung,
die Hauptproduktionsprogrammplanung, die Distributionsplanung und die Transportplanung eine netzwerkweite Perspektive einnehmen, sind die Materialbedarfs- sowie
die Produktionsgrob- und -feinplanung auf das Einzelunternehmen bezogen.

Da das Verhältnis zwischen *Netzwerk* und *Einzelunternehmen* strukturell vergleichbar
mit dem zwischen *Unternehmen* und *Einzelbetrieben* ist, können alle Planungsmodule
der APS grundsätzlich auch in einem Einzelunternehmen in Ergänzung zum jeweiligen
MRP- oder ERP-System zum Einsatz gelangen und so die Möglichkeit zu einer
hierarchisch integrierten Produktionsplanung unter Berücksichtigung von Knappheiten und monetären Erfolgszielen eröffnen.[6] Hierarchisch werden mit den entspre-

---

1 Vgl. HERRMANN/ROLLBERG (2013), S. 20 f. und ausführlicher ROLLBERG (2018a), S. 1252 ff.

2 Vgl. hierzu CORSTEN/GÖSSINGER (2008), S. 160 ff., CORSTEN/GÖSSINGER (2016), S. 604 ff., GÜN-
THER/TEMPELMEIER (2016), S. 332 ff. sowie KURBEL (2021), S. 4 f. und 481 ff.

3 Vgl. hierzu Unterkapitel 3.3.

4 Ähnlich argumentieren auch GÜNTHER/TEMPELMEIER (2016), S. 344.

5 Vgl. ROHDE/MEYR/WAGNER (2000) und MEYR/WAGNER/ROHDE (2015).

6 Zur hierarchisch integrierten Produktionsplanung vgl. ausführlich die Abschnitte 4.1.4 und 4.1.5.

chenden APS-Modulen zunächst die lang-, dann die mittel- und schließlich die kurzfristigen Teilpläne aufgestellt. Doch im Gegensatz zur reinen Sukzessivplanung der
MRP- und ERP-Systeme lassen APS zur Koordination der Teilplanungen neben dem
Informationsfluß von oben nach unten auch *Rückkopplungen* von unten nach oben zu,
die auf übergeordneten Ebenen Neuplanungen mit verbessertem Informationsstand
auslösen können.[1] Die kachelartig angeordneten Planungsmodule, die untereinander in
wechselseitiger Beziehung stehen, sollen im folgenden kurz aus der *Einzelunterneh-
mensperspektive* erläutert werden.[2]

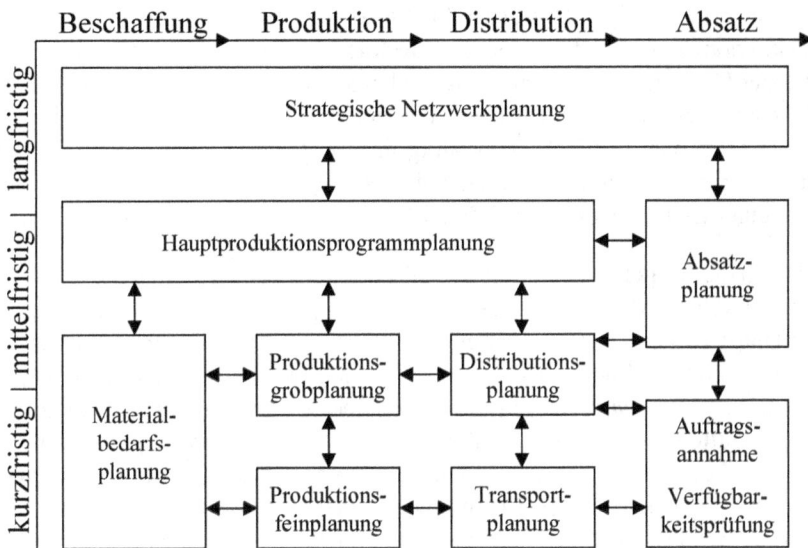

Abbildung 29: Funktionsumfang von Advanced Planning Systems (APS)[3]

Aus der Sicht eines einzelnen Unternehmens entspricht das Modul der **strategischen
Netzwerkplanung** am ehesten der **strategischen Unternehmensplanung** als Aufgabe
der *Unternehmensleitung.* Sie ist mit der Unternehmenskonfiguration im weitesten
Sinne befaßt und erstreckt sich auf die Gestaltung der Unternehmensorganisation,
auf die Auswahl einzusetzender Technologien sowie auf die Festlegung grundsätzlich
zu beackernder Produktfelder und daraus resultierender aggregierter langfristiger
Absatz-, Produktions- und Materialprogramme sowie Potentialfaktorkapazitäten.

---

1 Vgl. CORSTEN/GÖSSINGER (2008), S. 173 ff.

2 Zur folgenden Charakterisierung der APS-Planungsmodule vgl. FLEISCHMANN/MEYR/WAGNER
(2015), S. 76 ff. und MEYR/WAGNER/ROHDE (2015); vgl. vertiefend STADTLER/KILGER/MEYR
(2015), Teil II.

3 Geringfügig modifizierte Abbildung aus ROHDE/MEYR/WAGNER (2000), S. 10.

Gegenstand der mittelfristigen **Absatzplanung** durch die *Absatzbereichsleitung* ist zunächst die Prognose produktgruppen- und periodenspezifischer Absatzpotentiale unter Berücksichtigung verschiedener absatzpolitischer Maßnahmenkombinationen. Darauf aufbauend sind die erfolgversprechendsten Kombinationen auszuwählen sowie die mit ihnen korrespondierenden und später an die Hautproduktionsprogrammplanung zu übermittelnden aggregierten Absatzpotentiale zu bestimmen.

Die wesentlichen Module der APS zur Behebung der Planungsdefizite der entsprechenden Stufen der MRP- und ERP-Systeme sind freilich die Hauptproduktionsprogramm-, die Materialbedarfs- sowie die Produktionsgrob- und -feinplanung. Gegenstand der aggregierten mittelfristigen **Hauptproduktionsprogrammplanung** in Verantwortung der *Produktionsbereichsleitung* ist die deckungsbeitragsorientierte Festlegung der Grund- oder Hauptprodukte nach Art und Menge unter Beachtung gegebener Absatz- und Beschaffungspotentiale sowie verfügbarer Produktionskapazitäten. Hierzu läßt sich ein lineares oder gemischt-ganzzahlig lineares Optimierungsmodell der Produktionsprogrammplanung aufstellen, das den Deckungsbeitrag oder Gewinn des Unternehmens unter Einhaltung entsprechender Nebenbedingungen maximiert.

Danach sind die festgelegten aggregierten Produktionsmengen der Grund- oder Hauptprodukte im Rahmen der **Produktionsgrobplanung** in den einzelnen Fertigungsbetrieben des Unternehmens in produktarten- und variantenspezifische Produktionsmengen zu disaggregieren. Schließlich erfolgt eine *kosten- und kapazitätsorientierte mehrstufige Losgrößenplanung*, die mit der Materialbedarfsplanung einerseits und mit der Produktionsaufteilungs-, Auftragsreihenfolge- und Maschinenbelegungsplanung auf *Betriebsmittelgruppenebene* als wesentlichen Elementen der **Produktionsfeinplanung** andererseits eng rückgekoppelt ist. In einem iterativen Prozeß kommt es so zu einer Annäherung an das Ideal der kostenorientierten Lossequenzplanung als simultaner Losgrößen- und Maschinenbelegungsplanung.

Die Aufgaben der **Materialbedarfsplanung** entsprechen weitgehend denen der Mengenplanung in klassischen MRP-Systemen.[1] Zum einen sind die Bruttosekundärbedarfe an Repetierfaktoren künftiger Perioden entweder programm- oder verbrauchsgebunden zu bestimmen. Zum anderen sind diese Bruttosekundärbedarfe in grob terminierte Nettosekundärbedarfe und konkrete Bestellmengen zu überführen. Dabei werden in APS die Sekundärbedarfe *potentieller Engpaßfaktoren* nicht mehr getrennt von den Kapazitätsplanungen in der Produktionsgrob- und -feinplanung betrachtet.[2] Nur bei der Terminierung der Sekundärbedarfe *unkritischer Faktoren* wird unter Berücksichtigung der bereits eingeplanten kritischen Arbeitsgänge auf eine feste Vorlaufzeitverschiebung zurückgegriffen.

---

1 Vgl. Abschnitt 3.1.4.3.
2 Vgl. auch im folgenden STADTLER (2015), S. 214.

Ergänzt werden die produktionswirtschaftlichen Teilplanungen von einer mittelfristigen **Distributionsplanung** und einer kurzfristigen **Transportplanung**, wobei sich letztere je nach Aufgabenteilung zwischen Lieferant und Unternehmen auch auf Beschaffungsvorgänge beziehen kann.

Schließlich ermöglicht es das Modul **Auftragsannahme und Verfügbarkeitsprüfung**, den Kunden präzise Liefertermine zuzusichern – und zwar nicht nur wenn die nachgefragten Endproduktmengen aus bereits eingeplanten Produktionsaufträgen heraus reserviert werden können (*ATP für „Available-to-Promise"*), sondern auch wenn neue Produktionsaufträge zu initiieren sind und lediglich Materialien und Kapazitäten reserviert werden können (*CTP für „Capable-to-Promise"*), wie bei Auftragsfertigern üblich.[1]

Anstatt Knappheiten zu ignorieren oder „halbherzig" erst spät im Planungsprozeß zu berücksichtigen, erfassen APS von Anfang an potentielle Kapazitätsengpässe direkt über gleichzeitig einzuhaltende Restriktionen innerhalb einer Planungsebene und indirekt über hierarchische Rückkopplungen auch zwischen den Ebenen. Insofern verwirklichen APS die Idee der **Engpaßplanung**, die sich stets am „Minimumsektor"[2] orientiert, und innerhalb einzelner Planungsstufen sogar die Idee der Simultanplanung.

Zur Umsetzung der hierarchisch integrierten, engpaßorientierten Planung nutzen APS in Abhängigkeit von der jeweiligen Planungsstufe sowohl klassische als auch moderne **mathematische Planungsverfahren**.[3] Dabei fällt auf, daß zur Bewältigung der Probleme auf *oberen Planungsebenen* verstärkt auf die seit Jahrzehnten bekannten Algorithmen der linearen und der gemischt-ganzzahligen linearen Optimierung zurückgegriffen wird. Lineare und gemischt-ganzzahlige lineare Modelle sind bestens dazu geeignet, die groben Problemstellungen einer eher langfristigen Planung (wie bspw. der Hauptproduktionsprogrammplanung) mit ihren zahlreichen Nebenbedingungen adäquat abzubilden. Auf *unteren Planungsebenen* wird vor allem mit modernen Metaheuristiken gearbeitet, um die dort häufig zu bewältigenden kombinatorischen Optimierungsprobleme (bspw. der Produktionsablaufplanung) mit ihrer nur schwachen mathematischen Struktur schnell einer „möglichst guten" Lösung zuzuführen.[4]

Ermöglicht wird die hierarchisch integrierte, engpaßorientierte Produktionsplanung mit APS erst durch die sogenannte **Hauptspeicherresidenz**. Wegen des Preisverfalls auf dem Markt für Speicherchips werden Rechner mit mehreren Tera-, Peta- und bald wohl auch Exa-, Zetta- und Yottabytes umfassenden Hauptspeichern bezahlbar, die eine arbeitsspeicherresidente Verwaltung aller für die Planung erforderlichen Daten

---

1 Vgl. SYDOW/MÖLLERING (2015), S. 261.
2 Vgl. GUTENBERG (1983), S. 164 f.
3 Vgl. hierzu bspw. CORSTEN/GÖSSINGER (2008), S. 170 ff.
4 Zu den sogenannten Metaheuristiken (vgl. bspw. VOSS/FIEDLER/GREISTORFER (2000)) zählen sowohl naturanaloge Verfahren (vgl. bspw. GREB/ERKENS/KOPFER (1998)) als auch moderne Varianten der lokalen Suchverfahren (vgl. bspw. WÄSCHER (1998)).

erlauben und daher während der Planung auf langsame Zugriffe auf die Festplatte verzichten können.[1] Hauptspeicherresidenz beschleunigt den Planungsprozeß erheblich. Früher prohibitiv lange Rechenzeiten beanspruchende Lösungsalgorithmen werden effizient, und der modellier- und lösbare Problemumfang nimmt deutlich zu.

3.1.4.7 Manufacturing Execution Systems (MES)[2]

Um die aus den aufgezeigten Unzulänglichkeiten konventioneller MRP- und ERP-Systeme erwachsenden **Steuerungsdefizite** zu beheben, kann wiederum auf sogenannte „Manufacturing Execution Systems (MES)" zurückgegriffen werden.[3] Sie sind das Verbindungsglied zwischen MRP-/ERP-Systemen und auszuführenden Produktionsprozessen. MES übernehmen die Aufgaben der Steuerungsphase dieser Systeme und versorgen sie gleichzeitig mit Echtzeitdaten über verfügbare Ressourcen und den Produktionsfortschritt. Im allgemeinen können modular aufgebaute MES die in Abbildung 30 aufgeführten Aufgaben erfüllen.

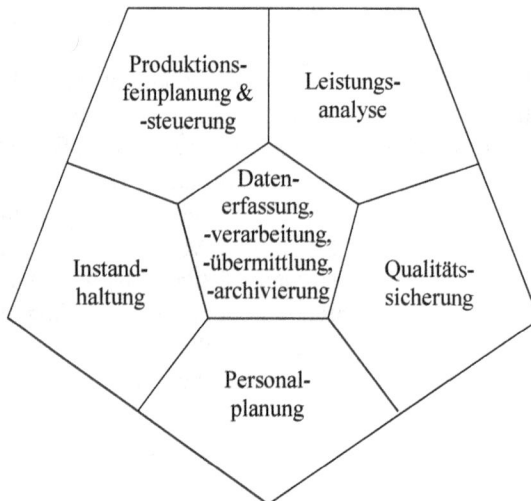

Abbildung 30:   Funktionsumfang von Manufacturing Execution Systems

Die Hauptaufgabe eines MES besteht in der zeit- und ereignisnahen **Datenerfassung, -verarbeitung, -übermittlung und -archivierung** mit Hilfe von sensor-, scanner-

---

1 Vgl. KILGER (1998), S. 54.

2 Vgl. HERRMANN/ROLLBERG (2013), S. 21 ff. und ausführlicher ROLLBERG (2018a), S. 1257 ff.

3 Vgl. hierzu OLBRICH/LOUIS (2012), SCHULTE (2017), S. 684 ff. und KURBEL (2021), S 378 ff. sowie vertiefend THIEL (2011) und KLETTI (2015).

oder funksignalgestützten Betriebs- und Maschinendatenerfassungssystemen (BDE-und MDE-Systemen), um in Echtzeit auf Störungen und Eilaufträge reagieren und so einen weitgehend reibungslosen Produktionsablauf gewährleisten zu können.[1] Die Echtzeitdaten werden unmittelbar im MES zu Steuerungszwecken genutzt und an das MRP-/ERP-System weitergeleitet, um im Sinne einer „Feedforward-Rückkopplung"[2] auch für Planungszwecke auf übergeordneten Ebenen zur Verfügung zu stehen.

Unter Rückgriff auf die bereits archivierten Daten und einen vom MRP-/ERP-System übermittelten grob terminierten Auftragsbestand sind MES im Rahmen der **Produktionsfeinplanung und -steuerung** mit der Produktionsaufteilungs-, Auftragsreihenfolge- und Maschinenbelegungsplanung auf *Einzelbetriebsmittelebene* sowie je nach Arbeitsteilung zwischen MRP-/ERP-System und MES gegebenenfalls auch mit der Auftragsveranlassung und mit der Auftragsüberwachung befaßt.[3]

Hierzu sind Informationen über den Zustand und die Verfügbarkeit der benötigten Potentialfaktoren erforderlich. Für die Einsatzbereitschaft der Maschinen und die diesbezüglichen Informationen ist die **Instandhaltung** zuständig, die Inspektions- und Wartungskalender führt sowie die vorbeugende und schadensbedingte Erneuerung von Anlagenteilen verwaltet.[4]

Über Informationen zu den Qualifikationen, zu den voraussichtlichen Anwesenheits- und Schichtzeiten sowie aus Personalzeiterfassungssystemen (PZE-Systemen) zu in der Vergangenheit geleisteten Arbeitszeiten der Mitarbeiter verfügt die **Personalplanung**, die mit der Erstellung von Einsatzplänen betraut ist.[5]

Die **Qualitätssicherung** ist sowohl präventiv als auch reaktiv ausgerichtet und bezieht sich auf Produkte und Prozesse sowie zur Vermeidung von Qualitätseinbußen durch minderwertige Werkstoffe auch auf die eingehenden Lieferungen.[6]

Schließlich versorgen MES die verschiedenen Unternehmensbereiche, das Unternehmenscontrolling und die Unternehmensleitung mit spezifischen Leistungsübersichten und -berichten.[7] Dabei werden nicht nur technische Daten aufbereitet und kommuniziert. Vielmehr umfassen die **Leistungsanalysen** durch Verknüpfung technischer und monetärer Größen auch Wirtschaftlichkeitsbetrachtungen, Kostenkalkulationen und entscheidungsorientierte Soll-Ist-Vergleiche beispielsweise zur kurzfristigen Steuerung der Kostenentwicklung von in der Fertigung befindlichen Aufträgen.

---

1 Vgl. KLETTI (2015), S. 19 ff., 31 ff., 67 ff. und 82 ff.
2 Vgl. SCHNEEWEISS (1992), S. 83 f. Vgl. auch Abschnitt 4.1.4.
3 Vgl. THIEL/MEYER/FUCHS (2008), S. 93 ff.
4 Vgl. KLETTI (2015), S. 120 ff. und THIEL/MEYER/FUCHS (2008), S. 127 f.
5 Vgl. KLETTI (2015), S. 131 ff. und THIEL (2011), S. 119 f.
6 Vgl. KLETTI (2015), S. 150 ff.
7 Vgl. auch im folgenden THIEL (2011), S. 189 ff. und 682 f.

Der Überlappungsbereich von APS und MES ist die *Produktionsfeinplanung*. Während die Auftragsreihenfolge- und Maschinenbelegungsplanung auf *Betriebsmittelgruppenebene* aus den MRP-/ERP-Systemen in die APS abgewandert sind und sich dort zu einer konsequent kapazitätsorientierten Ablaufplanung weiterentwickelt haben, obliegen die nach der Auftragsfreigabe angesiedelte Auftragsreihenfolge- und Maschinenbelegungsplanung auf *Einzelbetriebsmittelebene* wie auch die sich anschließende echtzeitfähige Produktionsüberwachung und -steuerung den MES. Damit erinnern MES auffällig an mit der Produktionsfeinplanung und -steuerung betraute elektronische **Fertigungsleitstände**, die bereits in den 1980er Jahren konventionelle PPS-Systeme unterstützten.[1] Derartige Leitstände wurden schon früh mit Betriebsdatenerfassungssystemen (BDE-Systemen) verknüpft, die zeit- und ereignisnahe Ist-Daten hinsichtlich des Produktionsfortschritts und des Faktoreinsatzes zur Verfügung stellten, um so eine Anpassung der Fertigung an aktuelle Gegebenheiten zu ermöglichen.[2] Zusätzlich um Maschinendatenerfassungssysteme (MDE-Systeme) und Funktionalitäten der technischen Steuerung ergänzte Leitstände werden als **Fertigungsleitsysteme** bezeichnet.[3] Sie erlauben neben der betriebswirtschaftlich-dispositiven Auftragsüberwachung und -steuerung auch die technische Überwachung und Steuerung der einzelnen Betriebsmittel („Computer Aided Manufacturing (CAM)") sowie die rechnergestützte Qualitätssicherung („Computer Aided Quality Assurance (CAQ)") und Instandhaltung im CIM. In Abbildung 31 sind die Teilfunktionen von Fertigungsleitsystemen dargestellt, wobei die große Ähnlichkeit (vgl. grau schattierte Kästen) mit dem Funktionsumfang heutiger MES deutlich wird.

Auf Grund gestiegener Rechnerleistungen ist die von MES im Vergleich zu früheren Fertigungsleitsystemen beherrschbare Produktionskomplexität größer, ihre Steuerungsergebnisse sind besser, und ihre Handhabung ist einfacher. Auch die technischen Möglichkeiten der Aufgabenintegration sind gewachsen. Der konsequente Einsatz echtzeitfähiger faktorspezifischer Informationssysteme (BDE, MDE, PZE) sowie von Simulationswerkzeugen zur Unterstützung des Disponenten bei der Produktionsfeinplanung und der störungsbedingten Umdisponierung führt zu einer deutlich besseren Produktionssteuerung mit MES als mit MRP-/ERP-Systemen.[4] Damit lassen sich die MRP/ERP-immanenten Planungsmängel zwar nicht beheben, wohl aber die aus ihnen resultierenden Symptome in Form von Planabweichungen abmildern.[5] Doch letztlich geht es weiterhin nur um *Zulässigkeit* der „Pläne" und im Falle aufgetretener Störungen um *Improvisation*.

---

1 Vgl. MARCZINSKI (2008), S. 62.
2 Vgl. SCHEER (1990), S. 27.
3 Vgl. KURBEL (2021), S. 385.
4 Vgl. THIEL (2011), S. 680 ff.
5 Vgl. PISCHKE (2005), S. 26.

```
                    ┌─────────────────────────────┐
                    │   Fertigungsleitsystem      │
                    └─────────────────────────────┘
```

| Instandhaltung | Betriebsmittel-verwaltung | BDE/MDE | Materialfluß-steuerung |

| NC-Programm-verwaltung | graphischer Leitstand | Qualitäts-steuerung und -überwachung | Daten-aufbereitung |

| Belegungs-planung | Lager-verwaltung | Fertigungs-hilfsmittel-verwaltung | Kapazitäts-überwachung |

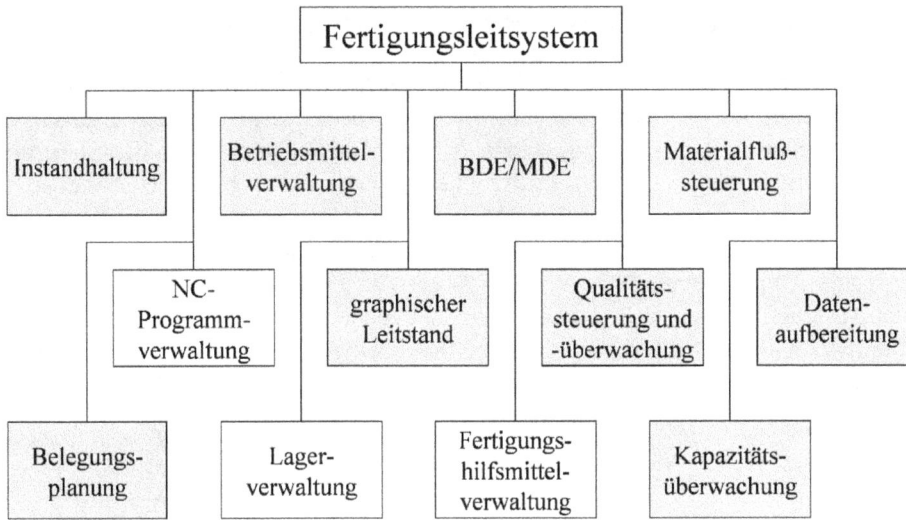

Abbildung 31:   Zusammenhang zwischen Fertigungsleitsystem und MES[1]

Nur wenn das MRP-/ERP-System nicht nur das MES mit den Produktionsplänen aus dem APS, sondern auch das APS mit relevanten Ist-Daten aus dem MES versorgt, ist eine wirkungsvolle Rückkopplung aus der Steuerungs- in die Planungsebene möglich. Hierzu sind im Sinne eines **Event Management** die Echtzeitdaten des MES automatisch mit zuvor definierten kritischen Grenzwerten zu vergleichen und alarmierende Soll-Ist-Abweichungen als Ereignisse („Events"), die einen Handlungsbedarf auslösen, an den jeweiligen Entscheidungsträger zu melden.[2] Im Vorfeld sollte ein Katalog aufgestellt werden, der zumindest für ausgewählte typische Störfälle jeweils verschiedene Gegenmaßnahmen ausweist.[3] Grundsätzlich kann unmittelbar auf der Ausführungsebene (bspw. Anordnung von Überstunden bei Verspätungen), auf der Steuerungsebene (bspw. alternative Belegungspläne bei einem Maschinenausfall) und auf der Planungsebene (Neuplanung) auf Störungen reagiert werden. Die Auswirkungen der einzelnen Gegenmaßnahmen auf der Ausführungs- und auf der Steuerungsebene sind im MES und auf der Planungsebene im APS zu simulieren und zu bewerten, wobei die nächsthöhere Ebene nur zu betrachten ist, wenn sich auf der vorgelagerten Ebene keine zufriedenstellende Lösung finden läßt. Mit der aus Sicht des Disponenten erfolgversprechendsten Maßnahme der niedrigstmöglichen Ebene ist das Problem zu beheben.

---

1 In Anlehnung an JOSTOCK (1994), S. 30.

2 Vgl. auch im folgenden SCHNEIDER/RÜCKER/NÄGELEIN (2015).

3 Zum Thema „Störfallkatalog" vgl. auch HERRMANN (2018), S 151 ff.

3.1.4.8 Zusammenhang zwischen MRP, ERP, APS, MES und CIM[1]

Eine Kopplung elektronischer Leitstände mit BDE/MDE-Systemen zu Fertigungsleitsystemen eröffnet, wie bereits erläutert, neben der betriebswirtschaftlich-dispositiven
Auftragssteuerung auch die Möglichkeit zur Unterstützung der technischen Steuerung
der Produktionsanlagen im CIM. Insofern liegt es nahe, die einzelnen MES-Aufgaben
auch in das Aufgabenspektrum von CIM-Konzepten einzuordnen. In Abbildung 32 ist
der Funktionsumfang heutiger **MES** als „fett" umrandeter Bereich in dem um die BDE
ergänzten Aufgabenspektrum von **CIM** dargestellt. Die schraffierten Flächen sollen
zum Ausdruck bringen, daß die Aufgaben der Produktionsfeinplanung und des CAM
in unterschiedlichem Ausmaße von den MES übernommen werden können. Mithin
decken MES auch einen nicht unerheblichen Teil der CIM-Funktionalitäten ab.

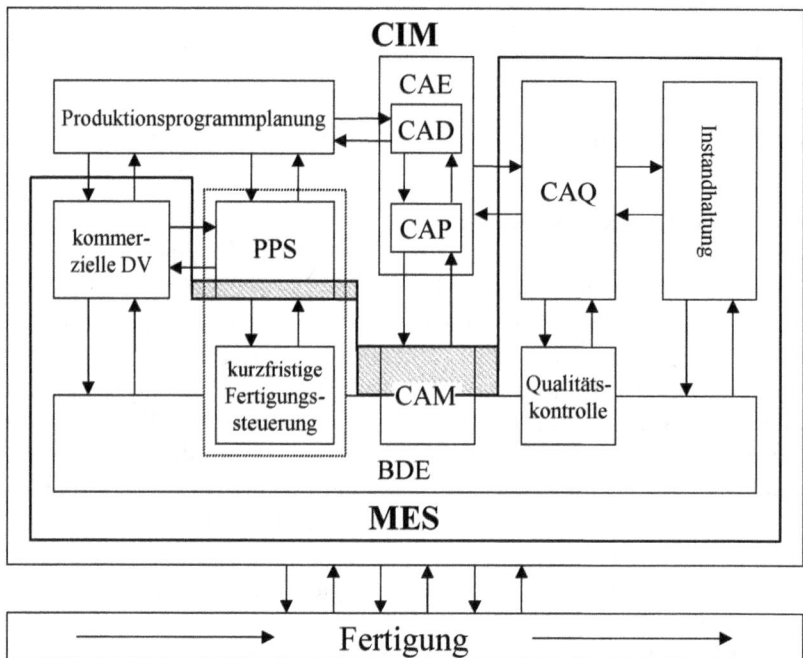

Abbildung 32:   Zusammenhang zwischen CIM und MES[2]

MES sind auf Informationen über die eingeplanten Aufträge aus den MRP/ERP-Syste-
men angewiesen und übermitteln ihnen im Gegenzug „Echtzeitinformationen" über
verfügbare Kapazitäten und den Produktionsfortschritt. **APS** sind wiederum auf Informationen über die grundsätzlich verfügbaren Produktionsfaktoren aus den MRP/ERP-

---

1 Vgl. HERRMANN/ROLLBERG (2013), S. 23 ff.
2 Modifikation einer Abbildung aus ROSCHMANN (1990), S. 7.

Systemen angewiesen und versorgen selbige mit weiterzuverarbeitenden Planungsergebnissen. Bei gleichzeitigem Einsatz aller drei Systeme nehmen **MRP/ERP-Systeme** damit nur noch die Funktion einer *zentralen Datenbank* als Fundament der *Produktionsplanung mit APS* und der *Produktionssteuerung mit MES* ein (vgl. dritte Stufe in Abbildung 33). Das MRP/ERP-System versorgt dann das MES mit den zu realisierenden groben Produktionsplänen aus dem APS und das APS im Sinne einer „Feedforward-Rückkopplung" mit den erhobenen Daten aus dem MES.

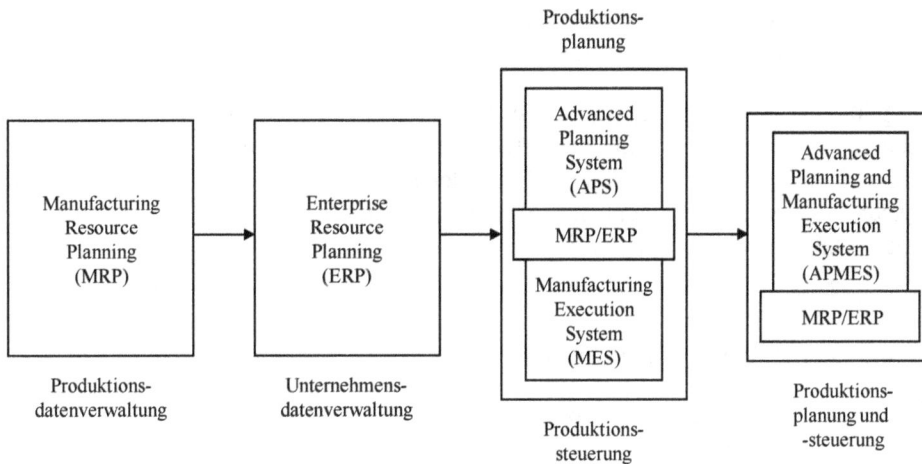

Abbildung 33: Zusammenhang zwischen MRP, ERP, APS und MES

Doch trotz der grundsätzlich unterschiedlichen Aufgaben der APS und MES ist mittelfristig weniger ein „Nebeneinander" als vielmehr ein „Zusammenwachsen" der Systeme zu einer neuen Generation von Produktionsplanungs- und -steuerungssystemen zu erwarten. Beide Systeme weisen Schnittmengen in den Bereichen der Produktionsfeinplanung und Auftragsüberwachung auf. Für die Feinplanung greifen viele MES-Anbieter auf die in APS eingesetzten heuristischen Lösungsverfahren zurück, da ihnen auf diesem Gebiet die entsprechende Expertise fehlt.[1] Daher kann für dieses Aufgabengebiet von einer **Konvergenz der Systeme** gesprochen werden, die dazu führt, daß MES-Anbieter „über kurz oder lang ein eigenes APS-Modul anbieten müssen".[2] Gleichzeitig ist eine Ergänzung der APS um MES-Funktionalitäten, wie Datenerfassung, Leistungsanalyse oder Berichterstattung, zu beobachten.[3]

---

1 Vgl. THIEL (2011), S. 64 f.

2 THIEL (2011), S. 383.

3 Vgl. BRETZKE/KLETT (2004), S. 147 ff., CORSTEN/GÖSSINGER (2008), S. 187 ff. und KURBEL (2021), S. 477 ff.

Die relative Bedeutung der APS und MES hängt dabei von der zugrundeliegenden **Produktionsorganisation** ab. Ausgehend von den beiden Extremformen der Produktionsorganisation läßt sich vereinfachend formulieren, daß bei Fließfertigung tendenziell mehr zu planen und weniger zu steuern und bei Werkstattfertigung tendenziell weniger zu planen und mehr zu steuern ist. Insofern sind originäre *APS-Funktionalitäten* bei einer *prozeßorientierten* Organisationsgestaltung mit eher *kontinuierlichen* Produktionsabläufen relativ wichtiger als originäre MES-Funktionalitäten. Demgegenüber sind originäre *MES-Funktionalitäten* bei einer *verrichtungsorientierten* Organisationsgestaltung mit eher *diskontinuierlichen* Produktionsabläufen relativ wichtiger als originäre APS-Funktionalitäten.[1]

Endpunkt der beschriebenen Konvergenz beider Systeme könnten daher modular aufgebaute **„Advanced Planning and Manufacturing Execution Systems (APMES)"** sein (vgl. vierte Stufe in Abbildung 33), die den konkreten Bedürfnissen des jeweiligen Nutzers anzupassen sind und in Abhängigkeit von der jeweils zu unterstützenden Produktionsorganisation eher APS oder eher MES ähneln.

3.1.4.9 Zur Zukunftsvision „Industrie 4.0"[2]

Insbesondere für die Erfassung von Betriebsdaten zum Produktionsfortschritt und zum Faktoreinsatz durch **MES** bietet sich die sogenannte **Radiofrequenz-Identifikation (RFID)** an.[3] Hierbei sind die zu überwachenden Objekte mit Transpondern (RFID-Etiketten), bestehend aus Mikrochip und Antenne, versehen, um von RFID-Lesegeräten oder -stationen identifiziert werden zu können. *Passive Transponder* verfügen weder über eine eigene Energiequelle noch über eine eigene Steuerung und werden vor einer Datenauslesung über vom RFID-Leser ausgesendete elektromagnetische Wellen aktiviert. Dagegen besitzen *aktive Transponder* eine Batterie, die sie in die Lage versetzt, selbst Daten zu senden und gegebenenfalls sogar neue Daten zu speichern.[4]

Objekte lassen sich freilich nicht nur mit mehr oder weniger leistungsfähigen Transpondern zu ihrer Identifikation und Lokalisierung, sondern auch mit größeren Speichern, Mikroprozessoren oder Mikrocontrollern als „eingebetteten Systemen" ausstatten, die sie zu **„Smart Objects"** machen. *Werkstücke* sind bereits „smart", wenn sie auf einem Speicherchip ihre Arbeitspläne sowie Zustandsinformationen über ihren Bearbeitungsstatus und ihre qualitativen Eigenschaften mit sich führen.[5] Dagegen zeichnen sich „smarte" *Betriebsmittel* durch eingebettete Systeme aus, die aus Hard- und Softwarekomponenten sowie aus Sensoren und Aktoren bestehen. Sie sind in der

---

1 Vgl. MARCZINSKI (2008), S. 64 und KLETTI (2006), S. 37 f.
2 Vgl. ROLLBERG (2018a), S. 1260 ff.
3 Vgl. auch im folgenden KURBEL (2021), S. 560 ff.
4 Vgl. CHEMNITZ/SCHRECK/KRÜGER (2015), S. 17.
5 Vgl. HERKOMMER/HIEBLE (2014), S. 45 und PESSL/ORTNER/SCHWEIGER (2014), S. 60 f.

Lage, vordefinierte Umweltreize mit *Sensoren* wahrzunehmen und mit installierten Programmen über Wenn-dann-Befehle mit zweckmäßigen Reaktionen zu verknüpfen und in Signale umzuwandeln, die ausgewählte *Aktoren* die entsprechenden Reaktionen automatisch ausführen lassen.[1]

Werden in die Programme von „Smart Objects" zusätzlich Sensor- und Aktorpotentiale anderer „Smart Objects" integriert, entstehen **„Smart Systems"**, in denen die einzelnen Objekte auf Programmebene miteinander kommunizieren. Dies erlaubt komplexere *Reiz-Reaktionsverknüpfungen* und damit eine weitergehende Automation der Produktionssteuerung. Unter Einsatz der *Internet-Technologie* miteinander vernetzte „Smart Systems" werden als **cyber-physische Systeme (CPS)** oder konkreter als cyber-physische Produktionssysteme (CPPS) bezeichnet.[2]

Eine **„Smart Factory"** besteht aus mehreren CPS und anderen „Smart Objects". In ihr ist die *physische* Welt der Maschinen, Werkstoffe und Produkte mit der *virtuellen* Welt der Daten, Kodes und Programme zu einer Einheit verschmolzen.[3] Die Objekte der physischen Welt oder genauer die in ihnen eingebetteten Rechner, die jeweils über eine eigene IP-Adresse verfügen, können im globalen **Internet der Dinge** miteinander kommunizieren und sind damit nicht mehr nur identifizierbar und lokalisierbar, sondern sogar aus der Ferne und über Unternehmensgrenzen hinweg adressierbar, kooperationsfähig und steuerbar, was auch unternehmensübergreifende Automatisierungsmöglichkeiten weiter steigert.[4]

Dieses Szenario wird seit einiger Zeit unter dem Schlagwort **„Industrie 4.0"** diskutiert,[5] was zum Ausdruck bringt, daß mit dem Internet der Dinge und den CPS eine *vierte industrielle Revolution* eingeläutet worden sein soll – nach der Mechanisierung der Produktion ab Mitte des 18. Jahrhunderts (Dampfmaschine, mechanischer Webstuhl), der Elektrifizierung der Produktion ab Ende des 19. Jahrhunderts (Elektrizität, Fließband) und der Automatisierung der Produktion ab den 70er Jahren des 20. Jahrhunderts (Mikroelektronik, NC-Maschine).[6] Eigentlich aber wird der Weg der Automatisierung mit Hilfe der Mikroelektronik der dritten industriellen Revolution lediglich weiter beschritten. Dieser Weg führte bereits im vergangenen Jahrhundert von der Einführung speicherprogrammierbarer Mikroprozessoren in die Produktion über numerisch gesteuerte Bearbeitungsmaschinen zu zentralen rechnergestützten Fertigungsleitsystemen. Danach ging es weiter zur *zentralen automatisierten Steuerung mit MES* und unter dem

---

1 Zum Design von „Smart Objects" und „Smart Systems" vgl. auch im folgenden ausführlich NOENNIG/SCHMIEDGEN/GÄBLER/MANH (2016).

2 Vgl. bspw. CHEMNITZ/SCHRECK/KRÜGER (2015), S. 17, HERKOMMER/HIEBLE (2014), S. 44, PESSL/ORTNER/SCHWEIGER (2014), S. 60 und KURBEL (2021), S. 567 ff.

3 Vgl. BLOHM/BEER/SEIDENBERG/SILBER (2016), S. 463 und KURBEL (2021), S. 572 ff.

4 Vgl. KURBEL (2021), S. 576 ff. sowie WESTKÄMPER/LÖFFLER (2016), S. 157 ff. und 172 ff.

5 Vgl. zu diesem Themenkomplex bspw. STEVEN (2019), insbesondere Unterkapitel 3.2 und 4.3.

6 Vgl. bspw. BARTHELMÄS/FLAD/HAUSSMANN/KUPKE/SCHNEIDER/SELBACH (2017), S. 38 ff. und DRATH/HORCH (2014), S. 56.

Einfluß der Internet-Technologie schließlich zur *dezentralen autonomen Steuerung mit CPS*. Insofern wäre es angebrachter, diese evolutorische Entwicklung hin zur internetgestützten unternehmensin- und -externen Vernetzung von Produktionsfaktoren mit **Industrie 3.1** oder **MES 2.0** zu umschreiben.[1]

Grundsätzlich ist zu erwarten, daß eine umfassende Vernetzung von CPS, die echtzeitnah Daten über Sensoren erfassen und verarbeiten, die Informationen untereinander austauschen, die vorprogrammierte Entscheidungen treffen und über Aktoren automatisch ausführen und die sich über RFID und das Internet der Dinge steuern lassen, zu einer **weiteren Dezentralisierung und Automatisierung der Produktionssteuerung** führen wird. Wenn zudem Werkstücke über RFID und das Internet jederzeit eindeutig identifizier- und lokalisierbar sind, wenn sie ihre Vergangenheit, ihren gegenwärtigen Zustand, ihren künftigen Weg durch das Produktionsnetz sowie alternative Wege im Falle von Störungen „kennen" und gegebenenfalls Steuerungsimpulse aussenden können, läßt sich die Produktionssteuerung immer weiter automatisieren. Am Ende steht die Vision eines sich selbst organisierenden und steuernden Wertschöpfungsnetzwerks, in dem CPS einen Großteil der Steuerungsaufgaben selbst übernehmen.[2] Es bleibt abzuwarten, inwieweit sich diese Vision in der Zukunft verwirklichen läßt.

Zusammenfassend ist also festzuhalten, daß die technologischen Entwicklungen der Industrie 4.0 nicht zu einer Revolution, sondern zu einer Evolution der Produktionstechnologie geführt haben. Zum einen werden **Maschinen** über eingebettete Systeme, die aus Hard- und Softwarekomponenten sowie aus Sensoren und Aktoren bestehen, zu „Smart Objects" und mit Hilfe einer eigenen IP-Adresse zum Gegenstand des Internets der Dinge, in dem sie sich zu CPS vernetzen können. Zum anderen stehen den **I&K-Technologien** für die Produktionsplanung und -steuerung nahezu unbegrenzte Informationsverarbeitungs- und -speicherkapazitäten zur Verfügung („Cloud Computing"). Dadurch eröffnet sich die Möglichkeit, in Abkehr von gegenwärtigen MES die **Produktionssteuerung** weiter zu dezentralisieren und zu automatisieren. Doch jede Steuerung muß sich an Vorgaben aus einem übergeordneten Planungssystem orientieren.[3] Deshalb bleibt die hierarchisch integrierte **Produktionsplanung** mit APS weiterhin unverzichtbar, deren Qualität und Aktualität durch die rückgemeldeten Echtzeitdaten aus den CPS zunehmen, da sie für eine „kontinuierlich sich selbst aktualisierende Planungsdatenbasis"[4] sorgen.

---

1 Vgl. BARTHELMÄS/FLAD/HAUSSMANN/KUPKE/SCHNEIDER/SELBACH (2017), S. 53. LIGGESMEYER (2017), S. 212 ff. differenziert zwischen Industrie 3.0 (programmierbar; NC- und CNC-Maschinen), 3.1 (adressierbar; DNC-Systeme), 3.2 (kommunizierend), 3.3 (diagnostiziert), 3.4 (selbstdiagnostizierend), 3.5 (autonom reagierend) und 4.0 (autonom agierend). MERTENS (2014) spricht von CIM 2.0. Vgl. in diesem Zusammenhang auch das kritische Buch von MERTENS/BARBIAN/BAIER (2017).

2 Vgl. CORSTEN/GÖSSINGER (2016), S. 614 und KURBEL (2021), S. 575.

3 Vgl. KUPRAT/MAYER/NYHUIS (2015), S. 13 f.

4 KUPRAT/MAYER/NYHUIS (2015), S. 11.

3.1.5 Zusammenhang zwischen Produktionsstrategie, -struktur und -technologie

Um den Zusammenhang zwischen Produktionsstrategie, -struktur und -technologie zu verdeutlichen, bietet es sich an, zunächst ausschließlich von den beiden exakt mit der Differenzierungs- und der Kostenführerschaftsstrategie korrespondierenden produktionswirtschaftlichen Extremstrategien, der Einzel- und der Massenfertigung, auszugehen. Während Einzelfertigung heterogener Werkstücke nur in einer verrichtungsorientierten Produktionsorganisation denkbar ist, gebietet es das Streben nach Effizienz, Massenfertigung homogener Werkstücke prozeßorientiert zu organisieren. Insofern sind **Einzel- und Werkstattfertigung** sowie **Massen- und Fließfertigung** untrennbar miteinander verknüpft.

Die Individualität der Werkstücke bei Einzelfertigung in Werkstätten ist nur mit traditionellen **Universalmaschinen** oder **flexiblen Fertigungsmodulen (FFM)** sowie in **flexiblen Bearbeitungszentren (FBZ)** zu bewältigen, während eine Massenfertigung gleicher Werkstücke in Fließfertigung den Einsatz von **Spezialmaschinen in starren Transferstraßen (STS)** nahelegt.

Da bei Einzelfertigung in Werkstätten tendenziell mehr zu steuern als zu planen und bei Massenfertigung auf starren Transferstraßen tendenziell mehr zu planen als zu steuern ist, sind **Manufacturing Execution Systems (MES)** bei Einzel- und Werkstattfertigung und **Advanced Planning Systems (APS)** bei Massen- und Fließfertigung wichtiger als die jeweils andere Systemkategorie. Aus diesem Grunde wurde in der Vergangenheit auch die Geeignetheit der **Retrograden Terminierung (RT)**[1] als Steuerungskonzept für die Einzelfertigung diskutiert, während Steuerungskonzepte für die Massenfertigung nie Thema waren.

Dem **strategischen Übergang** von der Einzel- und Varianten- über die Serien- und Sorten- bis hin zur Massenfertigung entspricht ein **organisatorischer Wechsel** von der Verrichtungs- über die Objekt- bis hin zur Prozeßorientierung, wobei die Grenzen zwischen der Werkstatt- und der Gruppen- sowie zwischen der Gruppen- und der Fließfertigung fließend sind. Die Bedeutung der Universalmaschinen nimmt ab und die der Spezialmaschinen zu. Bei Einsatz auch von flexiblen Anlagen entspricht dies dem Übergang von flexiblen Fertigungsmodulen (FFM) und Bearbeitungszentren (FBZ) über flexible Fertigungszellen (FFZ), -inseln (FFI) und -systeme (FFS) bis hin zu flexiblen (FTS) und starren Transferstraßen (STS). In gleicher Weise wie die Bedeutung der MES schrumpft, nimmt die der APS zu. Da mit Ausnahme der RT alle früher diskutierten Fertigungssteuerungskonzepte eine gleichförmige Produktion mit mehr oder weniger kontinuierlichem Materialfluß voraussetzen, eignen sie sich letztlich unterschiedlich gut für die verschiedenen Abstufungen der Serien- und Sortenfertigung in reiner Fließ-

---

1 Zur retrograden Terminierung (RT) vgl. ADAM (1988b), ADAM (1990), S. 822 ff. und ADAM (1998), S. 641 ff.

fertigung oder in Gruppenfertigung, wenn die Binnenstruktur der einzelnen Fertigungs-bereiche prozeßorientiert gestaltet wurde.

Die Idee des **Computer Integrated Manufacturing (CIM)**, die Systeme des **ERP** und die Technologien der sogenannten **Industrie 4.0** sind dagegen strategie- und -struktur-unabhängig (vgl. auch die zusammenfassende Abbildung 34 mit y für Losgröße und h für Auflagehäufigkeit).

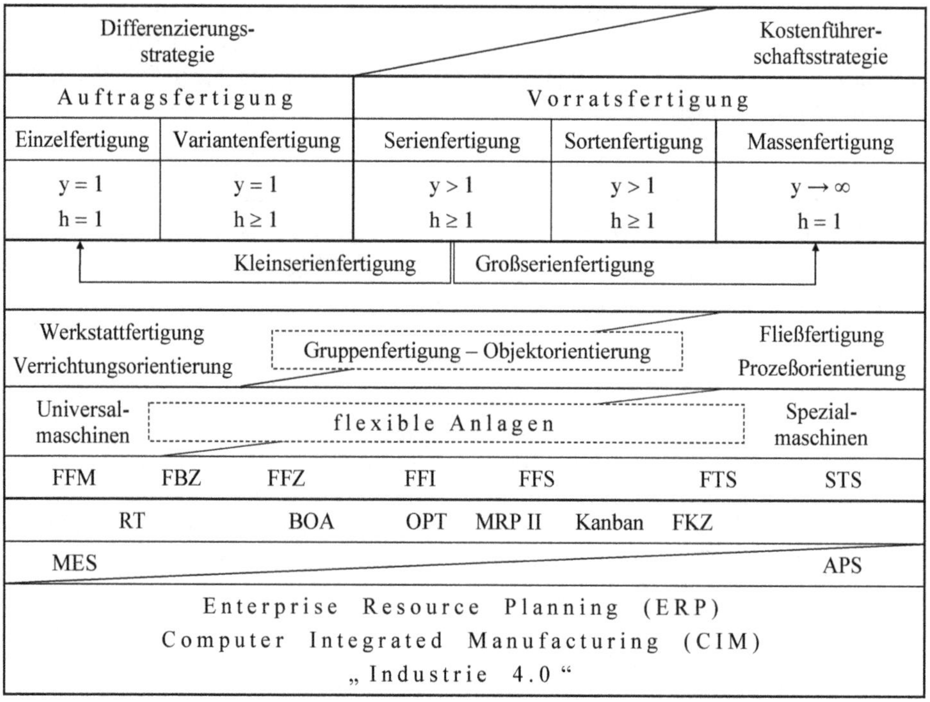

Differenzierungs-strategie				Kostenführer-schaftsstrategie
Auftragsfertigung		Vorratsfertigung		
Einzelfertigung	Variantenfertigung	Serienfertigung	Sortenfertigung	Massenfertigung
$y = 1$ $h = 1$	$y = 1$ $h \geq 1$	$y > 1$ $h \geq 1$	$y > 1$ $h \geq 1$	$y \to \infty$ $h = 1$
	Kleinserienfertigung	Großserienfertigung		
Werkstattfertigung Verrichtungsorientierung	Gruppenfertigung – Objektorientierung			Fließfertigung Prozeßorientierung
Universal-maschinen	flexible Anlagen			Spezial-maschinen
FFM	FBZ	FFZ	FFI FFS	FTS STS
	RT	BOA	OPT MRP II Kanban FKZ	
MES				APS
Enterprise Resource Planning (ERP) Computer Integrated Manufacturing (CIM) „ Industrie 4.0 "				

Abbildung 34: Zusammenhang zwischen Produktionsstrategie, -struktur und -technologie

3.2 Konsistenz durch strategisches Beschaffungsmanagement[1]

3.2.1 Beschaffungsstrategie[2]

Analog zu den Ausführungen zur Produktionsstrategie sollen Beschaffungsstrategien grundsätzlich danach unterschieden werden, ob das jeweilige Unternehmen einen Beschaffungsvorgang unabhängig von konkret vorliegenden Kundenaufträgen auslöst oder nicht. Damit ergeben sich mit der Vorratshaltung und der Beschaffung im Bedarfsfall die zwei klassischen Beschaffungsstrategien.[3]

Vorratshaltung folgt dem Emanzipationsprinzip, da sie die Beschaffung von der Produktion durch Lagerhaltung entkoppelt. Zur Vermeidung von Materialstockungen werden unabhängig von konkreten Kundenaufträgen Repetierfaktoren beschafft und eingelagert. Dies führt zu hoher Materialverfügbarkeit bei hohen Materialbeständen sowie tendenziell kurzen Durchlaufzeiten wegen geringer Wartezeiten, zu hohen Lagerkosten infolge hoher Kapitalbindung im Umlaufvermögen und zu geringen Bestellkosten, weil seltener größere Mengen beschafft werden. Naheliegenderweise ist Vorratshaltung mit Vorratsfertigung kompatibel.

Demgegenüber ist die **Beschaffung im Bedarfsfall** von einer Synchronisation der Beschaffung mit der Produktion gekennzeichnet. Erst durch Eingang eines konkreten Kundenauftrags ergibt sich ein Bedarf, der durch einen eigens auszulösenden Beschaffungsvorgang zu decken ist. Dies führt zu geringer Materialverfügbarkeit bei niedrigen Materialbeständen sowie tendenziell langen Durchlaufzeiten, weil auf das bestellte Material bis zur Lieferung gewartet werden muß, zu geringen Lagerkosten auf Grund der geringen Kapitalbindung im Umlaufvermögen und zu hohen Bestellkosten, weil einzelfallorientiert und daher häufiger kleine Mengen beschafft werden. Beschaffung im Bedarfsfall harmoniert mit Auftragsfertigung.

Auch die **produktionssynchrone Zulieferung („Just in Time")**[4] folgt, wie der Name schon andeutet, dem Synchronisationsprinzip, da sie die Fertigung bedarfszeitpunkt- und bedarfsmengengerecht direkt aus der Anlieferung versorgt.[5] Auf diese Weise sollen die Vorteile der beiden klassischen Beschaffungsstrategien miteinander vereint und ihre zentralen Nachteile vermieden werden. Ziel ist folglich eine hohe Materialverfügbarkeit bei niedrigen Materialbeständen mit daraus resultierenden kurzen Durch-

---

1 Vgl. auch die Kurzfassung in ROLLBERG (2018b), S. 338–341.

2 Vgl. BOGASCHEWSKY/ROLLBERG (2002), S. 283–292 und die dort zitierte Literatur.

3 Die im folgenden erörterten Beschaffungsstrategien werden in der einschlägigen Literatur zumeist als Bereitstellungsprinzipen bezeichnet. Zu den folgenden Ausführungen vgl. bspw. HOITSCH (1993), S. 146 f., BLOHM/BEER/SEIDENBERG/SILBER (2016), S. 317 ff. und SCHULTE (2017), S. 447 f.

4 Vgl. hierzu bspw. FANDEL/FRANÇOIS (1989), WATERS-FULLER (1995), WILDEMANN (1995), WILDEMANN (2001) und SCHULTE (2017), S. 448 ff.

5 Der Begriff „produktionssynchrone Zulieferung" läßt sich nicht abschließend definieren und erstreckt sich sowohl auf sequenz- und minutengenaue als auch auf stunden- und tagesgenaue Lieferungen.

laufzeiten und geringen Lagerkosten. An die Stelle der klassischen Bestellkosten treten allerdings nicht zu vernachlässigende, relativ hohe Systemkosten, weil in zusätzliche logistische Kapazitäten, adäquate Informationstechnologien und Qualitätssicherungssysteme zu investieren ist, wobei sich der profitierende Abnehmer an den vor allem bei seinen Lieferanten anfallenden Kosten beteiligen muß.

Wesentliche Einsatzvoraussetzung ist die Abkehr vom Prinzip der Erteilung von Einzelaufträgen zugunsten einer **mehrstufigen Planungssystematik**. Auf der ersten Stufe ist eine in der Regel einjährige *Rahmenvereinbarung* mit dem jeweiligen Lieferanten zu treffen, die über voraussichtlich verfügbare Kapazitäten und zu erwartende Bedarfe an bestimmten Werkstoffen Auskunft erteilt und unter anderem Liefermengen, -zeiten und -konditionen, Qualitätsanforderungen, Preise, Zahlungsbedingungen sowie Planungs- und Koordinationsmechanismen festschreibt. Derartige Vereinbarungen sichern langfristig die Versorgung des Abnehmers und die Auftragslage des Lieferanten, der kurzfristig und relativ häufig vergleichsweise geringe Mengen des gewünschten Materials bereitzustellen hat.[1] Ausgehend von der Rahmenvereinbarung werden auf der zweiten Stufe *Rahmenaufträge* mit einem beispielsweise dreimonatigen Horizont erteilt, um die lieferantenseitige Materialbeschaffung und gegebenenfalls erforderliche Vorarbeiten zur Bewältigung der anstehenden Lieferabrufe zu veranlassen. Mit den *kurzfristigen Lieferabrufen* auf der dritten Stufe erfolgt dann die eigentliche Bestellung der nach Art, Menge und Lieferzeitpunkten spezifizierten Werkstoffe.

Für produktionssynchrone Zulieferungskonzepte sind primär **ALX-Güter** geeignet, die sich durch einen hohen Periodenverbrauchswert (sog. A-Teile), durch Größe und Sperrigkeit (sog. L-Teile) und vor allem durch eine hohe Bedarfsvorhersagegenauigkeit (sog. X-Teile) auszeichnen. Eine bedarfszeitpunktgenaue Anlieferung *wirtschaftlich bedeutsamer Module* führt zu geringerer Kapitalbindung im Umlaufvermögen und damit zu geringeren Lagerkosten. Handelt es sich zudem um *großvolumige und sperrige Komponenten*, ist darüber hinaus eine mittel- bis langfristig niedrigere Kapitalbindung im Anlagevermögen zu erwarten, da Lagerkapazitäten abgebaut werden können. Und nur ein *möglichst regelmäßiger Bedarfsverlauf* der zu beschaffenden Güter läßt sich langfristig verläßlich vorhersagen und ist am ehesten in der Großserien- und Massenfertigung bei geringer Variantenvielfalt anzutreffen.

Auf Grund der Sensibilität produktionssynchron versorgter Fertigungsprozesse hinsichtlich etwaiger Materialflußstockungen ist es unumgänglich, daß sich die jeweiligen Lieferanten dem sogenannten **„Total Quality Management"** verpflichtet fühlen und ausschließlich Gutteile bereitstellen, denn Just-in-Time-Konzepte sind weder mit einer abnehmerseitigen Qualitätskontrolle noch mit umfangreichen Pufferlagern zur Überbrückung von Störungen zu vereinbaren (vgl. Stufe III in Abbildung 35 weiter hinten). Eine entsprechende Qualitätspolitik läßt sich am besten verwirklichen, wenn sich die Idee der Kundenorientierung auch in den internen Kunden-Lieferantenbeziehungen

---

1 Vgl. BOGASCHEWSKY (1994), S. 100.

widerspiegelt: Jeder Mitarbeiter sollte als Lieferant nachfolgender Arbeitsstationen nur Leistungen weitergeben, die den Qualitätsansprüchen seines Abnehmers exakt gerecht werden, und als Kunde vorgelagerter Arbeitsstationen nur Leistungen akzeptieren, die seinen eigenen Qualitätsanforderungen genau entsprechen. Hierzu ist es erforderlich, daß die jeweiligen Kollegen auch tatsächlich als Lieferanten betrachtet und etwaige Mängel nicht mehr kollegial hingenommen oder sogar korrigiert werden. Nur unter dieser Voraussetzung gelingt es, die gewünschte Leistungsqualität unmittelbar im Wertschöpfungsprozeß zu produzieren und nicht erst nachträglich in das Erzeugnis „hineinprüfen" zu müssen, womit letztlich auch eine zusätzliche Qualitätskontrolle im zuliefernden Unternehmen entfallen kann (vgl. Stufe IV in Abbildung 35 weiter hinten).

Das aus einer bestandsarmen Fertigung resultierende hohe Versorgungsrisiko läßt sich nur über *langfristige Rahmenvereinbarungen* mit den kurzfristig liefernden Betrieben reduzieren, die letztlich dauerhafte, **vertrauensvolle Partnerschaften** zwischen dem Abnehmer und seinen Lieferanten voraussetzen. Nicht selten gehen daher produktionssynchrone Zulieferungskonzepte mit *Entwicklungs- und Wertschöpfungspartnerschaften* einher, die obendrein eine optimal aufeinander abgestimmte Leistungserstellung der kooperierenden Unternehmen erlauben. Auf partnerschaftliche Beziehungen bedachte Hersteller sind nur glaubwürdig, wenn sie sich bei der Beschaffung bestimmter Komponenten und Bauteile auf möglichst wenige Lieferanten konzentrieren. Partnerschaften voraussetzende Just-in-Time-Konzepte sind daher nicht mit einem Mehr-, sondern nur mit einem *Ein- oder Zweilieferantenprinzip* vereinbar.

Materialien können nur dann bedarfszeitpunktgenau von einem Kooperationspartner zum anderen gelangen, wenn die technologischen Voraussetzungen für die Übermittlung *kurzfristiger Lieferabrufe* erfüllt sind. Hierzu ist ein überbetrieblicher, möglichst systemunabhängiger und medienbruchfreier elektronischer Austausch strukturierter Daten bei weitestgehender Reduzierung manueller Eingriffe erforderlich.[1] Ein derartiges **Electronic Data Interchange (EDI)** verlangt zum einen die informationstechnologische Integration der Partner über eine adäquate Infrastruktur und zum anderen eine Standardisierung der Datenformate, um Kompatibilität zwischen den unterschiedlichen Systemen der vernetzten Unternehmen herstellen zu können. Dafür bietet sich die „allgegenwärtige" Internet-Technologie an, die es erlaubt, ohne kostenintensive Entwicklung eigener informationstechnologischer Lösungen ein ausgewählte Unternehmen umspannendes, nicht öffentliches Netz (*Extranet*) zu knüpfen, das den exklusiven elektronischen Datenaustausch zwischen kooperierenden Lieferanten und Abnehmern zu unterstützen vermag.[2]

Je nach informationstechnologischer Durchdringung der Unternehmen können die Lieferabrufe mehr oder weniger automatisiert sein („automatische Ordersysteme"). Im

---

1 Vgl. HAUSOTTER (1994), S. 93 und MÜLLER-BERG (1992), S. 178 f.
2 Vgl. BOGASCHEWSKY (2000), S. 298 f. und die dort zitierte Literatur.

Idealfall ist eine Integration der jeweiligen Systeme zweier Wertschöpfungspartner dergestalt denkbar, daß ein Materialbedarf vom Materialwirtschaftsmodul des Herstellers online und damit schnellstmöglich an das Vertriebsmodul seines Lieferanten gemeldet wird.[1] Ein zusätzlicher Vorteil der *überbetrieblichen Systemintegration* liegt in der reduzierten Planungsunsicherheit der Unternehmen: Der Lieferant kann sich jederzeit einen Überblick über den Materialbedarf seines Abnehmers verschaffen, nahende Bestellungen voraussehen und gegebenenfalls die erforderlichen Produktionsvorbereitungen treffen. In gleicher Weise ist der Abnehmer nach Auftragserteilung in der Lage, den aktuellen Produktionsfortschritt beim Lieferanten abzurufen und eventuellen Engpässen durch Zuschaltung eines zweiten Lieferanten entgegenzuwirken.

Nur wenn alle vorgenannten Einsatzvoraussetzungen uneingeschränkt erfüllt sind, läßt sich auf seiten des **Abnehmers** das eingangs formulierte Ziel einer hohen Materialverfügbarkeit bei niedrigen Materialbeständen erreichen. Für den **Lieferanten** muß vor allem die Voraussetzung einer partnerschaftlichen Kooperation mit dem Abnehmer erfüllt sein, um in den Genuß einer stabilen Auftragslage zu gelangen und an den Rationalisierungsgewinnen des logistischen Gesamtsystems beteiligt zu werden. Im Zulieferbetrieb sind nämlich nicht zu unterschätzende Investitionen zu tätigen, um ein just-in-time-adäquates Qualitätssicherungssystem aufzubauen und die kapazitiven Voraussetzungen für eine produktionssynchrone Bereitstellungsstrategie zu schaffen. Derartige Investitionen müssen sich für den Lieferanten rentieren und sind im Zweifelsfall von beiden Geschäftspartnern gemeinsam zu tragen.

Problematisch sind freilich die sich aus der partnerschaftlichen Kooperation ergebenden **Marktentfremdungsrisiken**.[2] Bei einer langfristig zugesicherten Inanspruchnahme der lieferantenseitigen Kapazitäten durch einen Großabnehmer ist der Zulieferer kurzfristig nicht mehr wie seine auf dem freien Markt agierenden Konkurrenten dazu gezwungen, sein fertigungstechnisches Wissen und Können den aktuellen Entwicklungen anzupassen. Da der Abnehmer kurzfristig nicht zu einem kompetenteren Konkurrenzunternehmen abwandern kann, ist zudem die Gefahr einer Zementierung überkommener, nicht mehr konkurrenzfähiger, über den derzeit geltenden Marktpreisen liegender Einstandspreise groß, wenn nicht bereits während der Vertragsgestaltung im Zeitablauf sinkende Preise antizipiert wurden. Langfristige, auf Partnerschaften gründende Kunden-Lieferantenbeziehungen können folglich zu einer „Abkopplung vom Marktgeschehen"[3] führen, die einer Realisierung effizienterer Marktlösungen entgegensteht.

Daß eine bestandsarme Produktion bei gleichzeitiger Konzentration auf wenige oder sogar nur einen Lieferanten ein hohes Versorgungsrisiko des Herstellers in sich birgt, der sich der Gefahr nicht aufzufangender Materialflußstockungen aussetzt, liegt auf der

---

1 Vgl. GÖRGEL (1992), S. 190.

2 Vgl. WATERS-FULLER (1995), S. 222 ff. und PANICHI (1996), S. 37.

3 BLOECH/BOGASCHEWSKY/BUSCHER/DAUB/GÖTZE/ROLAND (2014), S. 291.

Hand. Mithin ist der Hersteller von der Zuverlässigkeit seines Zulieferbetriebs überaus abhängig. Doch auch das umgekehrte **Abhängigkeitsverhältnis** ist nicht zu unterschätzen, weil der in der Regel kleine Lieferant einen Großteil seiner Kapazitäten auf die Bedürfnisse seiner wichtigsten, produktionssynchron zu versorgenden Abnehmer zuschneiden muß. Damit aber korrespondiert das Wohlergehen des Zulieferers in hohem Maße mit der wirtschaftlichen Situation und der charakterlichen Integrität seiner bedeutendsten Geschäftspartner.

Eine vertrauensvolle Kooperation zwischen zwei Unternehmen unterschiedlicher Wertschöpfungsstufen trägt dafür zur Sicherung gemeinsamer Wettbewerbsvorteile durch einen beiderseitigen Wissenstransfer und durch Ausschöpfung von Synergiepotentialen bei. Entwicklungs- und Wertschöpfungspartnerschaften erlauben eine gemeinschaftliche Nutzung der Entwicklungsressourcen und der Fertigungstechnologien der beteiligten Unternehmen, um optimal aufeinander abgestimmte Komponenten zu konstruieren, zu produzieren und schließlich zu Endprodukten zu montieren. Dabei profitieren die Abnehmer von den Skaleneffekten ihrer spezialisierten Lieferanten, und den Zulieferbetrieben kommt das Wissen der Hersteller um die Bedürfnisse ihrer Endabnehmer zugute. Letztlich führen produktionssynchrone Zulieferungskonzepte auf der Basis von Entwicklungs- und Wertschöpfungspartnerschaften damit indirekt zu einer **vertikalen Quasi-Integration**, die alle Vorteile einer vertikalen Integration verspricht, ohne aber die mit dieser Fertigungstiefenstrategie verbundenen Kostennachteile nach sich zu ziehen.

Produktionssynchrone Zulieferungskonzepte können organisatorisch unterschiedlich ausgestaltet sein.[1] Zum Beispiel ist es denkbar, daß sich Lieferanten in einem sogenannten **Industriepark** in unmittelbarer Nähe ihres gemeinsamen Abnehmers oder sogar auf dessen Betriebsgelände ansiedeln. Dies erleichtert nicht nur die Zusammenarbeit der Entwicklungs- und Wertschöpfungspartner bei der Produktentwicklung und die Abstimmung der kooperativ zu bewältigenden Produktionsaufgaben, sondern verkürzt auch in erheblichem Maße die Distributionswege und -zeiten. Nachteilig an diesem Konzept ist allerdings die Tatsache, daß Zulieferbetriebe in der Regel nicht nur für einen Kunden allein arbeiten und daher im Extremfall dazu gezwungen sein könnten, an den unterschiedlichsten Orten Produktionsstätten aufzubauen.

Aus diesem Grunde scheint es eher angebracht zu sein, einen Warenumschlagsplatz in Form eines **Güterverkehrszentrums** an der Schnittstelle zwischen Lieferanten und Endherstellern einzurichten. Derartige Zentren sind von logistischen Dienstleistern zu betreiben, die sich auf physische und administrative Logistikfunktionen spezialisiert haben. Güterverkehrszentren, die sich nicht unbedingt in unmittelbarer Nachbarschaft zum Abnehmer befinden müssen, übernehmen neben traditionellen Lagerhaltungsaufgaben gegebenenfalls auch komplexe Dienstleistungsfunktionen, wie beispielsweise

---

1 Vgl. zu den im folgenden erläuterten drei organisatorischen Arrangements produktionssynchroner Zulieferung bspw. REESE (1993), S. 146 ff.

die Vormontage getrennt gelieferter Produktkomponenten zu größeren Funktions-
modulen. Mithin können sich alle drei Parteien (Lieferant, Dienstleister, Hersteller)
verstärkt auf ihr eigentliches Kerngeschäft konzentrieren und von sowohl qualitäts-
steigernden als auch prozeßbeschleunigenden Spezialisierungseffekten profitieren.
Darüber hinaus steigt die Flexibilität der Zulieferer und Endhersteller, weil Bedarfs-
schwankungen unmittelbar vom Lager des logistischen Dienstleisters abgefedert
werden können.

Schließlich kann ein **Gebietsspediteur** alle in einer Region ansässigen Lieferanten
eines Herstellers anfahren und Sammelladungen bilden. Wie schon das zuvor erörterte
Güterverkehrszentrum führt auch das Gebietsspeditionskonzept zu einem Bündelungs-
effekt, der eine weitgehende Auslastung der Transportmittel und durch die Vermeidung
von „Klein- und Kleinstlieferungen" eine Entlastung im Wareneingangsbereich des
Abnehmers zur Folge hat.

Abschließend soll Abbildung 35 den Übergang von einem konventionellen Zuliefe-
rungskonzept zur **synchronisierten Produktion** als Extremform einer produktionssynchronen Zulieferung veranschaulichen.[1] Zunächst ist die Wareneingangsprüfung
(WE-Prüfung) des Herstellers durch Qualitätskontrollen des Lieferanten zu substituieren (Stufe II). Bei einer produktionssynchronen Zulieferung entfällt zudem das
Wareneingangslager (WE-Lager) des Abnehmers (Stufe III). Integriert der Zulieferer
seine Qualitätssicherung (QS) in den Produktionsprozeß, ist eine reaktive Qualitätskontrolle nach der Fertigung entbehrlich (Stufe IV). Gelingt es schließlich, bspw. durch
Ansiedelung eines Industrieparks auf dem Betriebsgelände des Herstellers, die Fertigungsprozesse von Zulieferer und Abnehmer zu synchronisieren, kann auch auf das
Warenausgangslager (WA-Lager) des Lieferanten verzichtet werden (Stufe V). Die
ehemals sechsstufige Prozeßkette verkürzt sich dann auf die beiden Stufen „lieferantenseitige Fertigung inklusive integrierter Qualitätssicherung" und „herstellerseitige
Fertigung".

---

1 Vgl. im folgenden BECKER/ROSEMANN (1993), S. 67 f.

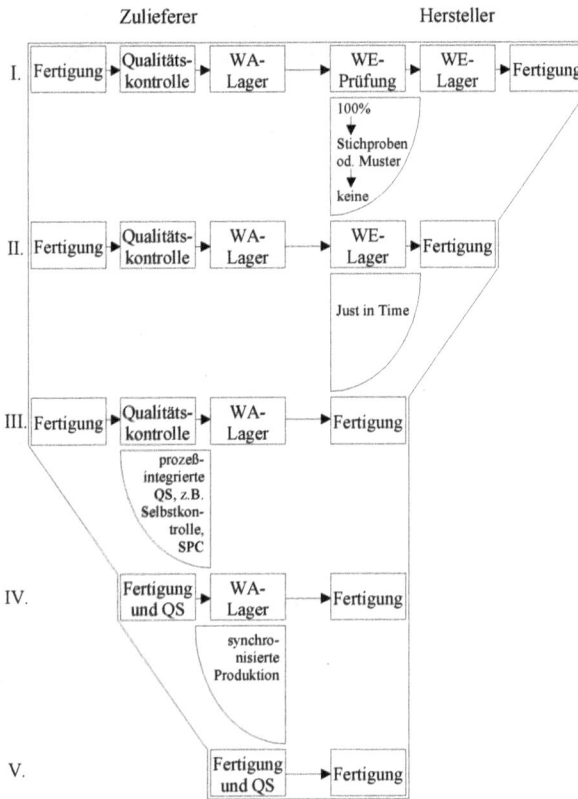

Abbildung 35:   Verkürzung der materialflußtechnischen Prozeßkette[1]

3.2.2 Zusammenhang zwischen Produktions- und Beschaffungsstrategie

Die Zweckmäßigkeit einer Beschaffungsstrategie hängt nicht nur von der jeweils zum Einsatz gelangenden Produktionsstrategie ab, sondern auch von der Spezifität und der wirtschaftlichen Bedeutung des jeweiligen **Beschaffungsobjekts** (vgl. Abbildung 36).[2] So sind von unspezifischen Betriebsstoffen unabhängig von der Produktionsstrategie stets Vorräte anzulegen. Demgegenüber lassen sich kundenindividuelle Vorprodukte für die Auftragsfertigung grundsätzlich erst nach Auftragseingang und damit nur im Bedarfsfalle ordern. Wirtschaftlich bedeutsame Vorprodukte, deren langfristiger Bedarfsverlauf genau vorhergesagt werden kann, wie es die produktionssynchrone Zulieferung verlangt, sind nur im Falle der Massen- oder zumindest Großserienfertigung gegeben. Mit abnehmender Spezifität der Werkstoffe bei Auftragsfertigung und mit

---

1 Abbildung aus BECKER/ROSEMANN (1993), S. 69.
2 Vgl. HOITSCH (1993), S. 148.

abnehmender wirtschaftlicher Bedeutung der Werkstoffe bei Massen- und Großserien-fertigung kann zur Vorratshaltung übergegangen werden. Unabhängig von der Art des Beschaffungsobjekts ist Vorratshaltung stets mit Vorratsfertigung, insbesondere in Gestalt der Serien- und Sortenfertigung, kompatibel.

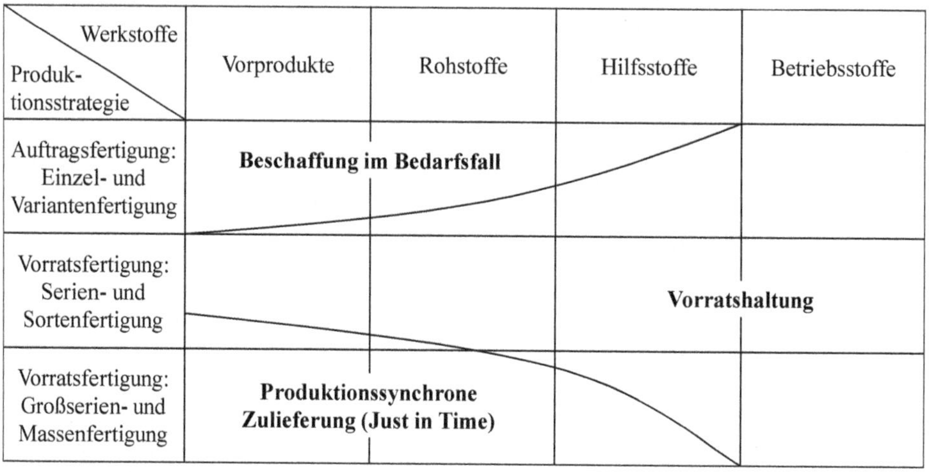

Werkstoffe Produk-tionsstrategie	Vorprodukte	Rohstoffe	Hilfsstoffe	Betriebsstoffe
Auftragsfertigung: Einzel- und Variantenfertigung	**Beschaffung im Bedarfsfall**			
Vorratsfertigung: Serien- und Sortenfertigung			**Vorratshaltung**	
Vorratsfertigung: Großserien- und Massenfertigung	**Produktionssynchrone Zulieferung (Just in Time)**			

Abbildung 36:   Zusammenhang zwischen Produktions- und Beschaffungsstrategie[1]

3.2.3 Beschaffungsstruktur

Die Beschaffungsstruktur ergibt sich primär aus der Zahl der in Anspruch genomme-nen Bezugsquellen für ein Beschaffungsobjekt und der Komplexität desselben.[2] Tra-ditionell wird die Gesamtmenge eines Beschaffungsobjekts im Planungszeitraum von mehreren Bezugsquellen bezogen, um das Versorgungsrisiko gering zu halten oder weil der jeweils günstigste der zur Verfügung stehenden Lieferanten beauftragt wird **(Multiple Sourcing)**. Ist eine vertrauensvolle Zusammenarbeit zwischen Abnehmer und Lieferant erwünscht, bezieht der Hersteller im Extremfall ein bestimmtes Objekt von nur einem **(Single Sourcing)** oder, um etwaige Bedarfsspitzen und Lieferengpässe abfedern zu können, von zwei Lieferanten **(Dual Sourcing)**. Gibt es auf Grund einer monopolistischen Angebotsstruktur nur einen einzigen Lieferanten für das jeweilige Objekt, ist **Sole Sourcing** als „unvermeidbares Single Sourcing" gegeben.

---

1 Geringfügig modifizierte Abbildung aus HOITSCH (1993), S. 148.

2 Zur Gestaltung der Beschaffungsstruktur durch sogenannte „Sourcing-Konzepte" vgl. auch im folgenden ARNOLD (1997), S. 93 ff., SCHULTE (2017), S. 432 ff. und LASCH (2018). Zu „Sourcing-Konzepten" im Zusammenhang mit Nachhaltigkeitsrisiken vgl. BOGASCHEWSKY/MÖLLER (2024), S. 50 ff.

Beschaffungsobjekte können einzelne Teile **(Unit Sourcing)**, aus Einzelteilen zusammengesetzte Module **(Modular Sourcing)** oder komplexe Systeme **(System Sourcing)** sein. Während der Abnehmer beim Unit Sourcing von Lieferanten bereitgestellte Teile geringer Komplexität zu Endprodukten verarbeitet (vgl. Abbildung 37 oben), baut er beim Modular oder System Sourcing von Lieferanten vormontierte Module oder sogar selbstentwickelte komplexe Systeme mit relativ großem Funktionsumfang zu Endprodukten zusammen. Dadurch schrumpft die Fertigungstiefe des Herstellers, weil Modul- und Systemlieferanten umfangreichere Produktionsaufgaben übernehmen, und die Zahl der vom Hersteller zu kontaktierenden Zulieferer nimmt ab, weil Modul- und Systemlieferanten die zur Fertigung ihrer Baugruppen erforderlichen Werkstoffe per Unit und gegebenenfalls Modular Sourcing selbst beschaffen (vgl. Abbildung 37 unten).

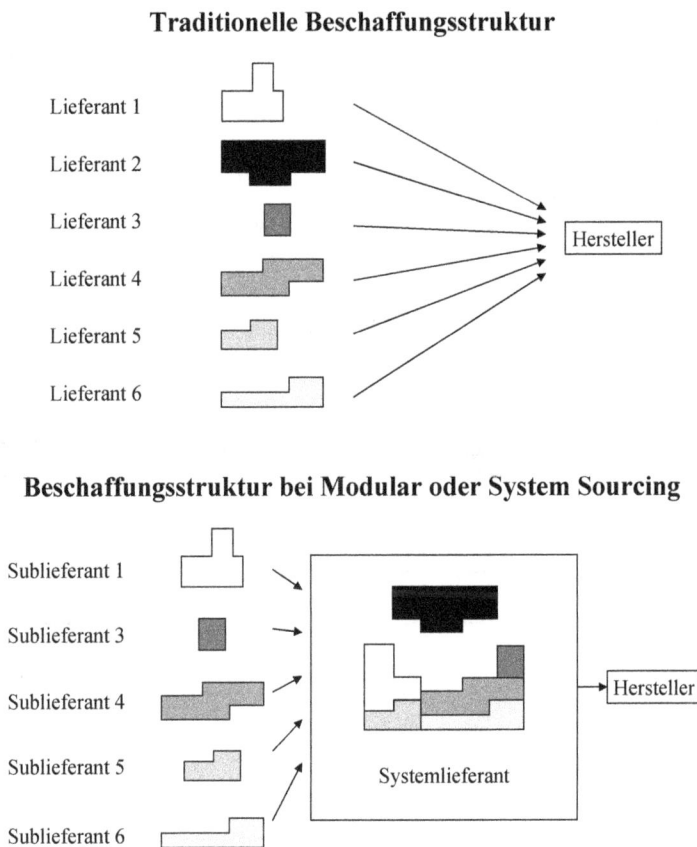

Traditionelle Beschaffungsstruktur

Lieferant 1

Lieferant 2

Lieferant 3

Lieferant 4

Lieferant 5

Lieferant 6

Hersteller

Beschaffungsstruktur bei Modular oder System Sourcing

Sublieferant 1

Sublieferant 3

Sublieferant 4

Sublieferant 5

Sublieferant 6

Systemlieferant

Hersteller

Abbildung 37:   Alternative Beschaffungsstrukturen I[1]

---

1 Abbildung aus SCHULTE (2017), S. 446. Vgl. auch LASCH (2018), S. 507.

Traditionelle Beschaffungsstruktur

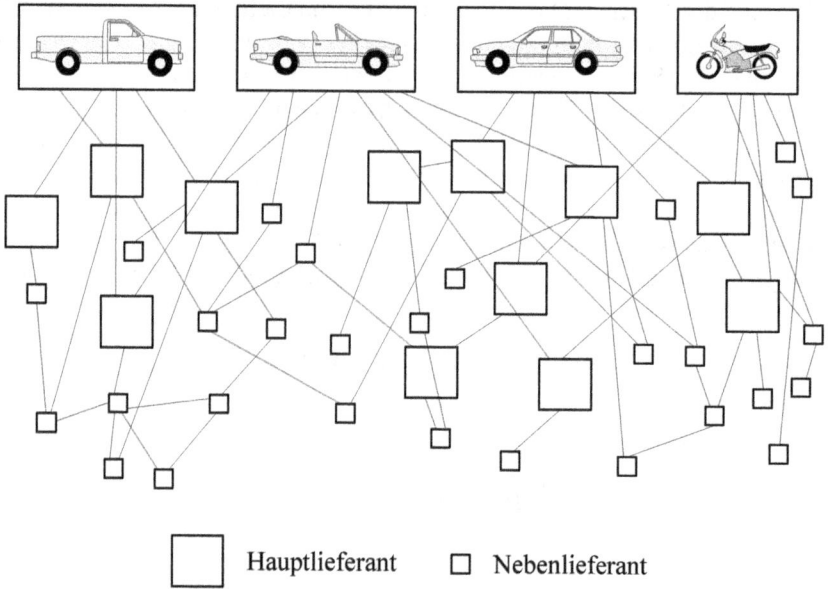

☐ Hauptlieferant   ☐ Nebenlieferant

Beschaffungsstruktur bei Modular oder System Sourcing

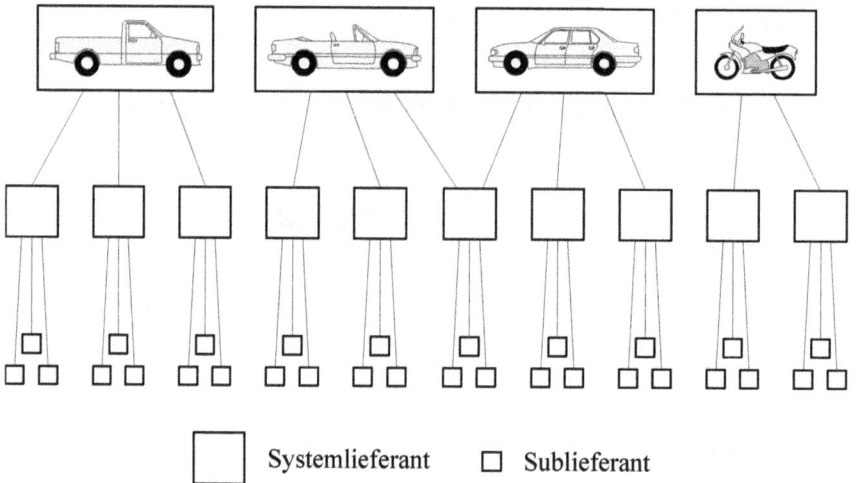

☐ Systemlieferant   ☐ Sublieferant

Abbildung 38:   Alternative Beschaffungsstrukturen II[1]

---

1 In Anlehnung an SCHMOECKEL (1994), S. 176 f.

Die Beschaffungsstrukturen werden dadurch übersichtlicher, denn es ergeben sich geordnete Zulieferpyramiden, in denen die Hersteller vornehmlich mit Modul- oder Systemlieferanten und diese wiederum primär mit ihren Teile produzierenden Sublieferanten kommunizieren (vgl. Abbildung 38).

Ebenfalls prägen die geographische Ausdehnung der Beschaffungsaktivitäten eines Herstellers, die Zahl der dem Lieferanten gegenübertretenden Beschaffungssubjekte und der Ort, an dem der Lieferant seine Wertschöpfung erbringt, die Beschaffungsstruktur. So können Werkstoffe von Lieferanten aus der Region **(Local Sourcing)**, aus dem Inland oder dem Euro-Währungsgebiet **(National/Euro Sourcing)** sowie aus europäischen Ländern außerhalb der Euro-Zone oder aus dem weltweiten Ausland bezogen werden **(International/Global Sourcing)**. Die Zahl potentieller Lieferanten nimmt ausgehend von der lokalen bis hin zur weltweiten Beschaffung kontinuierlich zu. Während eine lokale Beschaffung das Versorgungsrisiko senkt, dient eine weltweite Beschaffung vornehmlich der Ausnutzung von Kostenvorteilen.

Abnehmer können allein ihren Lieferanten gegenübertreten **(Individual Sourcing)** oder mit anderen Unternehmen bei der Beschaffung kooperieren, um über höhere Einkaufsvolumina Marktmacht zu generieren und bei den Lieferanten niedrigere Preise oder günstigere Konditionen durchzusetzen **(Collective Sourcing)**.

Schließlich können Lieferanten ihre Wertschöpfung räumlich getrennt von ihrem Abnehmer **(External Sourcing)**, in Industrieparks in unmittelbarer Nähe zu ihrem Abnehmer oder sogar auf dessen Betriebsgelände **(Internal Sourcing)** erbringen.

3.2.4 Zusammenhang zwischen Beschaffungsstrategie und -struktur

Die beschaffungsstrukturprägenden „Sourcing"-Konzepte lassen sich selbstverständlich nicht beliebig miteinander kombinieren. Modular Sourcing führt zu Wertschöpfungspartnerschaften, System Sourcing darüber hinaus zu Entwicklungspartnerschaften, die nur mit dem Ein- oder Zweilieferantenprinzip vereinbar sind und wegen des großen inhaltlichen Abstimmungsbedarfs zwischen den Partnern einer gewissen räumlichen Nähe der kooperierenden Unternehmen bedürfen. Demgegenüber bietet sich das Mehrlieferantenprinzip nur beim Unit Sourcing an, weil Rohstoffe und einfache Teile von beliebigen Lieferanten weltweit ohne besondere vorherige Absprachen beschafft werden können, sofern der Preis akzeptabel ist.

Preisorientiert und im Extremfall weltweit bei beliebigen Lieferanten geordnete Rohstoffe und Teile in großer Stückzahl korrespondieren mit der **Vorratshaltung**, von Entwicklungs- und Wertschöpfungspartnern regelmäßig bezogene wirtschaftlich bedeutsame Baugruppen dagegen mit der **produktionssynchronen Zulieferung**, bei der Abnehmer und Lieferant nicht allzu weit voneinander entfernt angesiedelt sein sollten. Die **Beschaffung im Bedarfsfall** läßt sich grundsätzlich mit den unterschiedlichsten beschaffungsstrukturbildenden „Sourcing"-Konzepten vereinbaren, solange Spezifität und wirtschaftliche Bedeutung der jeweiligen Beschaffungsobjekte nicht zu gering sind und die Lieferzeit im Rahmen bleibt (vgl. Abbildung 39).

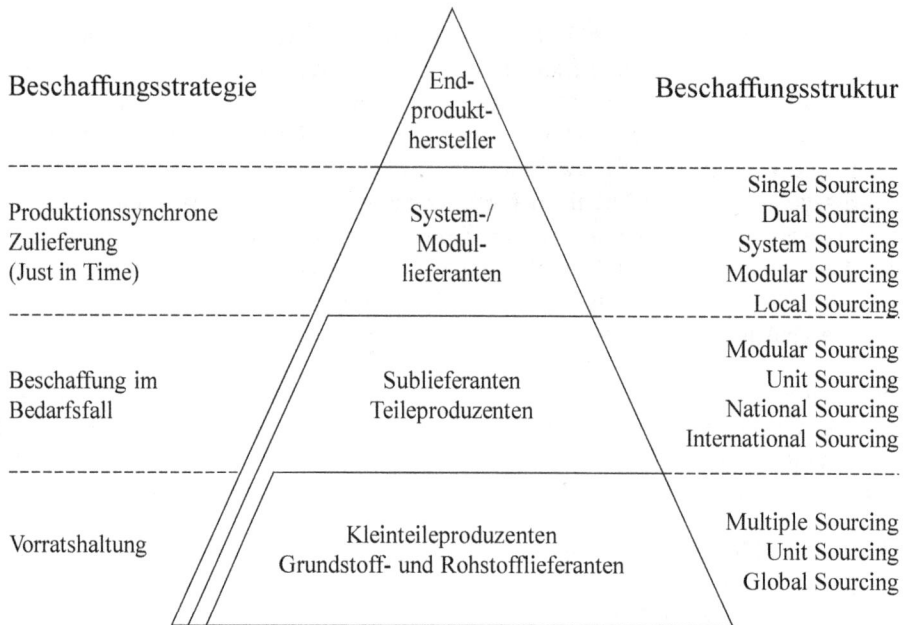

Beschaffungsstrategie

Endprodukthersteller

Beschaffungsstruktur

Produktionssynchrone
Zulieferung
(Just in Time)

System-/
Modullieferanten

Single Sourcing
Dual Sourcing
System Sourcing
Modular Sourcing
Local Sourcing

Beschaffung im
Bedarfsfall

Sublieferanten
Teileproduzenten

Modular Sourcing
Unit Sourcing
National Sourcing
International Sourcing

Vorratshaltung

Kleinteileproduzenten
Grundstoff- und Rohstofflieferanten

Multiple Sourcing
Unit Sourcing
Global Sourcing

Abbildung 39:   Zusammenhang zwischen Beschaffungsstrategie und -struktur[1]

3.3 Kongruenz durch kollektives strategisches Produktions- und Beschaffungsmanagement

3.3.1 Supply Chain Management als vertikales kollektives strategisches Produktions- und Beschaffungsmanagement[2]

Unter Supply Chain Management (SCM) oder präziser Supply *Network* Management[3] ist die integrierte Analyse, Planung und Steuerung der Geschäftsprozesse innerhalb eines Netzwerks von rechtlich und wirtschaftlich unabhängigen Unternehmen zu verstehen, die ihre Aktivitäten auf bestimmte Glieder der Wertschöpfungskette konzentrieren und entlang der Wertschöpfungskette an der Entwicklung, Produktion

---

1 Modifizierte Abbildung aus BOGASCHEWSKY (1994), S. 107.

2 Vgl. ROLLBERG (2018b), S. 341 f.

3 Vgl. BUSCHER (2003a) und Abbildung 1.3 in KNOLMAYER/MERTENS/ZEIER/DICKERSBACH (2009), S. 4, in der die „Supply Chain" als Ausschnitt eines „Supply Network" dargestellt wird.

und Verwertung von Sach- und Dienstleistungen zielorientiert und partnerschaftlich zusammenarbeiten.[1] Folglich ist langfristig ausgerichtetes SCM **kollektives strategisches Management**, das die Strategie der Quasi-Internalisierung mittels vertikaler strategischer Allianzen in Form von Entwicklungs- und Wertschöpfungspartnerschaften verfolgt.[2]

Während das strategische Management die Aufgabe hat, für ein einzelnes Unternehmen aus den sich auf dem Markt bietenden Möglichkeiten (Marktorientierung) und den Stärken des jeweiligen Unternehmens (Ressourcenorientierung) komparative Konkurrenzvorteile zu entwickeln, weitet das kollektive strategische Management den Blickwinkel auf alle Unternehmen eines Netzwerks aus. Handelt es sich um Unternehmen aufeinanderfolgender Wertschöpfungsstufen, ist von **vertikalem kollektivem strategischem Management** zu sprechen, das das Ziel verfolgt, die einzelnen Wertschöpfungsstufen stärker zu integrieren und die unternehmensübergreifende Prozeßkette möglichst zu „optimieren".[3]

Zu einem langfristig ausgerichteten SCM zählen daher alle Aufgaben eines **vertikalen kollektiven strategischen Produktions- und Beschaffungsmanagements**, wie die Formulierung netzwerkweiter Produktions- und Beschaffungsstrategien, die konkrete Gestaltung der Netzwerkorganisation und die Auswahl der im Netzwerk zum Einsatz gelangenden Technologien.[4]

3.3.2 Supply Chain Management im Strategie-Struktur-Technologie-Zusammenhang[5]

Neben dem allgemeinen Ziel jeder Quasi-Internalisierungsstrategie, die externe Unternehmensumwelt zu beeinflussen, steht im Fokus von Wertschöpfungspartnerschaften nicht selten der spezielle Wunsch, die vom Absatzmarkt verlangte, aber Einzelunternehmen oftmals überfordernde Produktkomplexität zu beherrschen (Kongruenzgebot). Hierzu ist eine enge Kooperation stark spezialisierter Unternehmen im Sinne des SCM erforderlich, was sich gemäß dem Konsistenzgebot aus den drei in der folgenden Abbil-

---

1 Diese Definition ist das Ergebnis einer Kombination aus zum Teil wörtlich übernommenen Passagen der Wertschöpfungspartnerschaftsdefinition von SYDOW (1992), S. 64, der „Supply Chain Management"-Definition von HAHN (2002), S. 1064 und der „Supply Network Management"-Definition von BUSCHER (2003a), S. 57 f. Vgl. auch ROLLBERG (2011), S. 6. Zum SCM vgl. bspw. CORSTEN/ GÖSSINGER (2008), KNOLMAYER/MERTENS/ZEIER/DICKERSBACH (2009), STADTLER/KILGER/ MEYR (2015), STEVEN (2015), S. 191 ff., KURBEL (2021), S. 444 ff. und SUCKY (2022).

2 Vgl. Abschnitt 2.2.2.

3 Vgl. SYDOW/MÖLLERING (2015), S. 132.

4 Vor allem die strategische und organisatorische Konfiguration des Netzwerks ist Teil der „strategischen Netzwerkplanung". Vgl. die oberste Kachel der sogenannten „Supply-Chain-Planungsmatrix" in Abbildung 29 im Abschnitt 3.1.4.6 und die knappe Erläuterung im Abschnitt 4.3.2.

5 Vgl. ROLLBERG (2011).

dung 40 skizzierten und eng miteinander in Beziehung stehenden **Entwicklungspfaden** logisch ableiten läßt. Dabei spiegelt sich die Parallelität des strategischen und des organisatorischen Entwicklungspfades in der „horizontalen Lesbarkeit" der zugehörigen Spalten wider. Dies gilt indes nicht für die „Technologiespalte"; sie läßt sich nur separat und vertikal lesen.

Strategischer Pfad	Organisatorischer Pfad	Technologischer Pfad
• Marktdurchdringung Marktentwicklung Vertikale Integration ↓	• Funktionalorganisation ↓	• Technologische Insellösungen ↓ • Computer Integrated Manufacturing (CIM) ↓
• Diversifikation ↓	• Divisionalorganisation ↓	• Electronic Data Interchange (EDI) ↓
• Konzentration auf das Kerngeschäft ↓	• Prozeßorganisation Netzwerkorganisation Virtuelle Organisation ↓	• Internet-Technologie ↓
Kundenorientierte Kopplung der Kernkompetenzen verschiedener Unternehmen ↓ SCM	Unternehmensübergreifende Prozeßgestaltung in Netzwerkorganisationen ↓ SCM	Unternehmensübergreifende Verknüpfung von Informations- und Kommunikationssystemen ↓ SCM

Abbildung 40:   Entwicklungspfade des Supply Chain Management

Wie bereits im Abschnitt 2.1.3.5 angedeutet, ist in Ergänzung zu CHANDLERS unterschiedenen zwei Phasen der aufeinander abgestimmten Strategie- und Strukturgestaltung von Unternehmen seit Ende der 1980er Jahre eine dritte Phase zu beobachten, die in Abkehr von vertikaler Integration und Diversifikation die Strategie der **Konzentration auf das Kerngeschäft** in Verbindung mit prozeßorientierten Strukturen umfaßt.[1] Doch Unternehmen, die sich aus strategischen Erwägungen auf ihre Kernkompetenzen konzentrieren, müssen verstärkt miteinander kooperieren, um ihre Teilleistungen zu koordinieren und zu überlegenen Produkten zu kombinieren.

Folglich korrespondiert die strategische Notwendigkeit einer kundenorientierten Kopplung der Kernkompetenzen verschiedener Unternehmen mit einer organisatorischen Verknüpfung der Strukturen und Prozesse dieser Unternehmen zu einer **Netzwerkorganisation**.[2] Im Gegensatz zu einer Funktional- oder Divisionalorganisation reprä-

---

1 Vgl. erneut BÜHNER (1989), S. 225 und ferner SYDOW (1992), S. 3 f.

2 Zum Zusammenhang zwischen Konzentration auf Kernkompetenzen, Netzwerkbildung und SCM vgl. auch SCHINZER (1999), S. 857 f.

sentiert eine Netzwerkorganisation nicht die Aufbaustruktur eines auf Dauer angelegten rechtlich und wirtschaftlich selbständigen Unternehmens. Vielmehr verkörpert sie ein aus ablauforganisatorischen und informationswirtschaftlichen Maßnahmen resultierendes sowie zeitlich eher nur begrenzt existierendes „Gebilde" einer freiwilligen Kooperation mehrerer selbständiger Unternehmen im Sinne einer **virtuellen Organisation**.[1] Vertikale Kooperationen entlang der Wertschöpfungskette folgen der Idee einer materialfluß- und damit prozeßorientierten Organisationsgestaltung und münden in unternehmensübergreifenden **Prozeßorganisationen**.[2]

Voraussetzung prozeßorientierter Netzwerkorganisationen aber ist die Verknüpfung der Informations- und Kommunikationssysteme der kooperierenden Unternehmen und damit der Übergang von der *innerbetrieblichen Datenintegration* im Sinne eines Computer Integrated Manufacturing (CIM) zur *überbetrieblichen Datenintegration* mit Hilfe eines Electronic Data Interchange (EDI). Wie bereits im Zusammenhang mit der produktionssynchronen Beschaffungsstrategie im Abschnitt 3.2.1 erörtert, bietet sich hierzu die Implementierung sogenannter Extranets auf der Grundlage der **Internet-Technologie** an.[3]

Damit läßt sich der hinter dem SCM stehende **Strategie-Struktur-Technologie-Zusammenhang** folgendermaßen zusammenfassen: Die aus dem Wunsch nach Komplexitätsreduktion erwachsende *unternehmensindividuelle Strategie* einer Konzentration auf das Kerngeschäft korrespondiert mit der *kollektiven Strategie* der Bildung von Wertschöpfungspartnerschaften zur kundenorientierten Kopplung der Kernkompetenzen, was erst durch eine unternehmensübergreifende Verknüpfung der Strukturen und Prozesse der beteiligten Unternehmen zu prozeßorientierten *Netzwerkorganisationen* und durch eine von der *Internet-Technologie* begünstigte unternehmensübergreifende Verkettung der unternehmensspezifischen I&K-Systeme möglich wird.

Das im Unterkapitel 3.3 vorgestellte Supply Chain Management ist eine spezifische Form des im Abschnitt 2.2.2 beschriebenen kollektiven strategischen Managements und erfordert auf der operativ-taktischen Stufe eine im Abschnitt 4.3.2 genauer zu erläuternde integrierte unternehmensübergreifende Produktionsplanung und -steuerung unter Einsatz der in den Abschnitten 3.1.4.6 und 3.1.4.7 besprochenen Advanced Planning und Manufacturing Execution Systems. Doch zunächst ist im folgenden Kapitel die Betrachtung der konsistenz-kongruenz-orientierten Produktionswirtschaft grundsätzlich von der strategischen auf die operativ-taktische Ebene zu lenken.

---

1 Vgl. BUSCHER (2003b), S. 24, WESTKÄMPER/LÖFFLER (2016), S. 128 ff., JUNG/HEINZEN/QUARG (2018), S. 490 ff. und MACHARZINA/WOLF (2023), S. 576 ff. sowie ausführlicher PICOT/REICHWALD/WIGAND/MÖSLEIN/NEUBURGER/NEYER (2020), S. 125 ff.

2 Zur Prozeßorganisation vgl. erneut das Standardwerk von GAITANIDES (1983).

3 Vgl. BOGASCHEWSKY (2000), S. 298 f. und KEUPER (2001), S. 372 ff.

4 Operativ-taktisch konsistente und kongruente Produktionswirtschaft

4.1 Konsistenz und Kongruenz durch integrierte operativ-taktische Produktionsplanung[1]

4.1.1 Interdependenzen zwischen den Produktionsteilplänen

Durch eine konsistente Ausgestaltung der fünf strategischen Aktionsparameter „Produktionsstrategie", „-struktur" und „-technologie" sowie „Beschaffungsstrategie" und „-struktur" als Akt der systembildenden Koordination im Rahmen des strategischen Produktions- und Beschaffungsmanagements entsteht ein spezifisches Produktionssystem, in dem wiederum alle zu ergreifenden Maßnahmen in einem Akt der systemkoppelnden Koordination konsistent aufeinander abzustimmen sind. Konsistenz des produktionswirtschaftlichen Maßnahmenprogramms setzt eine produktionsbereichsweite Planung unter Berücksichtigung aller wesentlichen Interdependenzen zwischen den produktionswirtschaftlichen Teilplanungen und somit eine koordinierte Produktionsprogramm-, -faktor- und -prozeßplanung voraus. Sie muß die Frage beantworten, unter Einsatz welcher bereits im Unternehmen befindlichen und zum Teil erst noch zu beschaffenden Potential- und Repetierfaktoren welche Zwischen- und Endprodukte in welchen Mengen wie und wann in den einzelnen Perioden des Planungszeitraums unter Einhaltung etwaiger Absatz-, Beschaffungs-, Kapazitäts- und gegebenenfalls auch Budgetbedingungen selbst hergestellt werden sollen. Dies aber ist Hauptaufgabe der **integrierten operativ-taktischen Produktionsplanung**.

Das produktionsplanerische Integrationserfordernis ergibt sich aus den zahlreichen **Interdependenzen** zwischen den produktionswirtschaftlichen Teilplanungen, von denen die wichtigsten im folgenden kurz beleuchtet werden sollen.[2]

Die **Produktionsprogrammplanung** benötigt Stückkosten und Produktionskoeffizienten, die erst nach erfolgter **Produktionsprozeßplanung** vorliegen, wenn genau bekannt ist, welche Potentialfaktoren wie lange mit welcher Intensität einzusetzen sind. Doch eine *Produktionsaufteilungsplanung* ist nur möglich, wenn das auf die verfügbaren Potentialfaktoren aufzuteilende Produktionsprogramm bereits feststeht. Auch die *Ablaufplanung* setzt ein gegebenes Produktionsprogramm voraus, das strenggenommen erst nach erfolgter Auftragsterminierung und Maschinenbelegung aufgestellt werden dürfte, weil frühestens dann Klarheit über die zu verrechnenden Zwischenlagerkosten herrscht.[3] Außerdem stehen erst mit den ablaufbedingten Maschinenstillstandszeiten die tatsächlich verfügbaren Kapazitäten fest, die unter Umständen nicht ausreichen, um das geplante Produktionsprogramm zu fertigen.

---

1 Vgl. ROLLBERG (2018b), S. 343–346 i. V. m. ROLLBERG (2002) und ROLLBERG (2018a).

2 Zu den skizzierten Interdependenzen vgl. vor allem ADAM (1990), S. 679 ff. und ADAM (1998), S. 121 ff.

3 Vgl. GUTENBERG (1983), S. 200.

https://doi.org/10.1515/9783112219843-004

Produktionsprogramm- und -prozeßplanung determinieren wiederum den Bruttobedarf an Repetierfaktoren, der im Rahmen der **Produktionsfaktorplanung** zunächst ermittelt und dann unter Berücksichtigung vorhandener Lagerbestände, ausstehender Materialbestellungen und laufender Produktionsaufträge in den Nettobedarf überführt wird. Letzterer ist über rechtzeitige Beschaffungsmaßnahmen oder innerbetriebliche Fertigungsaufträge zu decken. Während die *Materialbedarfsermittlung* einseitig von den Ergebnissen der Programm- und Prozeßplanung abhängt, existieren wechselseitige Abhängigkeitsverhältnisse zwischen Programm- und Prozeßplanung einerseits und *Losgrößen- und Bestellmengenplanung* andererseits. Losgrößen- und Bestellmengenplanung sind nämlich auf das Ergebnis der Programm- und Prozeßplanung sowie dem daraus ableitbaren künftigen Repetierfaktorbedarf angewiesen und nehmen gleichzeitig Einfluß auf die zur Festlegung des Programms bedeutsamen Kosten.

Im Falle knapper Kapazitäten sind die Interdependenzen zwischen *Programm- und Losgrößenplanung* noch ausgeprägter, denn dann führt ein Abweichen von der isoliert betrachtet optimalen Losgröße zugunsten umfangreicherer Lose zu zwei Effekten: Einerseits kommt es zu steigenden Kosten, weil die Rüstkosten in geringerem Umfange abnehmen, als die Lagerkosten zunehmen, andererseits zu sinkenden Opportunitätskosten (zusätzliche Erlöse bei Endprodukten oder eingesparte Differenzen zwischen Beschaffungs- und Herstellkosten bei Zwischenprodukten), weil (zumindest anfangs) unproduktive Rüstzeiten in produktive Fertigungszeiten umgewandelt werden. Nur eine integrierte Programm- und Losgrößenplanung vermag unter diesen Umständen die optimale Aufteilung der Kapazitäten auf Rüst- und Produktionszeiten zu bestimmen.

Auch die *Produktionsaufteilungsplanung* und die *Losgrößenplanung* sind untereinander interdependent. Aus der Aufteilungsplanung muß bekannt sein, auf welcher Produktionsanlage ein ausgewähltes Erzeugnis gefertigt werden soll, bevor mit der Losgrößenplanung begonnen werden kann, weil die optimale Losgröße von den anlagenspezifischen Rüstkosten abhängt. Gleichzeitig darf die Aufteilungsplanung nicht isoliert von der Losgrößenplanung erfolgen, wenn sich beispielsweise die anlagenspezifischen Rüstkosten zweier Maschinen deutlich voneinander unterscheiden. In einem solchen Falle kann es unter Umständen vorteilhaft sein, auf das teurer produzierende Aggregat mit den dafür günstigeren Rüstkosten zurückzugreifen.

Zudem erfaßt die Losgrößenplanung zwar Lagerkosten für Fertigwarenbestände, nicht jedoch ablaufbedingte Zwischenlagerkosten. Auch der Einfluß von Auftragsgröße und -zahl auf die Maschinenstillstandszeiten wird vernachlässigt. Derartige Zusammenhänge sind aber selbst dann im Rahmen einer integrierten *Losgrößen- und Ablaufplanung* zu berücksichtigen, wenn es mit Hilfe der Lossequenzplanung[1] gelingen sollte, zeitlich durchsetzbare Maschinenbelegungspläne zu entwerfen.

---

1 Zur Lossequenzplanung vgl. bspw. ADAM (1969b), S. 84 ff.

Die Bestimmung der Bestellzeitpunkte als Teilaufgabe der *Bestellmengenplanung* ist ebenfalls untrennbar mit der *Ablaufplanung* verbunden: Der zeitliche Fertigungsablauf determiniert die Bedarfs- und damit auch die spätestmöglichen Liefer- und Bestellzeitpunkte. Liegen letztere zum Stichtag der Planung auf Grund zu langer Lieferzeiten bereits in der Vergangenheit, so hängt die Ablaufplanung von den frühestmöglichen Bereitstellungsterminen und damit von der Bestellpolitik ab. Um gewinnschmälernde Lager-, Verzugs- und Fehlmengen infolge zu früher, zu später oder gar gänzlich ausbleibender Lieferungen zu vermeiden, ist daher eine integrierte Bestellmengen- und Ablaufplanung vonnöten.

Programm-planung	→ Produktionsmengen Stückkosten, Produktionskoeffizienten ←	Aufteilungs-planung
Programm-planung	→ Produktionsmengen verfügbare Kapazitäten, Zwischenlagerkosten ←	Ablauf-planung
Programm- und Prozeß-planung	→ Produktionsmengen, -koeffizienten und -termine	Material-bedarfs-ermittlung
Programm- und Prozeß-planung	→ Produktionsmengen, -koeffizienten und -termine Bereitstellungskosten ←	Bestell-mengen-planung
Programm- und Prozeß-planung	→ Produktionsmengen, -koeffizienten und -termine → verfügbare Kapazitäten verfügbare Kapazitäten, Bereitstellungskosten ←	Losgrößen-planung
Aufteilungs-planung	→ anlagenspezifische Rüstkosten Bereitstellungskosten ←	Losgrößen-planung
Ablauf-planung	→ ablaufbedingte Zwischenlagerkosten Losgröße, Auflagehäufigkeit ←	Losgrößen-planung
Ablauf-planung	→ spätestmögliche Liefertermine und damit auch Bestellzeitpunkte frühestmögliche Liefertermine ←	Bestell-mengen-planung
Ablauf-planung	→ Stillstandszeiten und damit verfügbare Kapazitäten Arbeitsintensitäten und damit Durchlaufzeiten ←	Aufteilungs-planung

Abbildung 41: Interdependenzen zwischen den Teilplänen der Produktionsplanung

Schließlich bleibt zu erwähnen, daß auch *Produktionsaufteilungs- und Ablaufplanung* integriert erfolgen sollten. In der isolierten Aufteilungsplanung werden die optimalen Arbeitsintensitäten allein unter Kostengesichtspunkten bestimmt, obgleich von jenen auch ein erheblicher Einfluß auf die in der Ablaufplanung bedeutsamen Durchlaufzeiten ausgeht. Ebenso erfolgt die Auswahl von Potentialfaktoren ausschließlich kostenorientiert, ohne etwaige Rückwirkungen auf Stillstands- und Zwischenlagerzeiten einzukalkulieren.

Alle erörterten Interdependenzen zwischen den produktionswirtschaftlichen Teilplanungen werden in der Abbildung 41 noch einmal zusammenfassend dargestellt.

4.1.2 Simultane Produktionsplanung als theoretisches Ideal

Das theoretische Ideal einer integrierten Produktionsplanung ist die **Simultanplanung** auf der Basis eines alle produktionswirtschaftlichen Fragestellungen und Zusammenhänge erfassenden Totalmodells. Nur ein **Totalmodell** der Produktionsplanung erlaubt es, Programm-, Faktor- und Prozeßplanung unter Berücksichtigung aller relevanten Interdependenzen simultan einer konsistenten Lösung zuzuführen. Doch ein alle produktionswirtschaftlichen Zusammenhänge erschöpfend abbildendes Totalmodell wird es auf Grund der beschränkten menschlichen Informationsgewinnungs- und -verarbeitungskapazität niemals geben. Jedes Modell bleibt letztlich ein **Partialmodell**, das die Komplexität des Planungsproblems auf ein mehr oder weniger handhabbares Maß reduziert.

Im folgenden soll exemplarisch ein „**totales Partialmodell**" der Produktionsplanung auf der Basis der gemischt-ganzzahligen linearen Optimierung vorgestellt werden,[1] das die wesentlichen Problemfelder der Programm-, Faktor- und Prozeßplanung integriert abbildet. Von einer Berücksichtigung ablaufpolitischer Fragestellungen zur Planrealisation und von der Zeitpräferenz des Geldes wird dabei bewußt abstrahiert. Gleichwohl operiert das Modell mit **Zahlungsgrößen**, weshalb im Abschnitt 4.1.2 nicht mehr von Kosten, sondern stets von Auszahlungen die Rede ist. Gleiches gilt für die Modelle in den Abschnitten 4.2.2 und 4.3.2.[2]

Die **Zielfunktion** des Modells verlangt eine Maximierung des Gewinns G im Sinne eines Zahlungsüberschusses, also eine Maximierung der Differenz zwischen allen relevanten Ein- und Auszahlungen.

$$\text{max. } G; \; G := EU - ABV - ABF - APV - APF - AR - AL$$

---

1 Zum vorgestellten Modell vgl. auch ROLLBERG (2002), S. 133 ff.

2 Dieser Weg wurde gewählt, weil das Modell der simultanen Produktionsplanung aus 4.1.2 in 4.2.2.4 zu einem unweigerlich zahlungsorientierten Modell der simultanen Produktions-, Investitions- und Finanzierungsplanung erweitert werden soll.

Der mit den Zwischenprodukten m und Endprodukten n in den Perioden t des Planungszeitraums zu erzielende *Umsatzerlös EU* ergibt sich aus der Summe der mit den entsprechenden Verkaufspreisen als variablen Einzahlungen e pro abgesetzte Mengeneinheit multiplizierten Absatzmengen x^A.[1]

$$EU = \sum_{mt} e_{mt} \cdot x_{mt}^A + \sum_{nt} e_{nt} \cdot x_{nt}^A$$

Hiervon sind die *variablen Auszahlungen ABV für die Beschaffung und den Fremdbezug* von Rohstoffen und Teilen (Index l) bzw. Zwischen- und Endprodukten (Index m bzw. n) zu subtrahieren. Sie werden als Summe der mit den jeweiligen Einkaufspreisen als variablen Auszahlungen a^B pro beschaffte oder fremdbezogene Mengeneinheit bewerteten Beschaffungs- oder Fremdbezugsmengen x^B erfaßt.

$$ABV = \sum_{lt} a_{lt}^B \cdot x_{lt}^B + \sum_{mt} a_{mt}^B \cdot x_{mt}^B + \sum_{nt} a_{nt}^B \cdot x_{nt}^B$$

Auszahlungen pro Beschaffungs- oder Fremdbezugsvorgang A^B sind nur zu verrechnen, wenn in einer Periode tatsächlich das entsprechende Gut bestellt wird und somit die zugehörige Schaltvariable u^B den Wert Eins annimmt. Durch Summation über alle Güter und Perioden ergeben sich die *fixen Auszahlungen ABF der Beschaffung und des Fremdbezugs*.

$$ABF = \sum_{lt} A_{lt}^B \cdot u_{lt}^B + \sum_{mt} A_{mt}^B \cdot u_{mt}^B + \sum_{nt} A_{nt}^B \cdot u_{nt}^B$$

Die *reinen produktionsprozeßbedingten variablen Auszahlungen APV* für die in den einzelnen Perioden hergestellten Zwischen- und Endprodukte resultieren aus der Summe der mit den entsprechenden variablen Auszahlungen a^P pro eigengefertigte Mengeneinheit multiplizierten Produktionsmengen x^P, wobei die Größen zusätzlich danach unterschieden werden, für welches Aggregat j und bei welcher Intensität oder Leistungsschaltung i sie gelten.

$$APV = \sum_{ijmt} a_{ijmt}^P \cdot x_{ijmt}^P + \sum_{ijnt} a_{ijnt}^P \cdot x_{ijnt}^P$$

Soll in einer Periode ein Zwischen- oder Endprodukt auf Aggregat j produziert werden, so aktiviert die entsprechende Binärvariable u^P die zu verrechnenden sprungfixen produktionsbedingten Auszahlungen A^P für die Betriebsbereitschaft. Zusätzlich fallen Auszahlungen A^R für einen Rüstvorgang an, wenn das jeweilige Produkt nicht auch in

---

1 Der Übersichtlichkeit halber unterscheiden sich viele der im folgenden Modell zum Einsatz gelangenden Variablen und Konstanten lediglich durch die ihnen zugeordneten Indizes l, m oder n. Deshalb ist den verschiedenen Definitionsbereichen der einzelnen Indizes besondere Aufmerksamkeit zu schenken: $l \in \{1, 2, ..., L\}$, $m \in \{L+1, L+2, ..., L+M\}$, $n \in \{L+M+1, L+M+2, ..., L+M+N\}$.

der vorhergehenden Periode auf der Anlage gefertigt werden soll und somit die Schalt-variable u^R gleich eins ist. Durch Summation ergeben sich die gesamten *Auszahlungen APF für die Betriebsbereitschaft* und die gesamten *Auszahlungen AR für Umrüstungen*.

$$APF = \sum_{jmt} A_j^P \cdot u_{jmt}^P + \sum_{jnt} A_j^P \cdot u_{jnt}^P$$

$$AR = \sum_{jmt} A_{jm}^R \cdot u_{jmt}^R + \sum_{jnt} A_{jn}^R \cdot u_{jnt}^R$$

Schließlich sind noch die *lagerbedingten Auszahlungen AL* als Summe der mit den zugehörigen variablen Auszahlungen a^L pro Lagermengeneinheit und Periode multi-plizierten durchschnittlichen Lagerbestände an Rohstoffen, Teilen, Zwischen- und Endprodukten der einzelnen Perioden zu subtrahieren. Der durchschnittliche Lager-bestand einer Periode t entspricht der Hälfte der Summe aus Lageranfangs- und Lager-endbestand der Periode t. Dabei ergibt sich der jeweilige Lageranfangsbestand durch Addition des Lagerendbestands x^L der Vorperiode t – 1 und der für Periode t beschaff-ten Rohstoff- oder Teile- bzw. fremdbezogenen Zwischen- oder Endproduktmenge x^B. Mithin wird unterstellt, daß sich Produktion und Absatz gleichmäßig über die Zeit hinweg verteilen (kontinuierliche Lagerbestandsentwicklung).

$$AL = \sum_{lt} a_{lt}^L \cdot \frac{\left(x_{lt-1}^L + x_{lt}^B\right) + x_{lt}^L}{2} + \sum_{mt} a_{mt}^L \cdot \frac{\left(x_{mt-1}^L + x_{mt}^B\right) + x_{mt}^L}{2} +$$

$$\sum_{nt} a_{nt}^L \cdot \frac{\left(x_{nt-1}^L + x_{nt}^B\right) + x_{nt}^L}{2}$$

Diese Zielfunktion ist unter verschiedenen Nebenbedingungen zu maximieren. So gelten für alle Zwischenprodukte m und Endprodukte n mit X^A periodenspezifische **Absatzobergrenzen** (1a & 1b) und mit X^B periodenspezifische **Fremdbezugsober-grenzen** (2b & 2c). Analog sind periodenspezifische **Beschaffungsobergrenzen** (2a) für alle Rohstoffe und Teile l zu berücksichtigen.

$$x_{mt}^A \le X_{mt}^A \quad \forall\, m, t; \qquad\qquad x_{nt}^A \le X_{nt}^A \quad \forall\, n, t$$

$$x_{lt}^B \le X_{lt}^B \quad \forall\, l, t; \qquad\quad x_{mt}^B \le X_{mt}^B \quad \forall\, m, t; \qquad\quad x_{nt}^B \le X_{nt}^B \quad \forall\, n, t$$

Weiter müssen die Produktionskapazitäten Kap^P der einzelnen Potentialfaktoren j in jeder Periode t ausreichen, um die ihnen zugeordneten Produktionsmengen an Zwi-schen- und Endprodukten mit den jeweils vorgesehenen Intensitäten i herstellen und die erforderlichen Umrüstungsarbeiten vornehmen zu können. Dies gewährleisten folgende **Produktionskapazitätsrestriktionen** (3).

$$\sum_{im} PK^P_{ijm} \cdot x^P_{ijmt} + \sum_m RZ_{jm} \cdot u^R_{jmt} + \sum_{in} PK^P_{ijn} \cdot x^P_{ijnt} + \sum_n RZ_{jn} \cdot u^R_{jnt} \leq Kap^P_{jt} \quad \forall \, j, t$$

Dabei entspricht der Umfang der in einer Periode produktiv genutzten Zeit der Summe der mit den entsprechenden potentialfaktorspezifischen Produktionskoeffizienten PK^P (in Zeiteinheiten pro Mengeneinheit) gewichteten Produktionsmengen x^P. Die produktiv nutzbare Zeit schmälernde Rüstzeiten RZ fallen nur an, wenn ein Rüstvorgang durchzuführen ist und die entsprechende Schaltvariable u^R den Wert Eins annimmt.

Lagerkapazitätsrestriktionen (4) garantieren, daß die Summe der mit den entsprechenden Lagerkoeffizienten LK gewichteten Lageranfangs- (4a) bzw. Lagerendbestände (4b) an Rohstoffen und Teilen l sowie Zwischenprodukten m und Endprodukten n in keiner Periode die verfügbare Kapazität Kap^L des gemeinsamen „chaotischen" Lagers übersteigt. Wieder ergibt sich der jeweilige Lageranfangsbestand durch Addition des Lagerendbestands x^L der Vorperiode t – 1 und der Beschaffungs- bzw. Fremdbezugsmenge x^B der Periode t, während der Lagerendbestand x^L der Periode t aus den nachfolgend zu erörternden Lagerfortschreibungsbedingungen resultiert.

$$\sum_l LK_l \cdot \left(x^L_{lt-1} + x^B_{lt}\right) + \sum_m LK_m \cdot \left(x^L_{mt-1} + x^B_{mt}\right) + \sum_n LK_n \cdot \left(x^L_{nt-1} + x^B_{nt}\right) \leq Kap^L_t \quad \forall \, t$$

$$\sum_l LK_l \cdot x^L_{lt} + \sum_m LK_m \cdot x^L_{mt} + \sum_n LK_n \cdot x^L_{nt} \leq Kap^L_t \quad \forall \, t$$

Lagerfortschreibungsbedingungen (5) stellen sicher, daß sich der Lagerbestand x^L an Rohstoffen und Teilen sowie Zwischenerzeugnissen und Endprodukten am Ende einer Periode t aus dem jeweiligen Lagerendbestand der Vorperiode t – 1 zuzüglich etwaiger Zugänge und abzüglich etwaiger Abgänge ergibt. Aus dem vorhergehenden Planungszeitraum stammende Lagerbestände (t = 0) sind dabei vorzugeben. Bei *Rohstoffen und Teilen* entsprechen die Zugänge den Beschaffungsmengen x^B und die Abgänge den Verbrauchsmengen für die Produktion von Zwischen- und Endprodukten (5a).

$$x^L_{lt-1} + x^B_{lt} - \sum_{ijm} PK^R_{lijm} \cdot x^P_{ijmt} - \sum_{ijn} PK^R_{lijn} \cdot x^P_{ijnt} - x^L_{lt} = 0 \quad \forall \, l, t$$

mit $\quad x^L_{l0} = X^L_{l0} \quad \forall \, l$

Die repetierfaktorspezifischen Produktionskoeffizienten PK^R spiegeln den Direktbedarf an Rohstoff oder Teil l für die Fertigung eines Zwischenprodukts m oder Endprodukts n auf Aggregat j mit der Intensität i wider. Analog sind die Produktionskoeffizienten in den Lagerfortschreibungsbedingungen für die *Zwischenprodukte* zu interpretieren, wobei das Zwischenprodukt m nicht nur in die Endprodukte n, sondern auch in andere Zwischenprodukte $m^* \neq m$ eingehen kann (5b).

$$x^L_{mt-1} + \sum_{ij} x^P_{ijmt} + x^B_{mt} - \sum_{ij\ m^*\in M\setminus\{m\}} PK^R_{mijm^*} \cdot x^P_{ijm^*t} - \sum_{ijn} PK^R_{mijn} \cdot x^P_{ijnt} -$$

$$x^A_{mt} - x^L_{mt} = 0 \quad \forall\ m, t \qquad \text{mit}\ \ x^L_{m0} = X^L_{m0} \quad \forall\ m$$

Zugänge an Zwischenprodukten ergeben sich aus Eigenfertigungsmengen x^P und Fremdbezugsmengen x^B, Abgänge dagegen aus dem produktionsbedingten Verbrauch und den Absatzmengen x^A. Während sich *Endprodukte* hinsichtlich möglicher Zugänge nicht von Zwischenprodukten unterscheiden, können Abgänge nur aus dem Verkauf resultieren (5c).

$$x^L_{nt-1} + \sum_{ij} x^P_{ijnt} + x^B_{nt} - x^A_{nt} - x^L_{nt} = 0 \quad \forall\ n, t \qquad \text{mit}\ \ x^L_{n0} = X^L_{n0} \quad \forall\ n$$

Rohstoffe und Teile sowie Zwischen- und Endprodukte gehen dem Lager in derselben Periode zu, in der sie bestellt oder gefertigt wurden, und können auch in derselben Periode wieder verbraucht oder verkauft werden. Somit wird mit den Lagerfortschreibungsbedingungen der Fall einer *offenen Produktion* modelliert: Schon bevor das periodenspezifische Fertigungslos vollständig vorliegt, ist eine Weiterverarbeitung oder Veräußerung einzelner Mengeneinheiten dieses Loses möglich.

Schließlich werden etliche **Schaltbedingungen** zur adäquaten Verrechnung sprungfixer Auszahlungen, wie beispielsweise der *bestellfixen Auszahlungen* (6), benötigt.

$$x^B_{lt} - Z \cdot u^B_{lt} \le 0 \ \ \forall\ l, t; \qquad x^B_{mt} - Z \cdot u^B_{mt} \le 0 \ \ \forall\ m, t; \qquad x^B_{nt} - Z \cdot u^B_{nt} \le 0 \ \ \forall\ n, t$$

Die mit einer hinreichend großen Zahl Z multiplizierte Binärvariable u^B nimmt dann und nur dann den Wert Eins an, falls in Periode t das entsprechende Gut bestellt wird ($x^B > 0$).[1] Analog aufgebaut sind die Schaltbedingungen zur Aktivierung der *sprungfixen produktionsbedingten Auszahlungen für die Betriebsbereitschaft* (7) der einzelnen Potentialfaktoren.

$$\sum_i x^P_{ijmt} - Z \cdot u^P_{jmt} \le 0 \ \ \forall\ j, m, t; \qquad \sum_i x^P_{ijnt} - Z \cdot u^P_{jnt} \le 0 \ \ \forall\ j, n, t$$

Sobald auf Aggregat j in Periode t bestimmte Zwischen- oder Endprodukte bearbeitet werden, wird die mit einer hinreichend großen Zahl Z multiplizierte Schaltvariable u^P gleich eins sein.[2] Hierbei ist es gleichgültig, mit welcher Leistungsschaltung i die

---

1 Voraussetzung für ein einwandfreies Funktionieren derartiger Restriktionen ist, daß die Konstante Z mindestens so groß ist wie die größte vorstellbare ihr gegenüberstehende Beschaffungsmenge. Insofern hätte auch die Beschaffungs- bzw. Fremdbezugsobergrenze X^B des jeweiligen Gutes an die Stelle von Z gesetzt werden können.

2 Voraussetzung für ein einwandfreies Funktionieren derartiger Restriktionen ist, daß die Konstante Z mindestens so groß ist wie der größte vorstellbare Wert für die ihr gegenüberstehende Summe.

jeweilige Anlage arbeitet. Auf jedem Aggregat kann *in einer spezifischen Periode maximal eine bestimmte Produktart* hergestellt werden (8).

$$\sum_m u^P_{jmt} + \sum_n u^P_{jnt} \leq 1 \quad \forall \; j, t$$

Rüstvorgänge sind immer dann erforderlich, wenn in Periode t auf Aggregat j ein Erzeugnis herzustellen ist, das in der Vorperiode nicht auf diesem Aggregat produziert werden soll (u^P_{jmt-1} bzw. $u^P_{jnt-1} = 0$), wenn das Aggregat in der Vorperiode also für die Fertigung eines anderen Produkts eingesetzt werden soll oder stillsteht. Folgende Schaltbedingungen stellen sicher, daß in einem solchen Falle die Binärvariable u^R auf eins gesetzt wird (9).[1]

$$(u^P_{jmt} - u^P_{jmt-1}) - u^R_{jmt} \leq 0 \quad \forall \; j, m, t \qquad \text{mit} \quad u^P_{jm0} = \bar{u}^P_{jm0} \quad \forall \; j, m$$

$$(u^P_{jnt} - u^P_{jnt-1}) - u^R_{jnt} \leq 0 \quad \forall \; j, n, t \qquad \text{mit} \quad u^P_{jn0} = \bar{u}^P_{jn0} \quad \forall \; j, n$$

Ansonsten ist u^R gleich null, weil anderenfalls unnötigerweise in der Zielfunktion *Auszahlungen für Rüstvorgänge* und in der jeweiligen Kapazitätsrestriktion die produktiv nutzbare Zeit schmälernde *Rüstzeiten* aktiviert würden. Dieser „Automatismus" gilt indes nicht für Schaltvariable u^P:[2] Je nach Datenlage kann es sich als vorteilhaft erweisen, diese Schaltvariable auch in einer Periode t auf eins zu setzen, in der nichts produziert wird, um zwischen zwei Perioden t − 1 und t + 1, in denen ein und dasselbe Produkt gefertigt wird, die jeweilige Maschine nicht still-, sondern im *Leerlauf* stehen zu lassen und so unter Inkaufnahme niedriger sprungfixer produktionsbedingter Auszahlungen für die Betriebsbereitschaft im Vergleich dazu höhere Auszahlungen pro Rüstvorgang für die Wiederinbetriebnahme der Anlage einzusparen.

Nichtnegativitätsbedingungen sorgen dafür, daß keine stetige Variable negativ wird.

$$x^B_{lt}, x^L_{lt} \geq 0 \quad \forall \; l, t$$

$$x^A_{mt}, x^B_{mt}, x^P_{ijmt}, x^L_{mt} \geq 0 \quad \forall \; i, j, m, t; \qquad x^A_{nt}, x^B_{nt}, x^P_{ijnt}, x^L_{nt} \geq 0 \quad \forall \; i, j, n, t$$

Alle Schaltvariablen dürfen nur die Werte Null oder Eins annehmen, womit folgende **Binärbedingungen** zu formulieren sind.

---

1 Vgl. ADAM (1969b), S. 162. Die Anfangswerte u^P_{jm0} und u^P_{jn0} sind als Konstante vorzugeben: u^P_{jm0} bzw. $u^P_{jn0} = 1$, wenn in der letzten Periode des vorangegangenen Planungszeitraums Zwischen- bzw. Endprodukte der Art m bzw. n auf Aggregat j erzeugt wurden; u^P_{jm0} bzw. $u^P_{jn0} = 0$, sonst.

2 Vgl. im folgenden ADAM (1969b), S. 162 ff.

$$u_{lt}^B \in \{0,1\} \quad \forall \, l, t \, ;$$

$$u_{mt}^B \in \{0,1\} \quad \forall \, m, t \, ; \qquad u_{jmt}^P \in \{0,1\} \quad \forall \, j, m, t \, ; \qquad u_{jmt}^R \in \{0,1\} \quad \forall \, j, m, t \, ;$$

$$u_{nt}^B \in \{0,1\} \quad \forall \, n, t \, ; \qquad u_{jnt}^P \in \{0,1\} \quad \forall \, j, n, t \, ; \qquad u_{jnt}^R \in \{0,1\} \quad \forall \, j, n, t$$

Wie deutlich geworden sein sollte, vermag der unterbreitete gemischt-ganzzahlige lineare Optimierungsansatz etliche Fragestellungen der Programm-, Faktor- und Prozeßplanung integriert zu beantworten.

Die **Produktionsprogrammplanung** gibt Auskunft über die in den einzelnen Perioden des Planungszeitraums zu produzierenden Zwischen- und Endprodukte und gleichzeitig auch über die aus betriebsindividueller Sicht zweckmäßigste Fertigungstiefe. Das Modell erlaubt periodenspezifische Entscheidungen zwischen Eigenfertigung, Fremdbezug sowie Eigenfertigung und ergänzendem Fremdbezug, wenn für die entsprechenden Erzeugnisse sowohl Produktions- als auch Fremdbezugsvariable definiert worden sind. Wurden bereits vor Planungsbeginn strategische Grundsatzentscheidungen über den Grad der vertikalen Integration gefällt, dürfen für ausschließlich eigenzufertigende (fremdzubeziehende) Produkte keine Fremdbezugsvariablen (Eigenfertigungsvariablen) formuliert werden.[1] Von einer Absatzverbundenheit der Produkte wird genauso abstrahiert wie von etwaigen Fertigungs- und Materialverwandtschaften.

Im Rahmen der **Produktionsprozeßplanung** wird aus den bereits genannten Gründen auf eine Integration der zeitlichen Ablaufplanung verzichtet. Dafür ist es im Rahmen der Produktionsaufteilungsplanung möglich, zwischen funktionsgleichen, aber unterschiedlich effizienten Aggregaten j auszuwählen, mehrere identische Aggregate einzusetzen (verschiedene j für identische Potentialfaktoren) und die Aggregate mit verschiedenen Intensitäten i unterschiedlich lange (Produktionsdauer über $PK^P \cdot x^P$ berechenbar) laufen zu lassen.[2] Die Intensitäten sind allerdings nicht kontinuierlich, sondern nur in diskreten Schritten variierbar, wobei ein Intensitätssplitting als Linearkombination aus zwei Intensitäten grundsätzlich möglich ist.[3]

Zudem sind alle drei Facetten der **Produktionsfaktorplanung** Gegenstand des vorgestellten Modells. Lagerfortschreibungsbedingungen und Produktions- oder besser Direktbedarfskoeffizienten PK^R erlauben eine integrierte Materialbedarfsermittlung, wobei auch Leistungsverflechtungen in Form von echten Rückkopplungen[4] auf der Zwischenproduktebene berücksichtigt werden können. Die Bedarfsermittlung ist

---

1 Für zum Kerngeschäft gehörige Produkte sollte es keine Fremdbezugsvariablen geben.

2 Mithin erlaubt das Modell zeitliche, intensitätsmäßige, quantitative und selektive Anpassung. Vgl. hierzu bspw. ADAM (1998), S. 341 ff. und 375 ff. sowie BLOECH/BOGASCHEWSKY/BUSCHER/DAUB/ GÖTZE/ROLAND (2014), S. 47 ff. und 66 ff. Ergänzend zur *simultanen* zeitlichen und intensitätsmäßigen Anpassung vgl. bspw. HERING (2010).

3 Zum Intensitätssplitting vgl. bspw. ADAM (1998), S. 364 ff. und BOGASCHEWSKY/ROLAND (1996).

4 Vgl. ADAM (1998), S. 505.

Grundvoraussetzung für die Losgrößenplanung bei Eigenfertigung und die Bestell-mengenplanung bei Fremdbezug. Mit der Unmöglichkeit, innerhalb einer Periode nacheinander Lose verschiedener Erzeugnisse aufzulegen, wird der Spielraum der Los-größenplanung erheblich eingeengt. Kürzere Planungsperioden oder viele identische Aggregate geringer Kapazität statt einer großen Fertigungsanlage schwächen das Pro-blem ab. Deshalb bietet es sich an, eine vergleichsweise große Anlage gedanklich als Verbund mehrerer kleiner Aggregate aufzufassen und entsprechend zu modellieren. Ein strukturgleiches Problem stellt sich in der Bestellmengenplanung: Auf Grund des diskretisierten Zeitablaufs kann in jeder Planungsperiode maximal eine Bestellung je Repetierfaktor- und Produktart ausgelöst werden. Die Festlegung vorteilhafter Bestell-zeitpunkte innerhalb einer Periode ist nicht Gegenstand des Entscheidungsmodells. Folglich werden mit zunehmender Periodenlänge unrealistisch hohe Lagerbestände ausgewiesen und entsprechend überhöhte lagerbedingte Auszahlungen verrechnet. Da Lagerhaltung zulässig ist, können sich innerhalb einer Periode die Bestell- und Produk-tionsmengen durchaus deutlich von den entsprechenden Materialbedarfen und Absatz-mengen unterscheiden. Erneut wird von Verbundeffekten, wie beispielsweise von bestellfixe Auszahlungen reduzierenden Sammelbestellungen, abstrahiert.

In der betrieblichen Realität ist die Zahl zu berücksichtigender Produkte, in sie einge-hender Repetierfaktoren, zu ihrer Bearbeitung bereitstehender Potentialfaktoren und gegebenenfalls auch der zulässigen Arbeitsintensitäten und abzubildenden Teilperio-den gewöhnlich so groß, daß die **Komplexität** der korrespondierenden Simultanpla-nungsmodelle nicht mehr handhabbar ist. Bei Problemen realistischer Größenordnung besteht das Basistableau des gemischt-ganzzahligen linearen Optimierungsansatzes nicht selten aus Tausenden von Spalten für die Variablen und Tausenden von Zeilen für die Nebenbedingungen.[1] Selbst bei einer eher recht schwachen Besetzung der sich ergebenden Matrix sind folglich schnell Millionen von Daten zu beschaffen. Dabei handelt es sich für gewöhnlich nicht nur, wie im hier unterstellten Sicherheitsfall, um problemlos aus betrieblichen Datenbanken abrufbare verläßliche Größen, sondern auf Grund der Zukunftsgerichtetheit der Planung überwiegend um aufwendig zu prognosti-zierende unsichere Daten. Damit aber scheidet eine *Datenbeschaffung* zumindest mit vertretbarem Aufwand aus. Und selbst wenn es gelänge, alle benötigten Daten rechtzei-tig bereitzustellen, wäre die praktische Anwendbarkeit des vorgestellten Optimierungs-modells auf Grund der zahlreichen einzuhaltenden Ganzzahligkeitsbedingungen zu bezweifeln, die eine Lösungsfindung erheblich erschweren, wenn nicht gar vollends vereiteln. Binärvariable und Schaltbedingungen sind aber unverzichtbar, wenn fixe Auszahlungen pro Bestellung, pro Rüstvorgang und für die Betriebsbereitschaft adäquat verrechnet werden sollen. In Ermangelung effizienter Algorithmen der ganzzahligen Planungsrechnung ist deshalb eine *Problemlösung* mit Hilfe eines simultanen Ansatzes trotz deutlich gestiegener Rechnerkapazitäten außer bei „überschaubaren" Problemen

---

1 Vgl. hierzu auch BÄUERLE (1987), S. 111. Wesentlich weiter geht die Kritik an simultanen Pla-nungsansätzen in BRETZKE (1980), S. 127 ff. und HEINHOLD (1989), S. 692 ff.

nicht zu leisten, da die unbestritten rasante Entwicklung der Computertechnologie die Schwächen der in diesem Felde unzureichenden Lösungstechnologie noch immer nicht hinreichend auszugleichen vermag. Insofern gilt auch in der Produktionswirtschaft das Planungsdilemma, nach dem Entscheidungsmodelle in der Regel entweder *wirklichkeitsnah und lösungsdefekt* oder *wirklichkeitsfern und lösbar* sind.[1]

4.1.3 Sukzessive Produktionsplanung und -steuerung mit MRP-Systemen als klassische Realität

Wegen der Unmöglichkeit einer simultanen Produktionsplanung mit einem allumfassenden Totalmodell setzte sich in der Praxis zunächst das Prinzip der **Sukzessivplanung** mit **Partialmodellen** durch.[2] Dieses Prinzip fand auch Eingang in die bereits weiter oben erwähnten klassischen PPS-Systeme auf der Grundlage des MRP-Konzepts,[3] die das komplexe Problem der Produktionsplanung und -steuerung in hierarchisch angeordnete Teilprobleme zerlegen und mit Hilfe von Partialmodellen in einer vorgegebenen Reihenfolge ohne etwaige Rückkopplungsmechanismen lösen. Dabei besteht die Planungsphase aus der Produktionsprogramm-, der Mengen- sowie der Termin- und Kapazitätsplanung und die Steuerungsphase aus der Auftragsveranlassung und der Auftragsüberwachung. Abbildung 42 faßt den Diskussionsstand aus Abschnitt 3.1.4.3 noch einmal zusammen, indem den Teilplanungen und der Organisationsphase nach dem Verständnis des vorliegenden Lehrbuchs die korrespondierenden Stufen klassischer MRP-Systeme mit einer Kurzcharakterisierung ihrer Eigenschaften gegenübergestellt werden.

Eine reine Sukzessivplanung ist aber nur dazu geeignet, **Dependenzen**, nicht jedoch Interdependenzen adäquat zu berücksichtigen. Unvorhergesehene Engpässe auf untergeordneten Hierarchieebenen werden somit in übergeordneten Planungsstufen konsequent ignoriert. Inkonsistente Teilpläne sind die Folge, die in untergeordneten Ebenen Abweichungen von den Planvorgaben übergeordneter Ebenen erzwingen, womit vorgelagerte Planungen nicht selten zu „Makulatur" werden.

Zudem stehen in klassischen MRP-Systemen nicht monetäre Erfolgsziele unter Berücksichtigung von Knappheiten, sondern Mengen- und Zeit„aspekte" bei anfänglicher Vernachlässigung etwaiger Engpässe im Mittelpunkt der Betrachtungen. Statt Optimalität wird lediglich die **Zulässigkeit** der „Pläne" angestrebt. Vom Prinzip der Sukzessivplanung wurde weder in den 1980er Jahren bei der informationstechnologischen Integration der betriebswirtschaftlichen und technischen Bereiche der Produktion

---

1 Vgl. auch BLOHM/LÜDER/SCHAEFER (2012), S. 303.

2 Zur sukzessiven Produktionsplanung vgl. bspw. ADAM (1988a), S. 8 ff., ADAM (1998), S. 597 ff. und SCHEER (1990), S. 24 ff.

3 Vgl. Abschnitt 3.1.4.3.

(„Computer Integrated Manufacturing" (CIM)[1]) noch in den 1990er Jahren bei der informationstechnologischen Integration der verschiedenen betriebswirtschaftlichen Funktionsbereiche eines Unternehmens („Enterprise Resource Planning" (ERP)[2]) abgewichen.[3]

Planung und Organisation	Stufen klassischer MRP-Systeme	→ Vorgaben, Rechnungen, „heuristische Improvisationen"[4], keine Rückkopplungen
Produktionspro-grammplanung	Produktions-programmplanung	Produktionsprogramm = vorliegende Aufträge und/oder prognostizierte Absatzmengen
Produktions-faktorplanung	Mengenplanung	Stücklistenauflösung und/oder Prognosen sowie (heuristische) Auftragsgrößenplanung
Produktions-prozeßplanung	Termin- und Kapazitätsplanung	isolierte Durchlaufterminierung und Gegenüber-stellung von Kapazitätsangebot und -bedarf
Organisation	Auftragsveranlassung	Auftragsreihenfolge- und Maschinenbelegungsplanung
	Auftragsüberwachung	zeit- und ereignis„nahe" Produktionssteuerung

Abbildung 42:   Das Stufenkonzept klassischer MRP-Systeme

4.1.4 Hierarchisch integrierte Produktionsplanung und -steuerung als theoretisch-praktischer Kompromiß

Grundsätzlich ist die in den klassischen MRP-Systemen verwirklichte Idee, nicht mit einem Totalmodell der Produktionsplanung, sondern mit mehreren Partialmodellen zu arbeiten und das komplexe Gesamtplanungsproblem in hierarchisch angeordnete Teil-probleme zu dekomponieren, die Schritt für Schritt, also sukzessiv mit zunehmendem Detaillierungsgrad und abnehmendem Planungshorizont zu lösen sind, zweckmäßig. Unzweckmäßig ist hingegen der Verzicht auf wirkliche Planung – auf koordinierende Rückkopplungen zwischen den einzelnen Hierarchieebenen, auf eine konsequente Be-rücksichtigung von Erlös- und/oder Kostenwirkungen sowie auf eine integrierte Erfas-sung relevanter Kapazitätsengpässe. Diese Defizite sucht die **hierarchisch integrierte Produktionsplanung** zu beheben,[5] die auf einer sowohl horizontalen als auch vertika-

---

1 Vgl. Abschnitt 3.1.4.4.
2 Vgl. Abschnitt 3.1.4.5.
3 Vgl. HERRMANN/ROLLBERG 2013, S. 20.
4 In Anlehnung an DREXL/FLEISCHMANN/GÜNTHER/STADTLER/TEMPELMEIER (1994), S. 1026.
5 Zur hierarchischen Produktionsplanung vgl. bspw. HAX/MEAL (1975), STADTLER (1988), KISTNER/ SWITALSKI (1989), KISTNER (1992), STEVEN (1994) und STEVEN (2014), S. 168 ff. sowie die dort jeweils zitierte Literatur.

len, die Planungskomplexität reduzierenden Dekomposition[1] des Entscheidungsfelds[2] beruht und über Rückkopplungsmechanismen verfügt. Vertikal wird das Entscheidungsfeld, dem *hierarchischen Aufbau der Unternehmensorganisation* entsprechend, in über- und untergeordnete Entscheidungsebenen dekomponiert. Innerhalb einer Ebene werden dann mit der **horizontalen Dekomposition**, den angewandten *organisatorischen Gestaltungsprinzipien* entsprechend, parallele Entscheidungsbereiche funktions-, objekt- und/oder prozeßorientiert gebildet, in denen zunächst unabhängig voneinander unter Beachtung der übergeordneten Rahmenpläne bereichsspezifische Detailpläne aufzustellen sind. Im folgenden soll die **vertikale Dekomposition** nach der Detailliertheit, Fristigkeit und Nachhaltigkeit der Planungen, also die eigentliche Hierarchisierung, in enger Anlehnung an DREXL/FLEISCHMANN/GÜNTHER/STADTLER/TEMPELMEIER ausführlicher erläutert werden (vgl. auch Abbildung 43).[3]

Auf der obersten Hierarchiestufe ist die *Unternehmensleitung* mit der integrierten und langfristigen, dafür aber wenig detaillierten und daher groben **strategischen Unternehmensplanung** befaßt. Zum einen sind die nur einer qualitativen Beurteilung zugänglichen strategischen Grundsatzentscheidungen zu fällen. Zum anderen müssen auf der Basis eines hochaggregierten Totalmodells für einen Planungszeitraum von mehreren Jahren die zielsetzungsgerechten Niveaus grob formulierter Entscheidungsvariabler festgelegt werden. Die Auswertbarkeit des hierzu erforderlichen linearen Totalmodells ist insofern gesichert, als zur Bestimmung der grundsätzlichen Marschrichtung keine großen Anforderungen an die Genauigkeit und Differenziertheit der Variablen und Eingangsdaten zu stellen sind. So reicht es beispielsweise aus, „Globalvariable" und „Globaleingangsdaten" zu erfassen, die sich auf ganze Produktfelder oder die Kapazitäten ganzer Produktionsstätten beziehen. Das aus der Langfristigkeit der Planung resultierende Prognoseproblem fällt dann angesichts der ohnehin unvermeidbaren aggregationsbedingten Ungenauigkeiten weniger ins Gewicht. Aus produktionswirtschaftlicher Sicht bezieht sich eine derartige **aggregierte Gesamtplanung** auf das gesamte Produktprogramm und alle Fertigungsbetriebe des Unternehmens. Mit ihrer Hilfe soll der Produktionsplan mit dem Absatz-, Beschaffungs-, Investitions- und Finanzierungsplan abgestimmt werden.

Der aufgestellte **Rahmenplan** ist anschließend auf untergeordneten Hierarchieebenen über bereichsspezifische, mittel- bis kurzfristige **Detailpläne** zu konkretisieren. Mit der Komplexität des zu lösenden Entscheidungsproblems wächst die Zahl erforderlicher Planungsstufen. Die Planungsergebnisse übergeordneter Ebenen sind grundsätzlich rahmengebend für die Planungsbemühungen untergeordneter Ebenen. Je weiter die jeweilige Planungsinstanz von der Unternehmensleitung entfernt ist, desto kurzfristiger und detaillierter fällt ihr Plan aus.

---

1 Zur Unterscheidung von horizontaler und vertikaler Dekomposition vgl. STADTLER (1988), S. 24 ff.

2 Allgemein zur Abgrenzung des Entscheidungsfelds der Produktionsplanung vgl. ausführlich LERM (2010), S. 11 ff.

3 Vgl. DREXL/FLEISCHMANN/GÜNTHER/STADTLER/TEMPELMEIER (1994), S. 1031–1035 und ergänzend auch KOCH (1982), S. 35 ff.

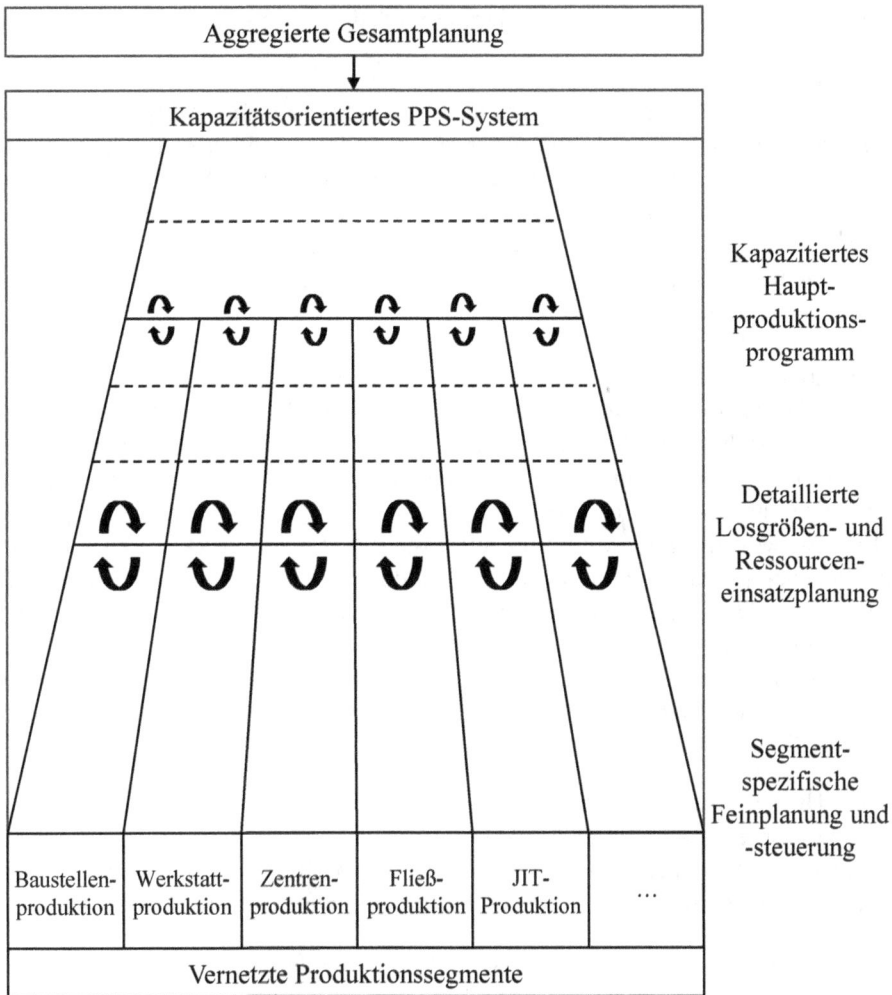

Kapazitiertes
Haupt-
produktions-
programm

Detaillierte
Losgrößen- und
Ressourcen-
einsatzplanung

Segment-
spezifische
Feinplanung und
-steuerung

Abbildung 43: Hierarchisch integrierte Produktionsplanung nach DREXL et al.[1]

So könnte die *Produktionsbereichsleitung* auf der zweiten Hierarchiestufe in der mittel-fristigen **operativen Produktionsplanung** für einen Zeitraum von beispielsweise einem Jahr die in der strategischen Unternehmensplanung festgelegten globalen produkt-feldbezogenen Größen in konkrete fertigungssegmentspezifische Produktionsprogram-me überführen. Bei der deckungsbeitragsorientierten Auswahl der Hauptprodukte nach Art und Menge wären diesmal die Kapazitäten der einzelnen Segmente explizit zu be-rücksichtigen, um berechtigterweise von einer **„kapazitierten" Hauptproduktions-programmplanung** sprechen zu dürfen. Die Problemstruktur legt auch hier die For-

---

1 In engster Anlehnung an DREXL/FLEISCHMANN/GÜNTHER/STADTLER/TEMPELMEIER (1994), S. 1030.

mulierung und Lösung linearer Optimierungsmodelle zur Entscheidungsunterstützung nahe.

Die dritte Hierarchiestufe ist der kurzfristigen **taktischen Produktionsplanung** in den *Fertigungssegmenten* zu widmen, in der aus den zentral geplanten Produktionsprogrammen dezentral zu verwirklichende Fertigungs- und Beschaffungsaufträge abgeleitet werden müssen, die zeitlich durchsetzbar und möglichst kostengünstig sind. Hierbei muß es sich also im Gegensatz zur sukzessiven Vorgehensweise klassischer MRP-Systeme um eine kostenorientierte integrierte Mengen-, Termin- und Kapazitätsplanung handeln, deren zeitlicher Horizont mehrere Wochen bis wenige Monate umfassen kann. Unter Beachtung gegebener Erzeugnis- und Prozeßstrukturen, vorgegebener Liefertermine sowie Kapazitäten der einzelnen Arbeitsstationen eines Segments sind für alle Zwischenprodukte, Teile und Rohstoffe relativ genau terminierte und möglichst wirtschaftliche Losgrößen und/oder Bestellmengen zu ermitteln. Mit den verschiedenen Losgrößen und Losauflagezeitpunkten stehen dann auch die Start- und Endtermine der erforderlichen Arbeitsgänge fest. Die **detaillierte Auftragsgrößen- und Ressourceneinsatzplanung** kann auf Lösungsverfahren zurückgreifen, die in der Vergangenheit für das strukturgleiche Problem der „mehrstufigen dynamischen Mehrprodukt-Losgrößenplanung bei beschränkten Kapazitäten und genereller Erzeugnis- und Prozeßstruktur" entwickelt worden sind.[1] Letztlich sollten also in der taktischen Produktionsplanung mit Hilfe segmentspezifischer Partialmodelle unter Verwendung möglichst exakter und zuverlässiger disaggregierter Daten simultan die Niveaus mehrerer „Detailvariabler" festgelegt werden.

Weitere Hierarchiestufen dienen nicht der Planung, sondern allenfalls der Umsetzung des in den vorgelagerten Stufen Geplanten. So ist beispielsweise die Maschinenbelegungsplanung auf der Basis von Zeitzielen analog zum MRP-Konzept der **Steuerungsphase** zuzuordnen, die dezentral in den einzelnen Segmenten zu bewältigen ist.

Vertikale und horizontale Dekomposition von Entscheidungsfeldern sowie *Aggregation und Disaggregation* von Daten und Variablen sind Wesensmerkmale der hierarchisch integrierten Produktionsplanung. Während die Unternehmensleitung mit Hilfe eines aggregierten Totalmodells zunächst die strategische Maßnahmenplanung für das Gesamtunternehmen vornimmt, widmen sich Produktionsbereichsleitung und Fertigungssegmentverantwortliche unter Einhaltung der strategischen Vorgaben anschließend mit disaggregierten Partialmodellen der operativen und taktischen Produktionsplanung. Wie schon im Zusammenhang mit dem MRP-Konzept betont, wäre ein derartiges *Sukzessivplanungskonzept* nur dann zielsetzungsgerecht, wenn zwischen hierarchischen Planungsebenen lediglich Dependenzen „von oben nach unten" und keinerlei Abhängigkeiten zwischen den parallelen Entscheidungsfeldern innerhalb einer Ebene bestünden. Daß dies in der Realität aber nicht so ist, hat sich bereits im Zusammenhang mit der Formulierung des „totalen Partialmodells" der Produktionsplanung im Abschnitt

---

[1] Vgl. DREXL/FLEISCHMANN/GÜNTHER/STADTLER/TEMPELMEIER (1994), S. 1027 und 1034.

4.1.2 gezeigt. Vor allem die fehlende Abstimmung „von unten nach oben" und die Konkurrenz gleichrangiger Bereiche um knappe Ressourcen, wie Repetierfaktormengen oder Potentialfaktorkapazitäten, begründen die *Notwendigkeit einer zusätzlichen vertikalen und horizontalen Koordination* zwischen den hierarchischen Planungsebenen bzw. innerhalb dieser Ebenen,[1] um die durch die vertikale und horizontale Dekomposition zerschnittenen Interdependenzen zumindest ansatzweise zu berücksichtigen.

Zunächst ist das hierarchische Planungskonzept um eine hierarchische Rückkopplung zur **vertikalen Koordination** der Teilpläne zu ergänzen, die der Tatsache Rechnung trägt, daß zwischen den verschiedenen Planungsebenen nicht lediglich Dependenzen, sondern Interdependenzen bestehen. Deshalb ist es angebracht, daß übergeordnete Instanzen verstärkt Rücksicht auf Rahmenbedingungen und Restriktionen untergeordneter Instanzen nehmen. Insgesamt lassen sich drei Ausprägungsformen der hierarchischen Rückkopplung unterscheiden:[2] Zum einen ist es möglich, bei der Planung weniger von vermeintlich plausiblen Annahmen über relevante Größen nachgelagerter Entscheidungsbereiche auszugehen als vielmehr sofort auf aggregierte aktuelle Daten aus eben diesen Bereichen zurückzugreifen (*„Feedforward-Rückkopplung"*). Zum anderen besteht die Möglichkeit, die der Planung zugrunde gelegten Annahmen mit den tatsächlichen Ergebnissen nachgelagerter Planungen zu vergleichen und bei gravierenden Abweichungen entsprechend zu reagieren. Führen festgestellte Abweichungen zu Neuplanungen mit verbesserten Informationen, bevor die untergeordneten Bereiche ihre Pläne durchsetzen, so handelt es sich um eine sogenannte *Ex-ante-Rückkopplung*, wobei theoretisch mehrere Rückkopplungsschleifen iterativ durchlaufen werden können. Wird etwaigen Abweichungen erst nach erfolgter Plandurchsetzung Beachtung geschenkt, um von realistischeren Annahmen wenigstens im nächsten Planungslauf ausgehen zu können, so ist von *Ex-post-Rückkopplung* zu sprechen. Letzteres ist nicht zu empfehlen, weil sich durch eine späte Ex-post-Rückkopplung ein Schaden einstellen kann, der durch eine frühzeitige Ex-ante-Rückkopplung hätte vermieden werden können.

Neben der vertikalen Koordination der Planungsebenen durch hierarchische Rückkopplung ist noch die **horizontale Koordination** der Bereichspläne innerhalb einer Ebene sicherzustellen. Die unter Beachtung strategischer Grundsatzentscheidungen und übergeordneter Planvorgaben aufgestellten Detailpläne müssen in Summe nicht unbedingt durchsetzbar sein, weshalb abschließend die Zulässigkeit der Pläne endgültig herzustellen ist.[3] Beispielsweise könnte wider Erwarten der aus den parallelen segmentspezifischen Teilplänen erwachsende Bedarf an bestimmten Repetierfaktoren die unternehmensweiten Beschaffungsmöglichkeiten übersteigen. Während also die *vertikale Koordination* nach *Optimalität* der Gesamtlösung trachtet, dient die *horizontale Koordination* lediglich der *Zulässigkeit*.

---

1 Zur vertikalen und horizontalen Koordination vgl. bspw. ADAM (2000), S. 19 f.
2 Vgl. im folgenden SCHNEEWEISS (1992), S. 83 f. und ADAM (1996), S. 379 f.
3 Vgl. KOCH (1982), S. 37.

Auf Störungen im Produktionsablauf, die zu einer Gefährdung vereinbarter Liefertermine führen können, ist mit einer entsprechenden **Ad-hoc-Koordination** im Sinne
einer *Improvisation* zu reagieren. Insofern müssen auch in der Steuerungsphase hierarchische Rückkopplungen mit der Hauptproduktionsprogrammplanung zur vertikalen
Koordination und unmittelbare Abstimmungen zwischen den einzelnen Segmenten zur
horizontalen Koordination möglich sein. Sowohl in der Planungs- als auch in der Steuerungsphase ist die Notwendigkeit einer Koordination um so geringer, je mehr Schlupf
(Reservekapazitäten, Sicherheitsbestände, erweiterte Entscheidungsspielräume in Notfällen) bei der Berechnung der Vorgaben für die untergeordneten Instanzen eingeplant
wird.[1]

Um schließlich dem Unsicherheitsproblem in der Produktionsplanung Rechnung zu
tragen, ist das hierarchische Planungskonzept um einen zeitversetzt wiederholten Pla-
nungsmodus zu ergänzen, der in der Literatur unter dem Begriff der überlappenden,
revolvierenden, rollenden oder **rollierenden Planung** diskutiert wird.[2] Hierbei ist der
gesamte Planungszeitraum der jeweiligen Hierarchiestufe in mehrere Perioden zu
unterteilen, für die auf der Grundlage der im Planungszeitpunkt verfügbaren Informationen Entscheidungen zu treffen sind. Umgesetzt werden nur die Entscheidungen, die
sich auf die unmittelbar bevorstehende Periode beziehen, um den Handlungsspielraum
künftiger Perioden nicht unnötig zu beschneiden und auf unerwartete Umweltsituatio-
nen möglichst flexibel reagieren zu können. Nach Ablauf einer Periode wird erneut
geplant, wobei der Planungshorizont zunächst um eine Periode in die Zukunft zu ver-
schieben ist, so daß die Länge des hierarchiestufenspezifischen Planungszeitraums
unverändert bleibt. Somit werden für jede Periode insgesamt so viele Pläne aufgestellt,
wie der jeweilige hierarchiestufenspezifische Planungszeitraum Perioden umfaßt. Die
Qualität der Pläne nimmt im Zeitablauf zu, sofern sich der Informationsstand des Ent-
scheidungsträgers verbessert. Der letzte Plan ist daher immer auch der beste und wird
realisiert. Folglich wird das Gesamtplanungsproblem *per Dekomposition in sachlicher*
und *per rollierender Planung in zeitlicher* Hinsicht zerlegt.

Abbildung 44 verdeutlicht das Prinzip für fünf Perioden umfassende Planungszeit-
räume. Unter der Voraussetzung, daß die fünf dargestellten Zeiträume entsprechende
Vorgänger und Nachfolger haben, ist bei Betrachtung der *fünften* Planungsperiode gut
zu erkennen, daß für *jede* Periode insgesamt fünf Pläne aufgestellt werden, wobei sich
die Qualität der Pläne im Zeitablauf verbessern kann und der jeweils fünfte Plan
umzusetzen ist.

---

1 Vgl. KISTNER (1992), S. 1139.
2 Vgl. KOCH (1982), S. 77 f., TROSSMANN (1992), STEVEN (1994), S. 55 f. und ADAM (1996),
   S. 190 f.

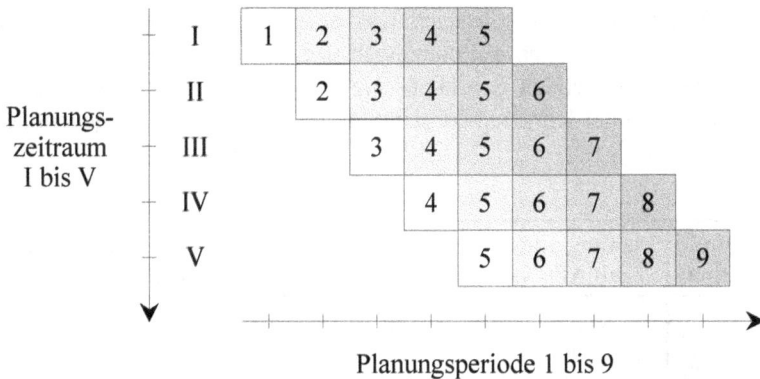

Abbildung 44:   Prinzip der rollierenden Planung

Während die Simultanplanung mit einem Totalmodell den optimalen Produktionsplan verspricht, aber an der Komplexität realistischer Planungsprobleme scheitert und die Sukzessivplanung mit klassischen MRP-Systemen praktisch handhabbar ist, jedoch nur zu unbefriedigenden Produktionsplänen führt, ist die hierarchisch integrierte Planung bei entsprechender Ausgestaltung dazu geeignet, relativ gute Produktionspläne bei moderatem Aufwand zu generieren. Sie weist damit den Weg, auf dem sich rechnergestützte Produktionsplanungs- und -steuerungssysteme, die diesen Namen auch verdienen, weiterzuentwickeln haben.

4.1.5 Hierarchisch integrierte Produktionsplanung und -steuerung mit APS und MES als moderne Realität

Das theoretische Konzept der hierarchisch integrierten Produktionsplanung fand seine technische Konkretisierung in den bereits weiter oben erwähnten **Advanced Planning Systems (APS)**,[1] die im Gegensatz zu den klassischen MRP- und ERP-Systemen monetäre Ziele verfolgen, Engpässe berücksichtigen und Rückkopplungen zwischen den einzelnen Planungsebenen gestatten. Somit ist ein vertikaler Informationsfluß nicht nur „von oben nach unten", sondern auch „von unten nach oben" möglich, um neben Planvorgaben aus übergeordneten Ebenen gleichermaßen von untergeordneten Ebenen angestoßene Plankorrekturen oder Neuplanungen zuzulassen. Zu ergänzen sind APS um die ebenfalls weiter oben erwähnten **Manufacturing Execution Systems (MES)**,[2] die im Gegensatz zu den klassischen MRP- und ERP-Systemen eine Produktionssteuerung in Echtzeit mit aktiver Disponentenunterstützung erlauben.

---

1 Vgl. Abschnitt 3.1.4.6.

2 Vgl. Abschnitt 3.1.4.7.

Abbildung 45 faßt den Diskussionsstand aus den Abschnitten 3.1.4.6 und 3.1.4.7 noch einmal zusammen, indem den Teilplanungen und der Organisationsphase nach dem Verständnis des vorliegenden Lehrbuchs die korrespondierenden Module moderner APS und MES mit einer Kurzcharakterisierung ihrer Eigenschaften gegenübergestellt werden.

Planung und Organisation	Planung und Steuerung mit APS und MES	→ monetäre Ziele, Enppaßorientierung, Rückkopplungen, Echtzeitfähigkeit
Produktionsprogrammplanung	Hauptproduktionsprogramm- & Produktionsgrobplanung	aggregierte und disaggregierte, deckungsbeitrags- und engpaßorientierte Produktionsprogrammplanung
Produktionsfaktorplanung	Materialbedarfsplanung	programm- und verbrauchsgebundene Materialbedarfsermittlung
Produktionsprozeßplanung	Produktionsgrobplanung	kosten- und engpaßorientierte mehrstufige Losgrößenplanung
	Produktionsfeinplanung	Auftragsreihenfolge- & Maschinenbelegungsplanung auf Betriebsmittelgruppenebene
Organisation	Produktionsfeinplanung	Auftragsreihenfolge- & Maschinenbelegungsplanung auf Einzelbetriebsmittelebene
	Produktionssteuerung	echtzeitfähige Produktionssteuerung

Abbildung 45:   Planung und Steuerung mit APS und MES

4.2 Konsistenz und Kongruenz durch integrierte produktionszentrierte operativ-taktische Unternehmensplanung

4.2.1 Interdependenzen zwischen der Produktionsplanung und den übrigen Unternehmensteilplänen[1]

Nicht nur zwischen den Teilplänen der Produktionswirtschaft, sondern auch zwischen der Produktionsplanung und den übrigen Unternehmensteilplänen bestehen zahlreiche Interdependenzen, die nach einer integrierten produktionszentrierten Unternehmensplanung verlangen. So geht die **Produktionsplanung** von gegebenen Absatzpreisen und -höchstmengen aus, die nur bekannt sein können, wenn zuvor im Rahmen der **Absatzplanung** Art und Umfang des einzusetzenden absatzpolitischen Instrumentariums bestimmt worden sind. Eine zielsetzungsgerechte Absatzplanung ist aber nur möglich, wenn neben den absatzpolitisch bedingten Auszahlungen auch die erzeugnisspezifischen produktionsfaktor- und -prozeßbedingten Auszahlungen pro Leistungseinheit und die verfügbaren Fertigungskapazitäten berücksichtigt werden. Anderenfalls

---

1 Vgl. ROLLBERG (2012), S. 62–66.

besteht die Gefahr, knappe Zahlungsmittel dafür zu verschwenden, ein Absatzpotential zu schaffen, das weit über dem ökonomisch gebotenen oder kapazitiv möglichen Absatzvolumen liegt. Es lohnt sich aber nur dann, die Nachfrage „anzukurbeln", wenn man sie anschließend auch gewinnbringend befriedigen kann. Darüber hinaus besteht die Möglichkeit, nicht nur Fertigungskapazitäten und produktionsbedingte Auszahlungen, sondern auch Fremdbezugspotentiale und -preise mit in die Planungsüberlegungen einzubeziehen, wenn das Produktionsprogramm durch Zukauf von Zwischen- und Endprodukten ergänzt werden kann. In diesem Falle müssen Absatzprogramm einerseits sowie Produktions- und Fremdbezugsprogramm andererseits hinsichtlich Art und Menge der eingeplanten Leistungen langfristig aufeinander abgestimmt werden.

Des weiteren benötigt die **Produktionsplanung** Repetierfaktorpreise und Beschaffungshöchstmengen, die wiederum nur nach einer vollendeten **Beschaffungsplanung** vorliegen können, wenn Art und Umfang des einzusetzenden beschaffungspolitischen Instrumentariums feststehen. Eine zielsetzungsgerechte Beschaffungsplanung ist aber ohne vorherige Kenntnis des künftigen Repetierfaktorbedarfs als logische Konsequenz der geplanten Produktionsmengen und -prozesse unmöglich. Ob sich auszahlungswirksame beschaffungspolitische Maßnahmen überhaupt lohnen, ist zudem von den voraussichtlichen produktspezifischen Deckungsspannen und dem erwarteten programmspezifischen Deckungsbeitrag abhängig. Aussagen hierüber setzen aber feststehende Faktorpreise voraus.

Zudem sind für eine **Produktionsplanung** auch Informationen über künftig verfügbare Potentialfaktorkapazitäten, erzeugnisspezifische Produktionskoeffizienten und produktionsprozeßbedingte variable Auszahlungen pro erbrachte Leistungseinheit erforderlich. Derartige Größen liegen aber erst nach abgeschlossener **Investitionsplanung** vor: Es muß feststehen, auf welche Potentialfaktoren mit welchen Eigenschaften grundsätzlich zurückgegriffen werden kann, wobei es gleichgültig ist, ob sie erst noch zu beschaffen oder bereits im Unternehmen vorhanden sind. In ihrer einfachsten Form geht die Investitionsplanung davon aus, daß sich für jedes Investitionsprojekt eine bestimmte Zahlungsreihe isolieren läßt. Mithin setzt die Einschätzung der Wirtschaftlichkeit einer produktionsbezogenen Investition im Falle einer *Mehrproduktfertigung* die vorherige Bestimmung des projektinduzierten Produktionsprogramms voraus, das aber, wie bereits erläutert, seinerseits von den Eigenschaften des jeweiligen Investitionsobjekts abhängt. Bei *mehrstufiger Fertigung* ist die Isolierung einer projektspezifischen Zahlungsreihe unmöglich, weil in diesem Falle das Entstehen einer verkaufsfähigen Leistung nur dem Zusammenwirken mehrerer Investitionsobjekte zugeschrieben werden kann. Eine Verteilung der durch den güterwirtschaftlichen Leistungsprozeß determinierten Rückflüsse auf einzelne Maschinen wäre somit nach jedem erdenklichen Schlüssel willkürlich. Insofern bestehen in einem solchen Falle sogar Interdependenzen zwischen den einzelnen Investitionsobjekten.

Schließlich bestehen Interdependenzen zwischen der **Produktionsplanung** und der **Finanzierungsplanung**, weil Investitionen in den güterwirtschaftlichen Leistungsprozeß nur möglich und zweckmäßig sind, wenn sich der hieraus ergebende Kapitalbedarf überhaupt decken läßt und der erwartete Rückfluß aus der geplanten Produktion größer ist als die verzinste Rückzahlung der hierfür aufzunehmenden Mittel. Rückflüsse aus dem güterwirtschaftlichen Leistungsprozeß werden wiederum nur dann zur Finanzierung künftiger Produktionsvorhaben genutzt, wenn es nicht vorteilhafter ist, statt dessen bereits aufgenommene Finanzmittel zurückzuzahlen. Da überdies jedes Produktionsvorhaben mit anderen Investitionsvorhaben konkurriert, bestehen Interdependenzen zwischen der Produktions-, der Finanzierungs- und der **Investitionsplanung**.

Produk-tions-planung	→ produktionsbedingte Auszahlungen, Produktionskapazitäten → Fremdbezugspreise, Fremdbezugspotential Absatzpolitik: Absatzpotential, Produktpreise ← absatzpolitisch bedingte Auszahlungen ←	Absatz-planung
Produk-tions-planung	→ Produktionsmengen, Produktionskoeffizienten → „Brutto"deckungsspannen[1] Beschaffungspolitik: Beschaffungspotential, Faktorpreise ← beschaffungspolitisch bedingte Auszahlungen ←	Beschaf-fungs-planung
Produk-tions-planung	→ „investitionsprojektinduzierte" Rückflüsse aus dem güterwirtschaftlichen Leistungsprozeß Produktionskoeffizienten, Produktionskapazitäten ← produktionsbedingte Auszahlungen ←	Investi-tions-planung
Produk-tions-planung	→ Kapitalbedarf für den güterwirtsch. Leistungsprozeß → Rückflüsse aus dem güterwirtsch. Leistungsprozeß → Renditen Effektivverzinsungen, Sollzinsfüße, Kapitalangebot ←	Finanzie-rungs-planung

Abbildung 46:   Interdependenzen zwischen der Produktionsplanung und den übrigen Unternehmensteilplänen

Abbildung 46 faßt die erläuterten Interdependenzen zwischen der Produktionsplanung auf der einen und der Absatz-, Beschaffungs-, Investitions- und Finanzierungsplanung auf der anderen Seite nochmals zusammen, bevor anschließend zum Teil gemischt-ganzzahlige lineare Optimierungsmodelle für die simultane Planung der Produktion und jeweils eines weiteren Unternehmensbereichs formuliert werden.

---

1 Absatzpreis – prozeßbedingte Auszahlungen pro Mengeneinheit = „Brutto"deckungsspanne, „Brutto"deckungsspanne – faktorbedingte Auszahlungen pro Mengeneinheit = Deckungsspanne.

4.2.2 Integration der Produktionsplanung mit ausgewählten Unternehmensteilplänen

4.2.2.1 Simultane Produktions- und Absatzplanung[1]

Produktions- und Absatzprogrammplanung stehen in enger Beziehung zueinander, sind aber nicht miteinander zu verwechseln, weil Lagerhaltung, Fremdbezug zu veräußernder Produkte und Fertigung für den Eigenbedarf zu Unterschieden zwischen in einer Periode produzierten und verkauften Erzeugnissen führen können.[2] Auf lange Sicht stimmen Produktions- und Absatzprogramm überein, wenn von der Möglichkeit des Fremdbezugs und der Eigenbedarfsdeckung abstrahiert wird. Anderenfalls gleicht das Absatzprogramm langfristig dem um fremdbezogene Produkte ergänzten und um den gedeckten Eigenbedarf reduzierten Produktionsprogramm. Insofern ist jede Produktionsplanung untrennbar mit der *Absatzmengenplanung* verbunden, wobei typischerweise von gegebenen Absatzpreisen und Absatzpotentialen ausgegangen wird. Im Rahmen einer integrierten oder gar simultanen Produktions- und Absatzplanung steht freilich auch das **absatzpolitische Instrumentarium** zur Disposition.[3]

Wenn zum Beispiel die maximal mögliche Absatzmenge eines Produkts in der Periode t vom Umfang in t ergriffener auszahlungswirksamer Maßnahmen der **Distributions- und/oder Kommunikationspolitik** abhängt, dann sind sowohl die Zielfunktion als auch das Restriktionssystem des aus Abschnitt 4.1.2 bekannten Modells zur simultanen Produktionsplanung entsprechend zu modifizieren und die Absatzmengenvariablen der betroffenen Zwischen- und Endprodukte um den Absatzintervallindex γ zu ergänzen.

Angenommen, das aus der Marktforschung bekannte Absatzpotential X^A_{m1t} bzw. X^A_{n1t} des ersten Absatzintervalls ($\gamma = 1$) sei nur zu überschreiten, wenn zuvor absatzpolitische Investitionen getätigt werden. Die zu maximierende Zielfunktion ist in diesem Falle um alle *absatzpolitisch bedingten Auszahlungen AAP* zu reduzieren, die in den einzelnen Perioden für die jeweiligen Produkte aufzubringen sind.

$$\max. \; G; \; G := EU - ABV - ABF - APV - APF - AR - AL - AAP$$

Das optimale absatzpolitische Investitionsvolumen AAP ergibt sich als Summe aller mit den entsprechenden Binärvariablen u^{AP} aktivierten sprungfixen absatzpolitisch bedingten Auszahlungen A^{AP}. Für Verkaufszahlen bis zur Absatzgrenze X^A_{m1t} bzw. X^A_{n1t} (Absatzintervall 1) müssen keine absatzpolitisch bedingten Maßnahmen ergriffen werden. Mithin ist die korrespondierende Auszahlung der Absatzpolitik gleich null ($A^{AP}_{m1t} = 0$ bzw. $A^{AP}_{n1t} = 0$).

---

1 Vgl. auch Rollberg (2001), S. 72 ff. und Rollberg (2010b).

2 Vgl. Jacob (1990), S. 406.

3 Zur Modellierung absatzpolitischer Maßnahmen vgl. bspw. auch Petrich (2025), Abschnitt 4.2.2.

$$AAP = \sum_{m} \sum_{\gamma \in \Gamma_m} \sum_{t} A^{AP}_{m\gamma t} \cdot u^{AP}_{m\gamma t} + \sum_{n} \sum_{\gamma \in \Gamma_n} \sum_{t} A^{AP}_{n\gamma t} \cdot u^{AP}_{n\gamma t}$$

Zudem ändert sich geringfügig der Term für den Umsatzerlös EU, weil nunmehr die Absatzvariablen danach unterschieden werden, für welches Absatzintervall γ sie gelten, wobei die Anzahl (Γ_m bzw. Γ_n) und die Breite der Intervalle vom jeweiligen Erzeugnis abhängen können.

$$EU = \sum_{m} \sum_{\gamma \in \Gamma_m} \sum_{t} e_{mt} \cdot x^{A}_{m\gamma t} + \sum_{n} \sum_{\gamma \in \Gamma_n} \sum_{t} e_{nt} \cdot x^{A}_{n\gamma t}$$

Alle übrigen Terme der Zielfunktion bleiben unverändert, und für die neuen stetigen Variablen gelten wie für alle stetigen Variablen des Modells Nichtnegativitätsbedingungen und für die neuen Schaltvariablen wie für alle Schaltvariablen des Modells Binärbedingungen.

$$x^{A}_{m\gamma t} \geq 0 \quad \forall\, m, \gamma \in \Gamma_m, t; \qquad\qquad u^{AP}_{m\gamma t} \in \{0,1\} \quad \forall\, m, \gamma \in \Gamma_m, t$$

$$x^{A}_{n\gamma t} \geq 0 \quad \forall\, n, \gamma \in \Gamma_n, t; \qquad\qquad u^{AP}_{n\gamma t} \in \{0,1\} \quad \forall\, n, \gamma \in \Gamma_n, t$$

Nimmt die Absatzmengenvariable x^A des Absatzintervalls γ einen positiven Wert an, dann muß der entsprechenden Binärvariablen u^{AP} der Wert Eins zugeordnet werden, womit in der Zielfunktion die zugehörige absatzpolitisch bedingte Auszahlung A^{AP} und in der jeweiligen Restriktion die Absatzobergrenze X^A sowohl des Intervalls γ als auch des vorgelagerten Intervalls $\gamma - 1$ (als Absatzuntergrenze des Intervalls γ) aktiviert werden. Die hierzu erforderlichen Schaltbedingungen ersetzen die ursprünglichen Absatzobergrenzen (1).

$$X^{A}_{m(\gamma-1)t} \cdot u^{AP}_{m\gamma t} \leq x^{A}_{m\gamma t} \leq X^{A}_{m\gamma t} \cdot u^{AP}_{m\gamma t} \quad \forall\, m, \gamma \in \Gamma_m, t \qquad \text{mit} \quad X^{A}_{m0t} = 0 \quad \forall\, m, t$$

$$X^{A}_{n(\gamma-1)t} \cdot u^{AP}_{n\gamma t} \leq x^{A}_{n\gamma t} \leq X^{A}_{n\gamma t} \cdot u^{AP}_{n\gamma t} \quad \forall\, n, \gamma \in \Gamma_n, t \qquad \text{mit} \quad X^{A}_{n0t} = 0 \quad \forall\, n, t$$

Die Konstante $X^{A}_{m(\gamma-1)t}$ ($X^{A}_{m\gamma t}$) repräsentiert die minimale (maximale) Gesamtabsatzmenge eines Zwischenprodukts m, für die absatzpolitisch bedingten Auszahlungen in Höhe von $A^{AP}_{m\gamma t}$ zu tragen sind. Die insgesamt vom Zwischenprodukt m in Periode t abzusetzende Menge muß daher geschlossen einem einzigen Intervall γ zugeordnet werden. Das gleiche gilt für Endprodukte n.

$$\sum_{\gamma \in \Gamma_m} u^{AP}_{m\gamma t} = 1 \quad \forall\, m, t; \qquad\qquad \sum_{\gamma \in \Gamma_n} u^{AP}_{n\gamma t} = 1 \quad \forall\, n, t$$

Unter der Prämisse, daß mit steigendem Index γ die Absatzpotentiale und die absatzpolitisch bedingten Auszahlungen zunehmen, wird bei einer Absatzmenge in Höhe der Obergrenze des Intervalls γ bzw. der Untergrenze des Intervalls $\gamma + 1$ die Schaltvariable des Intervalls γ und nicht die des Intervalls $\gamma + 1$ den Wert Eins annehmen, um die niedrigeren Auszahlungen zu aktivieren.

Alle übrigen Restriktionen (2) bis (9) des zuvor beschriebenen, von absatzpolitischen Überlegungen abstrahierenden Modells gelten grundsätzlich auch für den vorliegenden erweiterten Ansatz. Allerdings sind in den Lagerfortschreibungsbedingungen (5b & 5c) die früheren Absatzmengenvariablen x^A_{mt} und x^A_{nt} durch die Summen der entsprechenden intervallspezifischen Variablenwerte $x^A_{\gamma mt}$ und $x^A_{\gamma nt}$ zu substituieren.

$$x^L_{mt-1} + \sum_{ij} x^P_{ijmt} + x^B_{mt} - \sum_{ijm^* \in M\setminus\{m\}} PK^R_{mijm^*} \cdot x^P_{ijm^*t} - \sum_{ijn} PK^R_{mijn} \cdot x^P_{ijnt} - $$

$$\sum_{\gamma \in \Gamma_m} x^A_{m\gamma t} - x^L_{mt} = 0 \quad \forall\, m, t \qquad \text{mit} \quad x^L_{m0} = X^L_{m0} \quad \forall\, m$$

$$x^L_{nt-1} + \sum_{ij} x^P_{ijnt} + x^B_{nt} - \sum_{\gamma \in \Gamma_n} x^A_{n\gamma t} - x^L_{nt} = 0 \quad \forall\, n, t \qquad \text{mit} \quad x^L_{n0} = X^L_{n0} \quad \forall\, n$$

Soll der tatsächlich zu verlangende Preis als Hauptinstrument der **Kontrahierungspolitik** nicht als Datum in das Modell eingehen, sondern simultan mit den Variablenwerten im Rahmen der Optimierung erst bestimmt werden, so ist das in den Grenzen eines linearen Modells nicht ohne weiteres möglich. Eine multiplikative Verknüpfung der Absatzmenge eines Produkts mit seinem Preis in Abhängigkeit von ebendieser Menge ist nicht erlaubt. Daher muß auf eine intervallweise Formulierung des Sachverhalts zurückgegriffen werden, die wenigstens eine approximative Problemlösung gestattet.[1]

Ist aus der Marktforschung für ein bestimmtes Produkt eine lineare Preis-Absatz-Funktion (PAF) bekannt, so lassen sich hieraus durch Multiplikation mit der Absatzmenge die zugehörige quadratische Umsatzfunktion und durch Ableitung dieser die wieder linear mit der Absatzmenge fallende Grenzumsatzfunktion (U′) herleiten. Die Fläche unter dieser Grenzumsatzfunktion bis zu einer gegebenen Absatzmenge entspricht dem Gesamtumsatz mit ebendieser Menge. Dieser Sachverhalt läßt sich in einem linearen Modell näherungsweise abbilden, wenn die Grenzumsatzgerade durch eine „Treppenfunktion" approximiert wird (vgl. Abbildung 47). Für Absatzmengen aus dem Mengenintervall unterhalb einer bestimmten „Treppenstufe" gilt dann ein einheitliches, konstantes Grenzumsatzniveau, das auch als „Quasipreis"[2] (e) pro Mengen-

---

1 Zur Berücksichtigung von Preis-Absatz-Funktionen in Modellen der linearen Optimierung vgl. JACOB (1990), S. 571 f.

2 JACOB (1990), S. 572.

einheit bezeichnet werden kann. Der intervallspezifische konstante Grenzumsatz ergibt sich als arithmetisches Mittel aus den Grenzumsätzen, die sich für Absatzmengen an der Ober- und Untergrenze des jeweiligen Intervalls mit Hilfe der linear fallenden Grenzumsatzfunktion berechnen lassen (durchschnittlich im jeweiligen Intervall geltender Grenzumsatz). Folglich nimmt die Genauigkeit der Approximation mit der Größe der gebildeten Stufen ab.

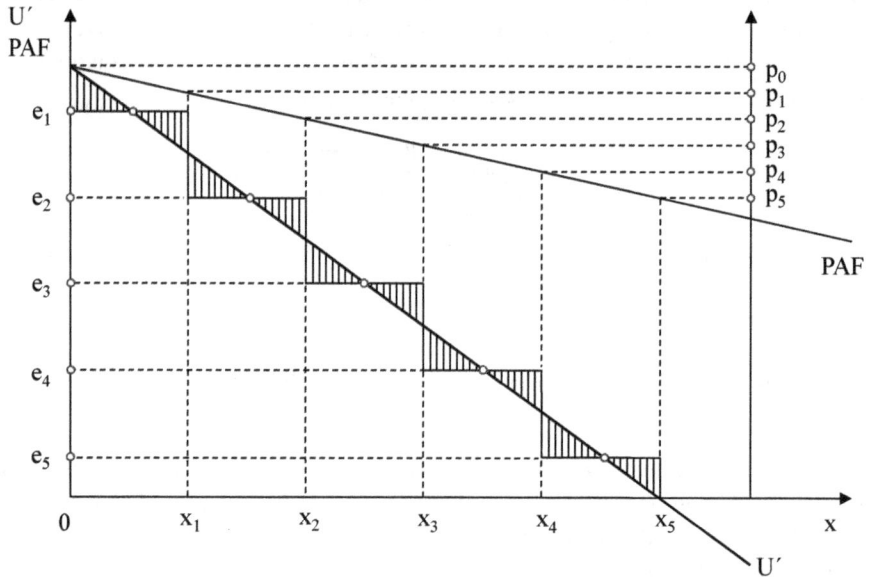

Abbildung 47:   Lineare Approximation der Umsatzkurve[1]

Die Zielfunktion des ursprünglichen Modells ohne Berücksichtigung absatzpolitischer Maßnahmen ändert sich bei einer Bewertung der einzelnen Produkte mit intervallspezifischen Quasipreisen nur geringfügig, weil es lediglich erforderlich ist, im Term für den Umsatzerlös EU die Konstanten für die Verkaufspreise e_{mt} bzw. e_{nt} und die Variablen für die Absatzmengen x_{mt}^A bzw. x_{nt}^A mit einem zusätzlichen Absatzmengeninter-vallindex δ zu versehen und über δ entsprechend zu summieren, wobei erneut die Zahl (Δ_m bzw. Δ_n) und die Breite der Intervalle vom jeweiligen Erzeugnis abhängen können.

$$\max. \ G; \ G := EU - ABV - ABF - APV - APF - AR - AL$$

$$EU = \sum_{m} \sum_{\delta \in \Delta_m t} e_{m\delta t} \cdot x_{m\delta t}^A + \sum_{n} \sum_{\delta \in \Delta_n t} e_{n\delta t} \cdot x_{n\delta t}^A$$

---

1 In Anlehnung an Jacob (1990), S. 572.

Für die neuen intervallspezifischen Absatzmengenvariablen gelten wie für alle übrigen stetigen Variablen ebenfalls Nichtnegativitätsbedingungen.

$$x^A_{m\delta t} \geq 0 \quad \forall \, m, \delta \in \Delta_m, t; \qquad\qquad x^A_{n\delta t} \geq 0 \quad \forall \, n, \delta \in \Delta_n, t$$

Die ursprünglichen Absatzobergrenzen (1) sind durch intervallspezifische Absatzobergrenzen zu ersetzen.

$$x^A_{m\delta t} \leq X^A_{m\delta t} \quad \forall \, m, \delta \in \Delta_m, t; \qquad x^A_{n\delta t} \leq X^A_{n\delta t} \quad \forall \, n, \delta \in \Delta_n, t$$

Zusätzlicher Reihenfolgebedingungen bedarf es nicht, weil auf Grund stufenweise fallender Grenzumsätze mit steigendem Index δ die zugehörigen Quasipreise abnehmen ($e_{n\delta t} > e_{n(\delta+1)t} \, \forall \, n, \delta \in \Delta_n, t$) und folglich die einzelnen Absatzmengenvariablen automatisch in der richtigen Reihenfolge belegt werden, um möglichst hohe Einzahlungen verbuchen zu können: $x^A_{n\delta^* t}$ wird also nur dann größer null und nicht größer als $X^A_{n\delta^* t}$ sein, wenn $x^A_{n\delta t} = X^A_{n\delta t} \, \forall \, \delta < \delta^*$ gilt. Die periodenspezifische Gesamtabsatzmenge eines Produkts entspricht somit der Summe $X^A_{n1t} + X^A_{n2t} + \ldots + X^A_{n(\delta^*-1)t} + x^A_{n\delta^* t}$. Alles für die Endprodukte n Gesagte gilt auch für die Zwischenprodukte m.

Ansonsten müssen in den Lagerfortschreibungsbedingungen (5b & 5c) nur noch die früheren Absatzmengenvariablen x^A_{mt} bzw. x^A_{nt} durch die Summen der entsprechenden intervallspezifischen Variablenwerte $x^A_{m\delta t}$ bzw. $x^A_{n\delta t}$ substituiert werden.

$$x^L_{mt-1} + \sum_{ij} x^P_{ijmt} + x^B_{mt} - \sum_{ij\, m^* \in M\backslash\{m\}} PK^R_{mijm^*} \cdot x^P_{ijm^* t} - \sum_{ijn} PK^R_{mijn} \cdot x^P_{ijnt} -$$

$$\sum_{\delta \in \Delta_m} x^A_{m\delta t} - x^L_{mt} = 0 \quad \forall \, m, t \qquad \text{mit} \quad x^L_{m0} = X^L_{m0} \quad \forall \, m$$

$$x^L_{nt-1} + \sum_{ij} x^P_{ijnt} + x^B_{nt} - \sum_{\delta \in \Delta_n} x^A_{n\delta t} - x^L_{nt} = 0 \quad \forall \, n, t \qquad \text{mit} \quad x^L_{n0} = X^L_{n0} \quad \forall \, n$$

Alle übrigen Restriktionen (2) bis (5a) und (6) bis (9) des absatzpolitische Maßnahmen vernachlässigenden Modells behalten unverändert ihre Gültigkeit.

4.2.2.2 Simultane Produktions- und Beschaffungsplanung[1]

Die Bestellmengenplanung ist wie die Losgrößenplanung integraler Bestandteil der Produktionsfaktorplanung. Insofern ist jede Produktionsplanung untrennbar mit der *Bestellmengenplanung* verbunden, wobei typischerweise von gegebenen Einkaufs-

---

1 Vgl. auch ROLLBERG (2001), S. 98 ff. und ROLLBERG (2010c).

preisen und Beschaffungs- bzw. Fremdbezugspotentialen hinsichtlich der jeweiligen Repetierfaktoren sowie Zwischen- und gegebenenfalls Endprodukte ausgegangen wird. Im Rahmen einer integrierten oder gar simultanen Produktions- und Beschaffungsplanung steht freilich auch das **beschaffungspolitische Instrumentarium** zur Disposition. Auf Grund der Spiegelbildlichkeit von Absatz- und Beschaffungsplanung können die absatzpolitischen Erweiterungen des Planungsansatzes aus Abschnitt 4.2.2.1 mit Leichtigkeit zur Abbildung beschaffungspolitisch relevanter Maßnahmen der Bezugs- und/oder Kommunikationspolitik weiterverwandt werden.

Hängt die in einer Periode maximal mögliche Beschaffungs- bzw. Fremdbezugsmenge eines Rohstoffs oder Teils l, Zwischenprodukts m oder Endprodukts n vom Umfang ergriffener auszahlungswirksamer Maßnahmen der **Bezugs- und/oder Kommunikationspolitik** ab, dann sind sowohl die Zielfunktion als auch das Restriktionssystem des aus Abschnitt 4.1.2 bekannten Modells zur simultanen Produktionsplanung entsprechend zu modifizieren und die Beschaffungsvariablen der betroffenen Güter um den Beschaffungsintervallindex θ zu ergänzen.[1]

Angenommen, das aus der Marktforschung bekannte Beschaffungspotential X_{l1t}^B, X_{m1t}^B bzw. X_{n1t}^B des ersten Beschaffungsintervalls ($\theta = 1$) sei nur zu überschreiten, wenn zuvor beschaffungspolitische Investitionen getätigt werden. Die zu maximierende Zielfunktion ist in diesem Falle um alle *beschaffungspolitisch bedingten Auszahlungen ABP* zu reduzieren, die in den einzelnen Perioden für die jeweiligen Güter aufzubringen sind.

$$\text{max. } G; \ G := EU - ABV - ABF - APV - APF - AR - AL - ABP$$

Das optimale beschaffungspolitische Investitionsvolumen ABP ergibt sich als Summe aller mit den entsprechenden Binärvariablen u^{BP} aktivierten sprungfixen beschaffungspolitisch bedingten Auszahlungen A^{BP}. Für Einkaufszahlen bis zur Beschaffungsgrenze X_{l1t}^B, X_{m1t}^B bzw. X_{n1t}^B (Beschaffungsintervall 1) müssen keine beschaffungspolitisch bedingten Maßnahmen ergriffen werden. Mithin ist die korrespondierende Auszahlung der Beschaffungspolitik gleich null.

$$ABP = \sum_{l}\sum_{\theta \in \Theta_l}\sum_{t} A_{l\theta t}^{BP} \cdot u_{l\theta t}^{BP} + \sum_{m}\sum_{\theta \in \Theta_m}\sum_{t} A_{m\theta t}^{BP} \cdot u_{m\theta t}^{BP} + \sum_{n}\sum_{\theta \in \Theta_n}\sum_{t} A_{n\theta t}^{BP} \cdot u_{n\theta t}^{BP}$$

Zudem sind die Terme für die variablen Auszahlungen ABV der Beschaffung und des Fremdbezugs von Rohstoffen und Teilen bzw. Zwischen- und Endprodukten sowie für die lagerbedingten Auszahlungen AL geringfügig zu modifizieren, weil nunmehr die Beschaffungsvariablen danach unterschieden werden müssen, für welches Beschaf-

---

1 Im folgenden wird auf Grund des aus *Beschaffungssicht* identischen Bedeutungsgehalts auch bei Zwischen- und Endprodukten der Begriff „Beschaffung" statt „Fremdbezug" verwendet, wenngleich aus *Produktionssicht* eigentlich von „Fremdbezug" als alternative Handlungsoption zur „Eigenfertigung" zu sprechen ist.

fungsintervall θ sie gelten, wobei die Anzahl $(\Theta_l, \Theta_m, \Theta_n)$ und die Breite der Intervalle vom jeweiligen Beschaffungsgut abhängen können.

$$ABV = \sum_{l\,\theta\in\Theta_l\,t} a^B_{l\theta t} \cdot x^B_{l\theta t} + \sum_{m\,\theta\in\Theta_m\,t} a^B_{m\theta t} \cdot x^B_{m\theta t} + \sum_{n\,\theta\in\Theta_n\,t} a^B_{n\theta t} \cdot x^B_{n\theta t}$$

$$AL = \sum_{lt} a^L_{lt} \cdot \frac{\left(x^L_{lt-1} + \sum_{\theta\in\Theta_l} x^B_{l\theta t}\right) + x^L_{lt}}{2} + \sum_{mt} a^L_{mt} \cdot \frac{\left(x^L_{mt-1} + \sum_{\theta\in\Theta_m} x^B_{m\theta t}\right) + x^L_{mt}}{2} +$$

$$\sum_{nt} a^L_{nt} \cdot \frac{\left(x^L_{nt-1} + \sum_{\theta\in\Theta_n} x^B_{n\theta t}\right) + x^L_{nt}}{2}$$

Alle übrigen Terme der Zielfunktion bleiben unverändert, und für die neuen stetigen Variablen gelten wie für alle stetigen Variablen des Modells Nichtnegativitätsbedingungen und für die neuen Schaltvariablen wie für alle Schaltvariablen des Modells Binärbedingungen.

$$x^B_{l\theta t} \geq 0 \quad \forall\, l, \theta \in \Theta_l, t\,; \qquad\qquad u^{BP}_{l\theta t} \in \{0,1\} \quad \forall\, l, \theta \in \Theta_l, t$$

$$x^B_{m\theta t} \geq 0 \quad \forall\, m, \theta \in \Theta_m, t\,; \qquad\qquad u^{BP}_{m\theta t} \in \{0,1\} \quad \forall\, m, \theta \in \Theta_m, t$$

$$x^B_{n\theta t} \geq 0 \quad \forall\, n, \theta \in \Theta_n, t\,; \qquad\qquad u^{BP}_{n\theta t} \in \{0,1\} \quad \forall\, n, \theta \in \Theta_n, t$$

Nimmt die Beschaffungsmengenvariable x^B des Beschaffungsintervalls θ einen positiven Wert an, dann muß der entsprechenden Binärvariablen u^{BP} der Wert Eins zugeordnet werden, womit in der Zielfunktion die zugehörige beschaffungspolitisch bedingte Auszahlung A^{BP} und in der jeweiligen Restriktion die Beschaffungsobergrenze X^B sowohl des Intervalls θ als auch des vorgelagerten Intervalls $\theta - 1$ (als Beschaffungsuntergrenze des Intervalls θ) aktiviert werden. Die hierzu erforderlichen Schaltbedingungen ersetzen die ursprünglichen Beschaffungsobergrenzen (2).

$$X^B_{l(\theta-1)t} \cdot u^{BP}_{l\theta t} \leq x^B_{l\theta t} \leq X^B_{l\theta t} \cdot u^{BP}_{l\theta t} \quad \forall\, l, \theta \in \Theta_l, t \qquad\qquad \text{mit } X^B_{l0t} = 0 \quad \forall\, l, t$$

$$X^B_{m(\theta-1)t} \cdot u^{BP}_{m\theta t} \leq x^B_{m\theta t} \leq X^B_{m\theta t} \cdot u^{BP}_{m\theta t} \quad \forall\, m, \theta \in \Theta_m, t \qquad \text{mit } X^B_{m0t} = 0 \quad \forall\, m, t$$

$$X^B_{n(\theta-1)t} \cdot u^{BP}_{n\theta t} \leq x^B_{n\theta t} \leq X^B_{n\theta t} \cdot u^{BP}_{n\theta t} \quad \forall\, n, \theta \in \Theta_n, t \qquad\quad \text{mit } X^B_{n0t} = 0 \quad \forall\, n, t$$

Die Konstante $X^B_{l(\theta-1)t}$ $(X^B_{l\theta t})$ steht für die minimale (maximale) Gesamtbeschaffungsmenge eines Rohstoffs oder Teils l, für die beschaffungspolitisch bedingte Auszahlungen in Höhe von $A_{l\theta t}^{BP}$ zu tragen sind. Die insgesamt vom Gut l in Periode t zu beschaffende Menge muß daher geschlossen einem einzigen Intervall θ zugewiesen werden. Das gleiche gilt für Zwischen- und Endprodukte.

$$\sum_{\theta\in\Theta_l} u_{l\theta t}^{BP} = 1 \quad \forall\, l, t\,; \qquad \sum_{\theta\in\Theta_m} u_{m\theta t}^{BP} = 1 \quad \forall\, m, t\,; \qquad \sum_{\theta\in\Theta_n} u_{n\theta t}^{BP} = 1 \quad \forall\, n, t$$

Unter der Prämisse, daß mit steigendem Index θ die Beschaffungspotentiale und die beschaffungspolitisch bedingten Auszahlungen zunehmen, wird bei einer Beschaffungsmenge in Höhe der Obergrenze des Intervalls θ bzw. der Untergrenze des Intervalls $\theta + 1$ die Schaltvariable des Intervalls θ und nicht die des Intervalls $\theta + 1$ den Wert Eins annehmen, um die niedrigeren Auszahlungen zu aktivieren.

Schließlich sind in den Lagerkapazitätsrestriktionen (4a), Lagerbilanzgleichungen (5) und Schaltbedingungen für die bestellfixen Auszahlungen (6) die früheren Beschaffungsmengenvariablen x_{lt}^B, x_{mt}^B und x_{nt}^B durch die Summen der entsprechenden intervallspezifischen Variablen $x_{l\theta t}^B$ $x_{m\theta t}^B$ und $x_{n\theta t}^B$ zu ersetzen.

$$\sum_l LK_l \cdot \left(x_{lt-1}^L + \sum_{\theta\in\Theta_l} x_{l\theta t}^B \right) + \sum_m LK_m \cdot \left(x_{mt-1}^L + \sum_{\theta\in\Theta_m} x_{m\theta t}^B \right) +$$

$$\sum_n LK_n \cdot \left(x_{nt-1}^L + \sum_{\theta\in\Theta_n} x_{n\theta t}^B \right) \le Kap_t^L \quad \forall\, t$$

$$x_{lt-1}^L + \sum_{\theta\in\Theta_l} x_{l\theta t}^B - \sum_{ijm} PK_{lijm}^R \cdot x_{ijmt}^P - \sum_{ijn} PK_{lijn}^R \cdot x_{ijnt}^P - x_{lt}^L = 0 \quad \forall\, l, t$$

mit $\quad x_{l0}^L = X_{l0}^L \quad \forall\, l$

$$x_{mt-1}^L + \sum_{ij} x_{ijmt}^P + \sum_{\theta\in\Theta_m} x_{m\theta t}^B - \sum_{ijm^*\in M\backslash\{m\}} PK_{mijm^*}^R \cdot x_{ijm^*t}^P - \sum_{ijn} PK_{mijn}^R \cdot x_{ijnt}^P -$$

$$x_{mt}^A - x_{mt}^L = 0 \quad \forall\, m, t \qquad \text{mit} \quad x_{m0}^L = X_{m0}^L \quad \forall\, m$$

$$x_{nt-1}^L + \sum_{ij} x_{ijnt}^P + \sum_{\theta\in\Theta_n} x_{n\theta t}^B - x_{nt}^A - x_{nt}^L = 0 \quad \forall\, n, t \qquad \text{mit} \quad x_{n0}^L = X_{n0}^L \quad \forall\, n$$

$$\sum_{\theta\in\Theta_l} x_{l\theta t}^B - Z \cdot u_{lt}^B \le 0 \quad \forall\, l, t$$

$$\sum_{\theta \in \Theta_m} x^B_{m\theta t} - Z \cdot u^B_{mt} \leq 0 \quad \forall \, m, t$$

$$\sum_{\theta \in \Theta_n} x^B_{n\theta t} - Z \cdot u^B_{nt} \leq 0 \quad \forall \, n, t$$

Alle übrigen Restriktionen (1), (3), (4b) sowie (7) bis (9) des im Abschnitt 4.1.2 beschriebenen, von beschaffungspolitischen Überlegungen abstrahierenden Modells gelten auch für den vorliegenden erweiterten Ansatz.

Soll die Ausnutzung von **Rabatten** in das Ausgangsmodell integriert werden, so ist erneut eine intervallweise Formulierung des Sachverhalts zu wählen.[1] Hierbei ist zu unterscheiden, ob die ab einer bestimmten Bestellmenge gewährten Rabatte *für alle* (durchgerechnete Rabatte) oder nur *für über diese Menge hinausgehende* Stückzahlen (angestoßene Rabatte) gelten. In beiden Fällen sind sowohl die Bestellmengenvariablen als auch die Beschaffungspreise der Rohstoffe und Teile sowie Zwischen- und Endprodukte um einen Rabattklassenindex λ zu erweitern. In der Zielfunktion sind hiervon nur die variablen Auszahlungen ABV für die Beschaffung und die lagerbedingten Auszahlungen AL betroffen.

$$\text{max. } G; \quad G := EU - ABV - ABF - APV - APF - AR - AL$$

$$ABV = \sum_{l\,\lambda \in \Lambda_l\,t} a^B_{l\lambda t} \cdot x^B_{l\lambda t} + \sum_{m\,\lambda \in \Lambda_m\,t} a^B_{m\lambda t} \cdot x^B_{m\lambda t} + \sum_{n\,\lambda \in \Lambda_n\,t} a^B_{n\lambda t} \cdot x^B_{n\lambda t}$$

$$AL = \sum_{lt} a^L_{lt} \cdot \frac{\left(x^L_{lt-1} + \sum_{\lambda \in \Lambda_l} x^B_{l\lambda t} \right) + x^L_{lt}}{2} + \sum_{mt} a^L_{mt} \cdot \frac{\left(x^L_{mt-1} + \sum_{\lambda \in \Lambda_m} x^B_{m\lambda t} \right) + x^L_{mt}}{2} +$$

$$\sum_{nt} a^L_{nt} \cdot \frac{\left(x^L_{nt-1} + \sum_{\lambda \in \Lambda_n} x^B_{n\lambda t} \right) + x^L_{nt}}{2}$$

Alle modifizierten Variablen unterliegen wie die übrigen stetigen Variablen des Modells der Nichtnegativitätsbedingung.

$$x^B_{l\lambda t} \geq 0 \quad \forall \, l, \lambda \in \Lambda_l, t; \qquad x^B_{m\lambda t} \geq 0 \quad \forall \, m, \lambda \in \Lambda_m, t; \qquad x^B_{n\lambda t} \geq 0 \quad \forall \, n, \lambda \in \Lambda_n, t$$

In allen Lagerkapazitätsrestriktionen (4a), Lagerbilanzgleichungen (5) und Schaltbedingungen für die bestellfixen Auszahlungen (6) sind die ursprünglichen Beschaffungs-

---

1 Zum Einfluß von Rabatten auf die Bestellpolitik vgl. auch BOGASCHEWSKY (1988), S. 134 ff.

mengenvariablen x_{lt}^B, x_{mt}^B bzw. x_{nt}^B durch die Summen der korrespondierenden intervall-spezifischen Variablenwerte $x_{l\lambda t}^B$, $x_{m\lambda t}^B$ bzw. $x_{n\lambda t}^B$ zu substituieren.

$$\sum_l LK_l \cdot \left(x_{lt-1}^L + \sum_{\lambda \in \Lambda_l} x_{l\lambda t}^B \right) + \sum_m LK_m \cdot \left(x_{mt-1}^L + \sum_{\lambda \in \Lambda_m} x_{m\lambda t}^B \right) +$$

$$\sum_n LK_n \cdot \left(x_{nt-1}^L + \sum_{\lambda \in \Lambda_n} x_{n\lambda t}^B \right) \leq Kap_t^L \quad \forall \, t$$

$$x_{lt-1}^L + \sum_{\lambda \in \Lambda_l} x_{l\lambda t}^B - \sum_{ijm} PK_{lijm}^R \cdot x_{ijmt}^P - \sum_{ijn} PK_{lijn}^R \cdot x_{ijnt}^P - x_{lt}^L = 0 \quad \forall \, l, t$$

mit $\quad x_{l0}^L = X_{l0}^L \quad \forall \, l$

$$x_{mt-1}^L + \sum_{ij} x_{ijmt}^P + \sum_{\lambda \in \Lambda_m} x_{m\lambda t}^B - \sum_{ijm^* \in M \setminus \{m\}} PK_{mijm^*}^R \cdot x_{ijm^*t}^P - \sum_{ijn} PK_{mijn}^R \cdot x_{ijnt}^P -$$

$$x_{mt}^A - x_{mt}^L = 0 \quad \forall \, m, t \qquad \text{mit} \quad x_{m0}^L = X_{m0}^L \quad \forall \, m$$

$$x_{nt-1}^L + \sum_{ij} x_{ijnt}^P + \sum_{\lambda \in \Lambda_n} x_{n\lambda t}^B - x_{nt}^A - x_{nt}^L = 0 \quad \forall \, n, t \qquad \text{mit} \quad x_{n0}^L = X_{n0}^L \quad \forall \, n$$

$$\sum_{\lambda \in \Lambda_l} x_{l\lambda t}^B - Z \cdot u_{lt}^B \leq 0 \quad \forall \, l, t$$

$$\sum_{\lambda \in \Lambda_m} x_{m\lambda t}^B - Z \cdot u_{mt}^B \leq 0 \quad \forall \, m, t$$

$$\sum_{\lambda \in \Lambda_n} x_{n\lambda t}^B - Z \cdot u_{nt}^B \leq 0 \quad \forall \, n, t$$

Alle übrigen Restriktionen (1), (3), (4b) sowie (7) bis (9) des im Abschnitt 4.1.2 beschriebenen, von beschaffungspolitischen Überlegungen abstrahierenden Modells gelten auch im Rabattfalle fort. Jedoch sind die Beschaffungsobergrenzen (2) durch die im folgenden zu erläuternden rabattspezifischen Bedingungen zu ersetzen.

Bei **durchgerechneten Rabatten** sinkt bei Überschreiten einer Rabattschwelle der Preis für *alle* bestellten Mengeneinheiten. Für jede Rabattklasse ist eine Unter- und eine Obergrenze zu definieren und mit einer intervallspezifischen Binärvariablen zu multiplizieren. Anzahl (Λ_l, Λ_m, Λ_n) und Breite der Rabattklassen können erneut vom jeweiligen Rohstoff oder Teil sowie Zwischen- und Endprodukt abhängen.

$$X_{l(\lambda-1)t}^B \cdot u_{l\lambda t} \leq x_{l\lambda t}^B \leq X_{l\lambda t}^B \cdot u_{l\lambda t} \quad \forall \, l, \lambda \in \Lambda_l, t \qquad \text{mit} \quad X_{l0t}^B = 0 \quad \forall \, l, t$$

$$X_{m(\lambda-1)t}^B \cdot u_{m\lambda t} \leq x_{m\lambda t}^B \leq X_{m\lambda t}^B \cdot u_{m\lambda t} \quad \forall \, m, \lambda \in \Lambda_m, t \qquad \text{mit} \quad X_{m0t}^B = 0 \quad \forall \, m, t$$

$$X_{n(\lambda-1)t}^B \cdot u_{n\lambda t} \leq x_{n\lambda t}^B \leq X_{n\lambda t}^B \cdot u_{n\lambda t} \quad \forall \, n, \lambda \in \Lambda_n, t \qquad \text{mit} \quad X_{n0t}^B = 0 \quad \forall \, n, t$$

Fällt die bestellte Menge beispielsweise eines Zwischenprodukts m in Periode t in das Intervall $\lambda*$, nimmt die Variable $x_{m\lambda*t}^B$ den entsprechenden Wert an, und die Schaltvariable $u_{m\lambda*t}$ wird auf eins gesetzt.

Im Falle durchgerechneter Rabatte repräsentiert die Konstante $X_{l(\lambda-1)t}^B$ ($X_{l\lambda t}^B$) die minimale (maximale) *Gesamtbeschaffungsmenge eines Rohstoffs oder Teils l pro Bestellvorgang*, bei der ein *einheitlicher Beschaffungspreis pro Mengeneinheit in Höhe von* $a_{l\lambda t}^B$ zu zahlen ist. Die insgesamt von Rohstoff oder Teil l in Periode t zu beschaffende Menge muß daher geschlossen einem einzigen Intervall λ zugeordnet werden. Das gleiche gilt für Zwischen- und Endprodukte.

$$\sum_{\lambda \in \Lambda_l} u_{l\lambda t} = 1 \quad \forall \, l, t; \qquad \sum_{\lambda \in \Lambda_m} u_{m\lambda t} = 1 \quad \forall \, m, t; \qquad \sum_{\lambda \in \Lambda_n} u_{n\lambda t} = 1 \quad \forall \, n, t$$

Unter der Prämisse, daß mit steigendem Index λ die Beschaffungsmengen zu- und die zugehörigen Preise abnehmen (z. B. $X_{l\lambda t}^B < X_{l(\lambda+1)t}^B$ und $a_{l\lambda t}^B > a_{l(\lambda+1)t}^B$ $\forall \, l, \lambda \in \Lambda_l, t$), wird bei einer Beschaffungsmenge in Höhe der Obergrenze des Intervalls $\lambda - 1$ bzw. der Untergrenze des Intervalls λ die Schaltvariable $u_{\lambda lt}$ (und nicht $u_{l(\lambda-1)t}$) auf eins gesetzt, um die Beschaffungsmenge mit dem niedrigeren Preis $a_{l\lambda t}^B$ (und nicht mit $a_{l(\lambda-1)t}^B$) multiplizieren zu können. Dies gilt für fremdzubeziehende Zwischen- und Endprodukte gleichermaßen.

Die Schaltvariablen sind wie auch alle übrigen Binärvariablen des Modells entweder gleich null oder gleich eins.

$$u_{l\lambda t} \in \{0,1\} \quad \forall \, l, \lambda \in \Lambda_l, t$$

$$u_{m\lambda t} \in \{0,1\} \quad \forall \, m, \lambda \in \Lambda_m, t$$

$$u_{n\lambda t} \in \{0,1\} \quad \forall \, n, \lambda \in \Lambda_n, t$$

Bei **angestoßenen Rabatten** sinkt bei Überschreiten einer Rabattschwelle nur der Preis der *zusätzlich* bestellten Mengeneinheiten, während für die übrigen Stückzahlen weiter höhere Preise zu entrichten sind. Da niedrige beschaffungsbedingte Auszahlungen den kumulierten Zahlungsüberschuß weniger schmälern als hohe, belegte der vorliegende Maximierungsansatz zunächst die günstigen und erst später die weniger günstigen Rabattklassen, wenn nicht *Reihenfolgebedingungen* diesen Modellierungs-mangel von vornherein behöben.[1][2]

$$X^B_{l\lambda t} \cdot u_{l(\lambda+1)t} \leq x^B_{l\lambda t} \leq X^B_{l\lambda t} \cdot u_{l\lambda t} \quad \forall \, l, \lambda \in \Lambda_l, t \qquad \text{mit } u_{l(\hat{\lambda}_l+1)t} = 0 \quad \forall \, l, t$$

$$X^B_{m\lambda t} \cdot u_{m(\lambda+1)t} \leq x^B_{m\lambda t} \leq X^B_{m\lambda t} \cdot u_{m\lambda t} \quad \forall \, m, \lambda \in \Lambda_m, t \quad \text{mit } u_{m(\hat{\lambda}_m+1)t} = 0 \quad \forall \, m, t$$

$$X^B_{n\lambda t} \cdot u_{n(\lambda+1)t} \leq x^B_{n\lambda t} \leq X^B_{n\lambda t} \cdot u_{n\lambda t} \quad \forall \, n, \lambda \in \Lambda_n, t \qquad \text{mit } u_{n(\hat{\lambda}_n+1)t} = 0 \quad \forall \, n, t$$

Wenn $x^B_{l(\lambda+1)t}$ einen positiven Wert annimmt, muß $u_{l(\lambda+1)t}$ auf eins gesetzt werden, um die Beschaffungsobergrenze $X^B_{l(\lambda+1)t}$ für den Rohstoff oder das Teil l in Rabatt-klasse $\lambda+1$ zu aktivieren. Nur dann gilt $x^B_{l(\lambda+1)t} \leq X^B_{l(\lambda+1)t}$. Gleichzeitig erzwingt die Binärvariable $u_{l(\lambda+1)t}$, daß $x^B_{l\lambda t}$ *mindestens* der Beschaffungsobergrenze $X^B_{l\lambda t}$ der vorgelagerten Rabattklasse λ entspricht ($x^B_{l\lambda t} \geq X^B_{l\lambda t}$). Damit wird $x^B_{l\lambda t}$ positiv und die Schaltvariable $u_{l\lambda t}$ gleich eins. Daraus folgt wiederum $x^B_{l\lambda t} \leq X^B_{l\lambda t}$. Mithin muß $x^B_{l\lambda t}$ exakt mit dem Wert der Rabattschwelle $X^B_{l\lambda t}$ übereinstimmen ($X^B_{l\lambda t} \leq x^B_{l\lambda t} \leq X^B_{l\lambda t} \rightarrow x^B_{l\lambda t} = X^B_{l\lambda t}$). Dieser Mechanismus setzt sich bis zur ersten Rabattklasse ($\lambda = 1$) fort und gewähr-leistet, daß in der Zielfunktion Beschaffungsmengen nur dann mit dem günstigen Rohstoff- bzw. Teilepreis $a^B_{l\lambda*t}$ bewertet werden, wenn das Beschaffungspotential der ungünstigeren Rabattklassen $\lambda < \lambda*$ vollends ausgeschöpft ist. Die periodenspezifische Gesamtbeschaffungsmenge eines Rohstoffs oder Teils entspricht somit der Summe $X^B_{l1t} + X^B_{l2t} + ... + X^B_{l(\lambda*-1)t} + x^B_{l\lambda*t}$.

Im Falle angestoßener Rabatte steht $X^B_{l\lambda t}$ also für die maximale, *von einem Repetier-faktor l beschaffbare (Teil-)Menge* zum Beschaffungspreis pro Mengeneinheit in Höhe von $a^B_{l\lambda t}$ *innerhalb einer durchaus umfangreicheren Bestellung mit uneinheitlichen Beschaffungspreisen pro Mengeneinheit*. Alles zu den angestoßenen Rabatten in bezug auf Rohstoffe und Teile Gesagte gilt auch wieder für fremdzubeziehende Zwischen- und Endprodukte.

Wie immer sind für die neuen Schaltvariablen wie auch für die übrigen Binärvariablen des Modells nur die Werte Null und Eins zulässig.

$$u_{l\lambda t} \in \{0,1\} \quad \forall \, l, \lambda \in \Lambda_l, t$$

$$u_{m\lambda t} \in \{0,1\} \quad \forall \, m, \lambda \in \Lambda_m, t$$

$$u_{n\lambda t} \in \{0,1\} \quad \forall \, n, \lambda \in \Lambda_n, t$$

---

1 Zu den Reihenfolgebedingungen vgl. auch JACOB (1990), S. 430 f.
2 $\hat{\lambda}$ steht für die jeweils letzte beschaffungsobjektspezifische Rabattklasse.

4.2.2.3 Simultane Produktions- und Investitionsplanung[1]

Im Rahmen einer integrierten oder gar simultanen Produktions- und Investitionsplanung[2] kann der zu Beginn des Planungszeitraums gegebene Potentialfaktorbestand durch Beschaffung weiterer typgleicher Potentialfaktoren ausgedehnt werden. Im folgenden ist davon auszugehen, daß eine in Periode t beschaffte Maschine sofort einsatzbereit ist und die gesamte Periode t über uneingeschränkt für produktive Zwecke genutzt werden kann. Sie steht also bereits „in der ersten Sekunde" der entsprechenden Beschaffungsperiode dem Produktionsbereich zur Verfügung.

Der Einfachheit halber wird der Produktionsbereich im Vergleich zum aus Abschnitt 4.1.2 bekannten Planungsansatz diesmal deutlich gröber abgebildet:[3] Unterschiedliche Arbeitsintensitäten i sowie Auszahlungen AR für Umrüstungen werden nicht mehr erfaßt, und Auszahlungen für die Betriebsbereitschaft einer Maschine fallen unabhängig davon an, ob mit der Maschine in der jeweiligen Periode tatsächlich produziert wird oder nicht. Dafür ist die **Zielfunktion** jetzt um Terme für Anschaffungsauszahlungen AA und für Liquidationserlöse EL zu ergänzen.

$$\text{max. } G; \quad G := EU - ABV - ABF - APV - APF - AL - AA + EL$$

Die Terme für die Anschaffungsauszahlungen AA, für die Produktionsbereitschaftsauszahlungen APF und für die Liquidationserlöse EL sind im Gesamtzusammenhang zu betrachten. In jeder Periode t sind die Summe der einmaligen Anschaffungsauszahlungen A_{jt}^{A} für die y_{jt} *in* t beschafften Aggregate j und die Summe der produktionsbedingten Auszahlungen für die Betriebsbereitschaft A_{jt*t}^{P} für die y_{jt*} *bis einschließlich* in t beschafften Aggregate j aufzubringen.

$$AA = \sum_{jt} A_{jt}^{A} \cdot y_{jt}$$

$$APF = \sum_{jt} \sum_{t*=-T*}^{t} A_{jt*t}^{P} \cdot y_{jt*}$$

A_{jt*t}^{P} steht für fixe Auszahlungen in Periode t für die Betriebsbereitschaft eines in Periode t* beschafften Aggregats vom Typ j, von dem insgesamt y_{jt*} Einheiten vorhanden sind. Derartige Auszahlungen fallen für alle in einer bestimmten Periode existierenden Fertigungsanlagen an, also auch für solche, die sich schon vor Beginn des Planungs-

---

1 Vgl. auch ROLLBERG (2001), S. 78 ff.

2 Vgl. hierzu vor allem JACOB (1976) sowie die Darstellungen in BLOHM/LÜDER/SCHAEFER (2012), S. 294 ff. und GÖTZE (2014), S. 342 ff. einschließlich der dort zitierten Modelle.

3 Das im Abschnitt 4.2.2.3 vorgestellte, sehr vereinfachte und *rein realgüterwirtschaftliche Modell* der simultanen Produktions- und Investitionsplanung hat als Vorstufe zum *real- und finanzgüterwirtschaftlich integrierten Modell* der simultanen Produktions-, Investitions- und Finanzierungsplanung im Abschnitt 4.2.2.4 lediglich eine didaktische Existenzberechtigung.

zeitraums im Unternehmen befanden (Anschaffungsperiode $t^* \leq 0$)[1] und frühestens in Periode $-T^*$ angeschafft wurden.

Zur Schließung des zeitlich offenen Entscheidungsfelds ist eine fiktive Liquidation aller am Ende des Planungszeitraums ($t = T$) vorhandenen Aggregate geboten, auch wenn sie faktisch über den Planungshorizont hinaus noch zum Einsatz gelangen. Folglich erhöht sich unter der Prämisse *unbeschränkter Nutzungsdauern* der einzelnen Fertigungsanlagen der Zielfunktionswert um die Summe aller mit ihren jeweiligen planungshorizontbezogenen Liquidationserlösen $E_{jt^*}^L$ bewerteten Maschinen j, die frühestens in der Periode $t^* = -T^*$ und spätestens in der letzten Periode des Planungszeitraums ($t^* = T$) angeschafft worden sein können.

$$EL = \sum_j \sum_{t^*=-T^*}^{T} E_{jt^*}^L \cdot y_{jt^*}$$

Im realistischeren Falle *begrenzter Nutzungsdauern* ist zwischen Maschinen zu unterscheiden, deren Nutzungsdauern jenseits oder innerhalb des Planungshorizonts enden. Demnach entspricht $E_{jt^*}^L$ entweder dem Liquidationserlös einer in t^* gekauften Anlage vom Typ j am Planungshorizont oder am Ende ihrer technischen Nutzungsdauer. Die Konstanten $A_{jt^*t}^P$ nehmen dann für Perioden t nach Ende der technischen Nutzungsdauer den Wert Null an.

Alle übrigen Zielfunktionsterme bleiben bis auf die Streichung des Index i zur Unterscheidung verschiedener Arbeitsintensitäten im Term für die reinen produktionsprozeßbedingten variablen Auszahlungen APV unverändert.

$$APV = \sum_{jmt} a_{jmt}^P \cdot x_{jmt}^P + \sum_{jnt} a_{jnt}^P \cdot x_{jnt}^P$$

Für die um den Index i bereinigten Produktionsmengenvariablen gelten wie für alle unveränderten stetigen Variablen Nichtnegativitätsbedingungen.

$$x_{jmt}^P \geq 0 \quad \forall \, j, m, t ; \qquad x_{jnt}^P \geq 0 \quad \forall \, j, n, t$$

Zudem sind Ganzzahligkeitsbedingungen für die Sachinvestitionsvariablen zu formulieren, die neben der Null nur ganzzahlige Werte annehmen können, weil es nicht möglich ist, nur einen Bruchteil einer Maschine zu erwerben.

$$y_{jt} \in \mathbb{N}_0 \quad \forall \, j, t$$

---

1 Es sei daran erinnert, daß t bzw. t^* ein *Periodenindex* ist. Eine Periode t beginnt im Zeitpunkt $t-1$ und endet im Zeitpunkt t. Also beschreibt der Index $t^* = 0$ die letzte Periode vor Beginn des Planungszeitraums, die im Zeitpunkt -1 beginnt und im Zeitpunkt 0 endet.

Aus den *Produktionskapazitätsrestriktionen* (3) verschwinden die Rüstzeitterme und die Intensitäten i. Zudem läßt sich die verfügbare Kapazität von Maschinen eines bestimmten Typs über entsprechende Sachinvestitionen beeinflussen. Sie ist folglich keine fest vorgegebene Größe mehr. Vielmehr hängt sie von der Zahl und dem Alter der vorhandenen Anlagen ab. Jedes in Periode t* beschaffte Aggregat j verfügt innerhalb (außerhalb) seiner technischen Nutzungsdauer in Periode t, mit $t \geq t^*$, über eine Produktionskapazität in Höhe von $Kap^P_{jt^*t} > 0$ ($Kap^P_{jt^*t} = 0$). Die Summe der periodenspezifischen Kapazitäten aller bis t einschließlich beschafften Maschinen j muß ausreichen, um den Kapazitätsbedarf zu decken, der sich aus den in Periode t herzustellenden Produktionsmengen ergibt.

$$\sum_m PK^P_{jm} \cdot x^P_{jmt} + \sum_n PK^P_{jn} \cdot x^P_{jnt} - \sum_{t^*=-T^*}^{t} Kap^P_{jt^*t} \cdot y_{jt^*} \leq 0 \quad \forall\ j, t$$

Die Zahl der in einer bestimmten Periode *vor* Beginn des Planungszeitraums beschafften und noch vorhandenen Aggregate vom Typ j wird durch den *Vorgabewert* Y_{jt^*} für $t^* \leq 0$ definiert.

$$y_{jt^*} = Y_{jt^*} \quad \forall\ j, t^* \leq 0$$

Die Zahl der in einer bestimmten Periode *innerhalb* des Planungszeitraums beschaffbaren Aggregate vom Typ j ist gegebenenfalls durch die *Beschaffungsobergrenze* Y_{jt^*} für $t^* \geq 1$ beschränkt.

$$y_{jt^*} \leq Y_{jt^*} \quad \forall\ j, t^* \geq 1$$

Budgetbedingungen stellen sicher, daß das gegebene periodenspezifische Budget BSI_t für Sachinvestitionen in keiner Periode überschritten wird.[1]

$$\sum_j A^A_{jt} \cdot y_{jt} \leq BSI_t \quad \forall\ t$$

Nunmehr ist in den Lagerfortschreibungsbedingungen (5) nur noch der Index i zu eliminieren.

$$x^L_{lt-1} + x^B_{lt} - \sum_{jm} PK^R_{ljm} \cdot x^P_{jmt} - \sum_{jn} PK^R_{ljn} \cdot x^P_{jnt} - x^L_{lt} = 0 \quad \forall\ l, t$$

mit $\quad x^L_{l0} = X^L_{l0} \quad \forall\ l$

---

1 Im vorliegenden Planungsansatz werden diese Finanzierungsbudgets extern vorgegeben, während das um die Finanzierungsplanung erweiterte Modell im folgenden Abschnitt keine derartigen Restriktionen kennt, sondern das optimale Investitions- und Finanzierungsvolumen simultan bestimmt.

$$
x_{mt-1}^{L} + \sum_{j} x_{jmt}^{P} + x_{mt}^{B} - \sum_{jm^{*} \in M \setminus \{m\}} PK_{mjm^{*}}^{R} \cdot x_{jm^{*}t}^{P} - \sum_{jn} PK_{mjn}^{R} \cdot x_{jnt}^{P} -
$$

$$
x_{mt}^{A} - x_{mt}^{L} = 0 \quad \forall\ m,\ t \qquad \text{mit} \quad x_{m0}^{L} = X_{m0}^{L} \quad \forall\ m
$$

$$
x_{nt-1}^{L} + \sum_{j} x_{jnt}^{P} + x_{nt}^{B} - x_{nt}^{A} - x_{nt}^{L} = 0 \quad \forall\ n,\ t \qquad \text{mit} \quad x_{n0}^{L} = X_{n0}^{L} \quad \forall\ n
$$

Alle Absatz-, Beschaffungs- und Fremdbezugsobergrenzen (1 & 2) sowie Lagerkapazitätsrestriktionen (4) und Schaltbedingungen für die bestellfixen Auszahlungen (6) behalten ihre Gültigkeit, während die Restriktionen (7) bis (9) ersatzlos entfallen.

4.2.2.4 Simultane Produktions-, Investitions- und Finanzierungsplanung[1]

Eine integrierte oder gar simultane Produktions-, Investitions- und Finanzierungsplanung[2] berücksichtigt neben der realgüterwirtschaftlichen Sphäre explizit auch die finanzwirtschaftliche Sphäre eines Unternehmens und damit die Möglichkeit, Finanzmittelüberschüsse verzinslich anzulegen oder Finanzmittelbedarfe über verzinsliche Kredite zu decken. Deshalb reicht es jetzt nicht mehr aus, Ein- und Auszahlungen undifferenziert der jeweiligen **Periode** $t \in \{1, 2, ..., T\}$ zuzurechnen, in der sie grundsätzlich anfallen. Vielmehr ist es erforderlich, die exakten **Zeitpunkte** $t \in \{0, 1, 2, ..., T\}$ ihres Anfalls zu erfassen, denn je früher ein Finanzmittelbetrag zur Verfügung steht, desto wertvoller ist er, weil er länger zinsbringend angelegt werden kann.

Die *Zeitpräferenz des Geldes*[3], die sich in der Existenz von Zinssätzen widerspiegelt, erzwingt daher eine Unterscheidung des zeitlichen Anfalls produktionsbedingter Ein- und Auszahlungen. In der Regel fallen die Auszahlungen *vor* dem Verkauf der produzierten Erzeugnisse an und sind deshalb vorzufinanzieren. Diese **„Vorfinanzierung"** unterstreicht letztlich auch den Investitionscharakter des realgüterwirtschaftlichen Leistungsprozesses.[4] Aus diesem Grunde sollen im folgenden realgüterwirtschaftlich bedingte *Auszahlungen* dem jeweiligen *Periodenbeginn* und realgüterwirtschaftlich bedingte *Einzahlungen* erst dem entsprechenden *Periodenende* zugerechnet werden.

Wenn frei werdende Finanzmittel in den Leistungsprozeß sowie in Sach- und Finanzanlagen reinvestiert werden können, ist auch die *Konsumpräferenz der Investoren* einer näheren Betrachtung zu unterziehen. Die bislang unterstellte Gewinnmaximierung als Maximierung der kumulierten Zahlungsüberschüsse ließe sich in diesem Falle zwar

---

1 Vgl. auch ROLLBERG (2012), S. 148 ff.

2 Vgl. hierzu vor allem SCHWEIM (1969), S. 75 ff., ROSENBERG (1975), S. 73 ff. und JACOB (1988), S. 698 ff.

3 Vgl. JONAS (1961), S. 4 f.

4 Vgl. hierzu nochmals die Ausführungen im Abschnitt 2.3.1.5.

problemlos in eine **Endvermögensmaximierung** unter Verzicht auf jegliche Entnahmen überführen, doch entspräche dies einer sehr „speziellen" Konsumpräferenz. Deshalb soll der Kapitalgeber im weiteren zwar durchaus die Endvermögensmaximierung präferieren, allerdings unter der allgemeineren Nebenbedingung eines fest **vorgegebenen Entnahmestroms,** was den konsequenten Verzicht auf Entnahmen als Spezialfall mit einschließt. Damit hat der Investor die Möglichkeit, frei werdende Mittel je nach Belieben zu konsumieren oder zu reinvestieren.

Die **Zielfunktion** des Modells verlangt also die Maximierung des Endvermögens EV bzw. des Vermögens V_T am Planungshorizont.

max. EV; $EV := V_T$

Wichtigste Nebenbedingung in dem nunmehr finanzwirtschaftlich fundierten Modell ist die Sicherstellung der jederzeitigen Zahlungsfähigkeit. Für jeden Zeitpunkt t ist eine Liquiditätsrestriktion zu formulieren, die für den Ausgleich aller zeitpunktspezifischen Ein- und Auszahlungen sorgt und folglich die Real- mit der Finanzgütersphäre verbindet. Dabei ist von einer „*Vorfinanzierung" der Produktion* auszugehen. Mit Ausnahme der *zeitpunkt*spezifischen Lagerbestandsvariablen beziehen sich deshalb alle realgüterwirtschaftlichen Variablen mit dem Index t, die zu Auszahlungswirkungen führen, auf die Periode t + 1. Dagegen spiegeln mit t indizierte Absatzmengenvariable Verkaufsmengen der Periode t wider. Wenngleich durch die zeitpunktbezogene Betrachtungsweise die Zahlungsfähigkeit des Unternehmens nicht permanent, sondern nur zu Beginn und am Ende einer Periode sichergestellt wird, geht der folgende Ansatz durchaus sensibel mit dem Problem der *Liquidität* um, denn ein Teil der Einzahlungen bzw. Auszahlungen wird vermutlich doch früher bzw. später anfallen.

Die **Liquiditätsrestriktionen für alle Zeitpunkte t ≠ T** haben folgende Gestalt.

$$-EU_t + ABV_t + ABF_t + APV_t + APF_t + AR_t + AL_t + AA_t - EL_t + AZ\ddot{U}_t \leq E_t - A_t$$

$$\forall\, t \neq T$$

Die große Ähnlichkeit der *ersten sieben Terme* dieser Liquiditätsrestriktionen mit der Zielfunktion des Modells zur simultanen Produktionsplanung im Abschnitt 4.1.2 ist unübersehbar. Allerdings unterscheiden sich die Terme durchgehend hinsichtlich des Vorzeichens. Die umgekehrten Vorzeichen rühren daher, daß Liquiditätsrestriktionen dafür Sorge tragen, daß im Zeitpunkt t die Auszahlungen nicht die Einzahlungen überschreiten (A ≤ E). Daher sind die auf der linken Seite der jeweiligen Restriktion auszuweisenden *variablen* Auszahlungen (Einzahlungen) und die auf der rechten Seite der jeweiligen Restriktion auszuweisenden *fixen* Einzahlungen (Auszahlungen) mit einem Pluszeichen (Minuszeichen) zu versehen. Zudem entfällt die Summation aller Terme über t, weil Liquiditätsrestriktionen zeitpunktspezifisch sind.

Während die Terme für den *Umsatzerlös EU$_t$* sowie für die *variablen Auszahlungen ABV$_t$* und die *fixen Auszahlungen ABF$_t$ der Beschaffung und des Fremdbezugs* unverändert sind, findet sich in den Termen für die *rein produktionsprozeßbedingten variablen Auszahlungen APV$_t$*, für die *fixen Auszahlungen APF$_t$ der Betriebsbereitschaft* und für die *umrüstungsbedingten Auszahlungen AR$_t$* der zusätzliche Index t* wieder.

$$EU_t = \sum_m e_{mt} \cdot x^A_{mt} + \sum_n e_{nt} \cdot x^A_{nt}$$

$$ABV_t = \sum_l a^B_{lt} \cdot x^B_{lt} + \sum_m a^B_{mt} \cdot x^B_{mt} + \sum_n a^B_{nt} \cdot x^B_{nt}$$

$$ABF_t = \sum_l A^B_{lt} \cdot u^B_{lt} + \sum_m A^B_{mt} \cdot u^B_{mt} + \sum_n A^B_{nt} \cdot u^B_{nt}$$

$$APV_t = \sum_{ijm} \sum_{t^*=-T^*}^{t} a^P_{ijmt} \cdot x^P_{ijt^*mt} + \sum_{ijn} \sum_{t^*=-T^*}^{t} a^P_{ijnt} \cdot x^P_{ijt^*nt}$$

$$APF_t = \sum_{jt^*m} A^P_{jt^*} \cdot u^P_{jt^*mt} + \sum_{jt^*n} A^P_{jt^*} \cdot u^P_{jt^*nt}$$

$$AR_t = \sum_{jt^*m} A^R_{jm} \cdot u^R_{jt^*mt} + \sum_{jt^*n} A^R_{jn} \cdot u^R_{jt^*nt}$$

Wie im Abschnitt 4.2.2.3 ist der zusätzliche *Index t* zur Differenzierung der Anschaffungszeitpunkte* einzelner Aggregate erforderlich. Diesmal soll es allerdings nicht mehr möglich sein, im Zeitpunkt t mehrere Aggregate eines Typs j einzukaufen, sondern nur noch *ein einziges*, um den Produktionsbereich wieder so detailliert abbilden zu können wie im aus Abschnitt 4.1.2 bekannten Planungsansatz. Jede jt*-Kombination beschreibt jetzt ein ganz bestimmtes Aggregat, nämlich das in t* angeschaffte Aggregat vom Typ j, wobei der Anschaffungszeitpunkt t* auch in der Vergangenheit liegen kann.

Schließlich unterscheiden sich im Term für die *lagerbedingten Auszahlungen AL$_t$* die zeitpunkt- von den periodenspezifischen Indexausprägungen an den Lagermengenvariablen, weil auch das *Lager* beispielsweise des Endprodukts n in der Periode t + 1, mit dem Lageranfangsbestand $x^L_{nt} + x^B_{nt}$ und dem Lagerendbestand x^L_{nt+1}, *vorzufinanzieren* ist (Auszahlung in t).

$$AL_t = \sum_l a^L_{lt} \cdot \frac{\left(x^L_{lt} + x^B_{lt}\right) + x^L_{lt+1}}{2} + \sum_m a^L_{mt} \cdot \frac{\left(x^L_{mt} + x^B_{mt}\right) + x^L_{mt+1}}{2} +$$

$$\sum_n a^L_{nt} \cdot \frac{\left(x^L_{nt} + x^B_{nt}\right) + x^L_{nt+1}}{2}$$

In den *Termen acht bis zehn* der Liquiditätsrestriktionen finden sich die Zahlungswirkungen von Sachinvestitionen und Devestitionen sowie von Finanzanlagen und
Krediten wieder. Wird im Zeitpunkt t eine Produktionsanlage vom Typ j angeschafft,
nimmt die binäre Investitionsvariable y_{jt} den Wert Eins an, und die Anschaffungsaus-
zahlung A_{jt}^A schlägt zu Buche. Wird über alle Anlagentypen j summiert, so ergibt sich
das *zeitpunktspezifische Sachinvestitionsvolumen AA_t*.

$$AA_t = \sum_j A_{jt}^A \cdot y_{jt}$$

Aggregate, die mindestens eine Periode lang zum Unternehmen gehörten, also auch
solche, die bereits vor dem Planungszeitraum (von t*=−T* bis t*=−1) gekauft wurden,
können wieder abgestoßen werden. In diesem Falle ist die binäre Devestitionsvariable
z_{jt^*t} gleich eins (vgl. auch die Ausführungen zu den Devestitionsbedingungen). Der
Verkauf einer Anlage jt* im Zeitpunkt t führt ohne Zeitverzug zum mit dem Alter der
Anlage sinkenden Liquidationserlös $E_{jt^*t}^L$ und eine Summation über alle bis zum Zeitpunkt t − 1 angeschafften Aggregate aller Typen j zum Term der *zeitpunktspezifischen
Liquidationserlöse EL_t*. Nach Ablauf der technischen Nutzungsdauer sind die erziel-
baren Liquidationserlöse gleich null oder sogar negativ, wenn Auszahlungen für die
Verschrottung anfallen.

$$EL_t = \sum_j \sum_{t^*=-T^*}^{t-1} E_{jt^*t}^L \cdot z_{jt^*t}$$

Der zehnte und letzte Term auf der linken Seite der Restriktionen beschreibt den durch
zur Disposition stehende Finanzanlagen und Kredite bewirkten *zeitpunktspezifischen
Auszahlungsüberschuß $AZÜ_t$*. Wird ein Investitions- oder Finanzierungsobjekt o im
Umfang von n_o realisiert, so resultieren hieraus in den Zeitpunkten t seiner Lebens-
dauer Zahlungen als Produkt aus Objektumfang und zeitpunktspezifischem Ein- oder
Auszahlungsbetrag pro Objekteinheit (E_{ot} bzw. A_{ot}).

$$AZÜ_t = \sum_o \left(A_{ot} - E_{ot}\right) \cdot n_o$$

Die Differenz zwischen den *entscheidungsabhängigen Aus- und Einzahlungen* im Zeitpunkt t darf nicht größer sein als die Differenz zwischen den *entscheidungsunabhängig
anfallenden Ein- und Auszahlungen ($E_t − A_t$)* in t. Hierzu sind Zahlungen aus bereits
vor dem Planungszeitraum realisierten Projekten (Finanzanlagen, Kredite), Zahlungen
aus Projekten, die aus strategischen Gründen in jedem Falle zu verwirklichen sind, geplante Einlagen und die bereits erwähnten Entnahmen sowie zu Beginn des Planungszeitraums vorhandene Kassenbestände zu rechnen.

Die **Liquiditätsrestriktion für den Zeitpunkt T** unterscheidet sich deutlich von denen
der übrigen Zeitpunkte, weil der Sachinvestitionsterm und sämtliche Vorfinanzierungs-

terme (für beschaffungs-, fremdbezugs-, produktions-, umrüstungs- und lagerbedingte Auszahlungen) entfallen. Damit verbleiben nur noch die Einzahlungen aus dem Verkauf von Zwischen- und Endprodukten in Periode T und aus der (fiktiven) Liquidation der zum Zeitpunkt T noch vorhandenen Aggregate, die Zahlungswirkungen der noch aktiven Finanzanlagen und Kredite sowie die am Planungshorizont entscheidungsunabhängig anfallenden Ein- und Auszahlungen. Das zu maximierende Endvermögen V_T ergibt sich dann als Residualgröße aller Ein- und Auszahlungen und kann als „fiktive Endausschüttung" am Planungshorizont interpretiert werden.

$$V_T - EU_T - EL_T + AZ\ddot{U}_t \leq E_T - A_T$$

$$EU_T = \sum_m e_{mT} \cdot x_{mT}^A + \sum_n e_{nT} \cdot x_{nT}^A$$

$$EL_T = \sum_j \sum_{t^*=-T^*}^{T-1} E_{jt^*T}^L \cdot z_{jt^*T}$$

$$AZ\ddot{U}_T = \sum_o (A_{oT} - E_{oT}) \cdot n_o$$

Devestitionsrestriktionen stellen sicher, daß alle zu Beginn des Planungszeitraums bereits vorhandenen und im Planungszeitraum zusätzlich angeschafften Aggregate bis spätestens am Planungshorizont liquidiert werden; entweder *tatsächlich* zu jedem beliebigen Zeitpunkt $t^+ \geq 0$ nach dem Anschaffungszeitpunkt t^* oder gegebenenfalls nur *fiktiv* am Planungshorizont T. Hierzu sind die binären Investitionsvariablen y_{jt^*} und die binären Devestitionsvariablen $z_{jt^*t^+}$ erforderlich.

$$\sum_{t^+=t^*+1}^{T} z_{jt^*t^+} - y_{jt^*} = 0 \quad \forall\, j,\, t^* \leq T-1$$

Alle **Absatz-, Beschaffungs- und Fremdbezugsobergrenzen** (1 & 2) bleiben unverändert, allerdings ist noch zu ergänzen, daß zu Beginn des Planungszeitraums nur Produkte abgesetzt werden können, die als Lagerendbestände des vorhergehenden Planungszeitraums übriggeblieben sind.

$$x_{mt}^A \leq X_{mt}^A \quad \forall\, m, t \qquad \text{und zusätzlich für } t = 0 \quad x_{m0}^A \leq X_{m0}^L \quad \forall\, m$$

$$x_{nt}^A \leq X_{nt}^A \quad \forall\, n, t \qquad \text{und zusätzlich für } t = 0 \quad x_{n0}^A \leq X_{n0}^L \quad \forall\, n$$

$$x_{lt}^B \leq X_{lt}^B \quad \forall\, l, t < T; \qquad x_{mt}^B \leq X_{mt}^B \quad \forall\, m, t < T; \qquad x_{nt}^B \leq X_{nt}^B \quad \forall\, n, t < T$$

Produktionskapazitätsrestriktionen sorgen dafür, daß die Kapazität $Kap_{jt^*t}^P$ einer im Zeitpunkt t^* gekauften, in t noch nicht wieder verkauften und jenseits von t technisch noch nutzbaren Anlage vom Typ j in Periode t + 1 sowohl für die Fertigung der ihr zugewiesenen Zwischen- und Endproduktmengen als auch für etwaige Umrüstungsarbeiten ausreicht. Kap^P_{jt*t} beschreibt folglich die Kapazität der Maschine jt* in der im Zeitpunkt t beginnenden Periode t + 1. Nach Ablauf der technischen Nutzungsdauer ist das Kapazitätsangebot naturgemäß gleich null. (Da im Falle von t* = t die Summe in der Klammer bis t + 1 laufen muß, aber eine im Zeitpunkt t + 1 liquidierte Anlage in der Periode t + 1 noch genutzt werden kann, ist die unnötigerweise abgezogene Binärvariable z wieder zu addieren.)

$$\sum_{im} PK^P_{ijm} \cdot x^P_{ijt*mt} + \sum_{m} RZ_{jm} \cdot u^R_{jt*mt} + \sum_{in} PK^P_{ijn} \cdot x^P_{ijt*nt} + \sum_{n} RZ_{jn} \cdot u^R_{jt*nt} -$$

$$\text{Kap}^P_{jt*t} \cdot \left(y_{jt*} - \sum_{t^+=t*+1}^{t+1} z_{jt*t^+} + z_{jt*t+1} \right) \leq 0 \quad \forall\, j,\, t* \leq t,\, t < T$$

Die **Lagerkapazitätsrestriktionen** (4) bleiben bis auf die jetzt ebenfalls zeitpunktspezifischen Indizes der Beschaffungsmengenvariablen unverändert.

$$\sum_{l} LK_l \cdot \left(x^L_{lt-1} + x^B_{lt-1} \right) + \sum_{m} LK_m \cdot \left(x^L_{mt-1} + x^B_{mt-1} \right) +$$

$$\sum_{n} LK_n \cdot \left(x^L_{nt-1} + x^B_{nt-1} \right) \leq \text{Kap}^L_t \quad \forall\, t > 0$$

$$\sum_{l} LK_l \cdot x^L_{lt} + \sum_{m} LK_m \cdot x^L_{mt} + \sum_{n} LK_n \cdot x^L_{nt} \leq \text{Kap}^L_t \quad \forall\, t > 0$$

In den **Lagerfortschreibungsbedingungen** (5) tritt an die Stelle des Index j das Indexpaar jt*, das ein ganz bestimmtes Aggregat des Typs j beschreibt, nämlich das in t* beschaffte. Insofern ist nun auch über alle möglichen Beschaffungszeitpunkte t* der einzelnen Aggregate des Typs j zu summieren.

$$x^L_{lt} + x^B_{lt} - \sum_{ijm}\sum_{t*=-T*}^{t} PK^R_{lijm} \cdot x^P_{ijt*mt} - \sum_{ijn}\sum_{t*=-T*}^{t} PK^R_{lijn} \cdot x^P_{ijt*nt} - x^L_{lt+1} = 0 \quad \forall\, l,\, t < T$$

mit $x^L_{l0} = X^L_{l0} \quad \forall\, l$

$$x^L_{mt} + \sum_{ij}\sum_{t*=-T*}^{t} x^P_{ijt*mt} + x^B_{mt} - \sum_{ijm*\in M\setminus\{m\}}\sum_{t*=-T*}^{t} PK^R_{mijm*} \cdot x^P_{ijt*m*t} -$$

$$\sum_{ijn}\sum_{t*=-T*}^{t} PK^R_{mijn} \cdot x^P_{ijt*nt} - x^A_{mt+1} - x^L_{mt+1} = 0 \quad \forall\, m,\, t < T$$

mit $\quad x_{m0}^{L} = X_{m0}^{L} - x_{m0}^{A} \quad \forall\, m$

$$x_{nt}^{L} + \sum_{ij} \sum_{t^*=-T^*}^{t} x_{ijt^*nt}^{P} + x_{nt}^{B} - x_{nt+1}^{A} - x_{nt+1}^{L} = 0 \quad \forall\, n,\, t < T$$

mit $\quad x_{n0}^{L} = X_{n0}^{L} - x_{n0}^{A} \quad \forall\, n$

Auch die **Schaltbedingungen** (6) bis (9) bleiben grundsätzlich unverändert. Nur tritt in einigen Bedingungen an die Stelle des Index j wieder das Indexpaar jt*.

$$x_{lt}^{B} - Z \cdot u_{lt}^{B} \leq 0 \quad \forall\, l,\, t < T$$

$$x_{mt}^{B} - Z \cdot u_{mt}^{B} \leq 0 \quad \forall\, m,\, t < T$$

$$x_{nt}^{B} - Z \cdot u_{nt}^{B} \leq 0 \quad \forall\, n,\, t < T$$

$$\sum_{i} x_{ijt^*mt}^{P} - Z \cdot u_{jt^*mt}^{P} \leq 0 \quad \forall\, j,\, t^* \leq t,\, m,\, t < T$$

$$\sum_{i} x_{ijt^*nt}^{P} - Z \cdot u_{jt^*nt}^{P} \leq 0 \quad \forall\, j,\, t^* \leq t,\, n,\, t < T$$

$$\sum_{m} u_{jt^*mt}^{P} + \sum_{n} u_{jt^*nt}^{P} \leq 1 \quad \forall\, j,\, t^* \leq t,\, t < T$$

$$\left(u_{jt^*mt}^{P} - u_{jt^*mt-1}^{P} \right) - u_{jt^*mt}^{R} \leq 0 \quad \forall\, j,\, t^* \leq t,\, m,\, t < T$$

mit $\quad u_{jt^*m\,-1}^{P} = \bar{u}_{jt^*m\,-1}^{P} \quad \forall\, j,\, t^* < 0,\, m$

$$\left(u_{jt^*nt}^{P} - u_{jt^*nt-1}^{P} \right) - u_{jt^*nt}^{R} \leq 0 \quad \forall\, j,\, t^* \leq t,\, n,\, t < T$$

mit $\quad u_{jt^*n\,-1}^{P} = \bar{u}_{jt^*n\,-1}^{P} \quad \forall\, j,\, t^* < 0,\, n$

Durchführungsobergrenzen beschränken gegebenenfalls den Umfang n_0 der Investitions- und Finanzierungsobjekte o.

$$n_0 \leq N_0 \quad \forall\, o$$

Nichtnegativitätsbedingungen sorgen dafür, daß keine stetige Variable negativ wird.

$$n_o \geq 0 \quad \forall\, o\,; \qquad x^A_{mt} \geq 0 \quad \forall\, m, t\,; \qquad x^A_{nt} \geq 0 \quad \forall\, n, t$$

$$x^B_{lt} \geq 0 \quad \forall\, l, t < T\,; \qquad x^B_{mt} \geq 0 \quad \forall\, m, t < T\,; \qquad x^B_{nt} \geq 0 \quad \forall\, n, t < T$$

$$x^L_{lt} \geq 0 \quad \forall\, l, t > 0\,; \qquad x^L_{mt} \geq 0 \quad \forall\, m, t\,; \qquad x^L_{nt} \geq 0 \quad \forall\, n, t$$

$$x^P_{ijt^*mt} \geq 0 \quad \forall\, i, j, t^* \leq t, m, t < T\,; \qquad x^P_{ijt^*nt} \geq 0 \quad \forall\, i, j, t^* \leq t, n, t < T$$

Alle **Schaltvariablen** dürfen nur die Werte Null oder Eins annehmen. Zusätzlich ist für jedes *in t* < 0 beschaffte und in t = 0 noch vorhandene* Aggregat vom Typ j ein y_{jt^*} mit dem Wert Eins einzuführen. In t* < 0 gekaufte und bis t = 0 wieder verkaufte Aggregate sind nicht zu erfassen.

$$u^B_{lt} \in \{0,1\} \quad \forall\, l, t < T\,; \qquad u^B_{mt} \in \{0,1\} \quad \forall\, m, t < T\,; \qquad u^B_{nt} \in \{0,1\} \quad \forall\, n, t < T$$

$$u^P_{jt^*mt} \in \{0,1\} \quad \forall\, j, t^* \leq t, m, t < T\,; \qquad u^P_{jt^*nt} \in \{0,1\} \quad \forall\, j, t^* \leq t, n, t < T$$

$$u^R_{jt^*mt} \in \{0,1\} \quad \forall\, j, t^* \leq t, m, t < T\,; \qquad u^R_{jt^*nt} \in \{0,1\} \quad \forall\, j, t^* \leq t, n, t < T$$

$$y_{jt} \in \{0,1\} \quad \forall\, j, t < T\,; \qquad y_{jt^*} = 1 \quad \forall\, j, t^* < 0$$

$$z_{jt^*t} \in \{0,1\} \quad \forall\, j, t^* < t, t$$

4.2.3 Simultane produktionszentrierte Unternehmensplanung

Eine Verbindung der im Abschnitt 4.2.2 vorgestellten Modelle zu einem umfassenden Modell der simultanen Produktions- sowie Absatz-, Beschaffungs-, Investitions- und Finanzierungsplanung führt direkten Weges zur simultanen Unternehmensplanung. Sie versucht, dem Ideal der vollkommenen Planungsintegrität mit Hilfe eines alle betrieblichen Teilbereiche umfassenden und einen möglichst großen Planungszeitraum abdeckenden **Totalmodells** nahezukommen.[1] Doch ist es nicht einmal dem umsichtigsten und vorausschauendsten Unternehmensplaner möglich, die komplexe inner- und interbetriebliche Realität mit all ihren sachlichen und zeitlichen Wechselwirkungen vollständig zu erfassen oder die Zukunft verläßlich vorherzusehen. Um so mehr gilt im Falle der simultanen Unternehmensplanung, was schon im Zusammenhang mit der simultanen Produktionsplanung gesagt wurde: Ein alle relevanten Zusammenhänge

---

1 Vgl. bspw. SCHWEIM (1969), S. 75 ff., ROSENBERG (1975) und ROLLBERG (2012), S. 148 ff.

erschöpfend abbildendes Totalmodell der Unternehmensplanung gibt es auf Grund der beschränkten menschlichen Informationsgewinnungs- und -verarbeitungskapazität nicht und wird es auch niemals geben. Und selbst wenn es dem Planer gelänge, alle erdenklichen Interdependenzen strukturerhaltend zu modellieren und alle erforderlichen Daten zuverlässig zu prognostizieren, dann wäre er nicht in der Lage, sein umfangreiches Modell auszuwerten. Insofern scheitert jeder Versuch einer simultanen Unternehmensplanung an der **Komplexität** realistischer Planungsprobleme, und erneut bietet nur ein hierarchisch integrierter Planungsansatz einen Ausweg aus dieser Misere hin zu einem zumindest näherungsweise konsistenten und mit Blick auf die externen Kontextfaktoren kongruenten Maßnahmenprogramm.

4.2.4 Hierarchisch integrierte produktionszentrierte Unternehmensplanung[1]

Analog zur im Abschnitt 4.1.4 erläuterten hierarchisch integrierten Produktionsplanung beruht die hierarchisch integrierte Unternehmensplanung[2] auf einer sowohl horizontalen als auch vertikalen Dekomposition[3] des Entscheidungsfelds.[4] Insofern ist ihr Name eigentlich irreführend, betont er doch mit der Hierarchisierung einseitig die vertikale Dekomposition als eines von zwei Strukturierungsprinzipien des Planungskonzepts: Dem *hierarchischen Aufbau der Unternehmensorganisation* entsprechend haben sich Planungen untergeordneter Instanzen in dem von den Planungen übergeordneter Instanzen aufgespannten Rahmen zu vollziehen. Doch innerhalb einer Ebene wird mit der horizontalen Dekomposition das zweite Strukturierungsprinzip der hierarchisch integrierten Unternehmensplanung verwirklicht, wenn parallele Entscheidungsfelder *funktions-, objekt- und/oder prozeßorientiert* gebildet werden, in denen zunächst unabhängig voneinander unter Beachtung der übergeordneten Rahmenpläne bereichsspezifische Detailpläne aufzustellen sind.

Die **vertikale Dekomposition** nach der Detailliertheit, Fristigkeit und Nachhaltigkeit der Planungen führt zur Hierarchisierung des Planungsproblems.[5] Wie bereits beschrieben, ist die Unternehmensleitung auf der obersten Hierarchiestufe mit der integrierten und langfristigen, dafür aber wenig detaillierten, groben *strategischen Planung* des gesamten Unternehmens befaßt. Den Ausführungen hierzu im Abschnitt 4.1.4 ist nichts weiter hinzuzufügen. Auf untergeordneten Planungsstufen ist der von der Unternehmensleitung aufgestellte Rahmenplan über bereichsspezifische, mittel- bis kurzfristige Detailpläne zu konkretisieren. Mithin beschränkt sich die *operative Planung* auf Maß-

---

1 Vgl. auch ROLLBERG (2012), S. 184 ff.

2 Zur hierarchischen Unternehmensplanung vgl. KOCH (1977) und KOCH (1982).

3 Zur Unterscheidung von horizontaler und vertikaler Dekomposition vgl. erneut STADTLER (1988), S. 24 ff.

4 Vgl. ADAM (1996), S. 377 f.

5 Vgl. auch im folgenden KOCH (1982), S. 35 ff.

nahmen ganz bestimmter Unternehmensbereiche. Die in bereichsspezifischen operativen Plänen ausgewiesenen Jahresproduktionsmengen ausgewählter Produkte konkretisieren zum Beispiel die in der strategischen Planung festgelegten aggregierten produktfeldbezogenen Größen. Die *taktische Planung* könnte auch als „Vollzugsplanung" bezeichnet werden. Erneut das Beispiel aus der Produktionsplanung aufgreifend, erteilt sie unter anderem Auskunft über die konkreten monatlichen oder wöchentlichen Produktionszahlen bestimmter Produktvarianten. Folglich werden im Rahmen der taktischen Planung mit Hilfe bereichsspezifischer Partialmodelle unter Verwendung möglichst exakter und zuverlässiger disaggregierter Daten die Niveaus von „Detailvariablen" ermittelt.

Die **horizontale Dekomposition** ist den innerbetrieblich zum Einsatz gelangenden organisatorischen Gestaltungsprinzipien verpflichtet. Unmittelbar unterhalb der Unternehmensleitung wird das Entscheidungsfeld grundsätzlich nach demselben Prinzip horizontal dekomponiert, nach dem auch die Organisation gestaltet wurde: verrichtungsorientiert in Funktionalorganisationen, objektorientiert in Divisionalorganisationen und naheliegenderweise prozeßorientiert in Prozeßorganisationen. Entsprechend werden auf der Ebene der *operativen Planung* in der Regel parallele Entscheidungsfelder verschiedener Funktionalbereiche, Divisionen oder Prozesse anzutreffen sein. Zur horizontalen Dekomposition der *taktischen Planung* bietet sich wiederum das in den operativen Bereichen angewandte Organisationsprinzip an. So können Funktionalbereiche wahlweise prozeß- oder objektorientiert und Geschäftsbereiche prozeß- oder verrichtungsorientiert gestaltet sein; in einer Prozeßorganisation könnte sich eine dritte Planungsebene auf Teilprozesse, eine vierte auf Prozeßsegmente und eine fünfte gegebenenfalls sogar auf Prozeßelemente beziehen.[1] Der Zusammenhang zwischen Unternehmensorganisation und Ausgestaltung der hierarchisch integrierten Unternehmensplanung wird durch die Abbildungen 48 und 49 veranschaulicht.

Um die durch die horizontale und vertikale Dekomposition zerschnittenen Interdependenzen zumindest ansatzweise zu berücksichtigen, bedarf es einer sowohl horizontalen als auch vertikalen Koordination der einzelnen Bereichs- und hierarchischen Teilpläne, wie sie bereits im Abschnitt 4.1.4 beschrieben wurde.[2] Die Versorgung der Unterinstanzen mit einheitlichen Informationen, die Vorgabe verbindlicher Planungsrichtlinien, der Genehmigungsvorbehalt bei besonders wichtigen Detailplanungen und die Feinabstimmung der Vorgaben durch planungsebenenübergreifende Entscheidungsgremien sind weitere, eher flankierende Maßnahmen zur Sicherung einer konsistenten und kongruenten Unternehmensplanung.[3]

---

1 Zur Prozeßhierarchie bzw. zum Aggregationsgrad von Prozessen vgl. GAITANIDES (1983), S. 80.
2 Zur vertikalen und horizontalen Koordination vgl. erneut bspw. ADAM (2000), S. 19 f.
3 Vgl. KOCH (1982), S. 54 ff. sowie KISTNER (1992), S. 1140 und 1143 f.

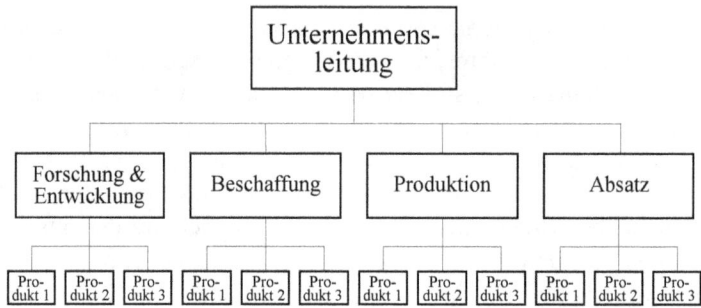

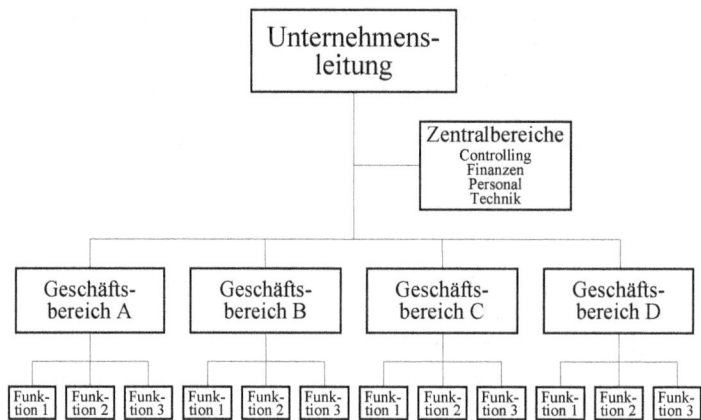

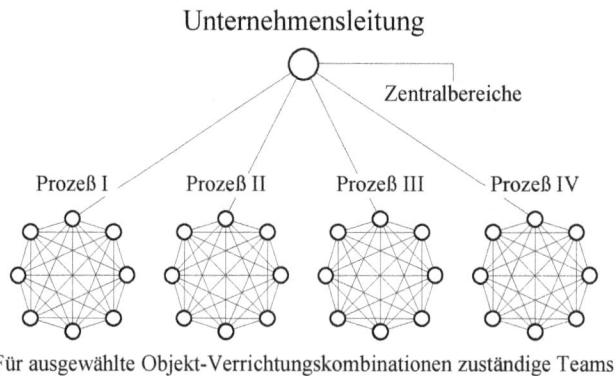

Abbildung 48:   Funktional-, Divisional- und Prozeßorganisation[1]

---

1 Abbildung aus BOGASCHEWSKY/ROLLBERG (1998), S. 191. Zur Darstellung einer Funktional- und Divisionalorganisation vgl. auch BÜHNER (2004), S. 127 und 142.

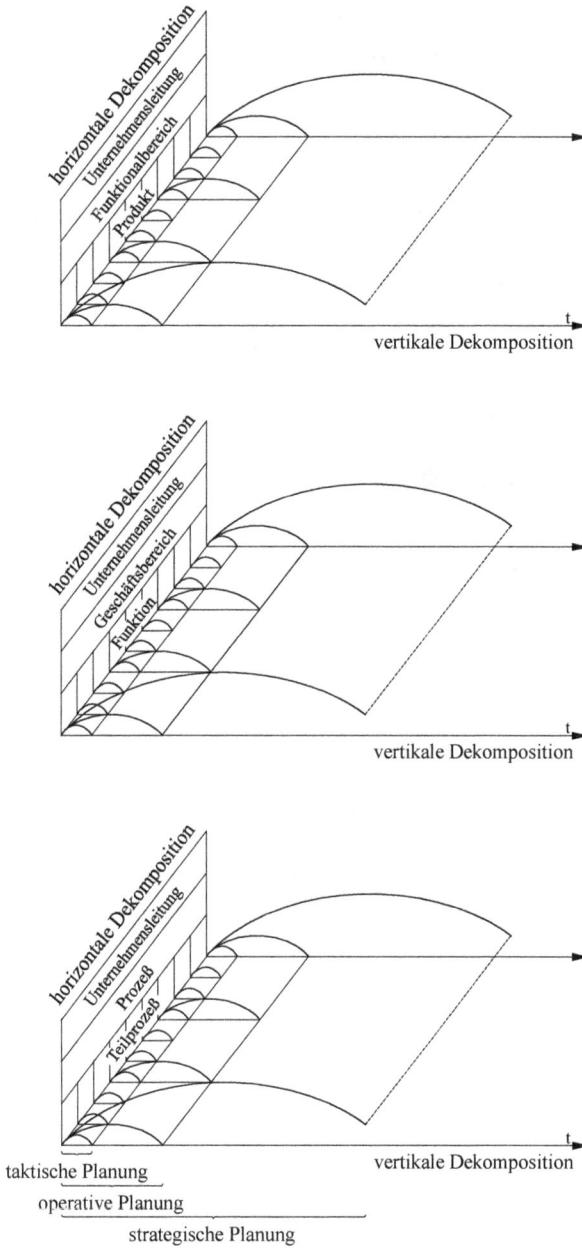

Abbildung 49: *Möglicher Aufbau der hierarchisch integrierten Unternehmensplanung in einer Funktional-, Divisional- und Prozeßorganisation* [1]

---

[1] Weiterentwicklung einer Abbildung aus KOCH (1982), S. 39.

4.3 Konsistenz und Kongruenz durch integrierte unternehmensübergreifende operativ-taktische Produktionsplanung

4.3.1 Simultane unternehmensübergreifende Produktionsplanung[1]

Die Bedeutung vertikaler strategischer Allianzen in Form von Wertschöpfungspartnerschaften zwischen rechtlich und wirtschaftlich selbständigen Unternehmen, die letztlich in **Wertschöpfungsnetzwerken** gipfeln, wurde im Unterkapitel 3.3 zum Supply Chain Management bereits thematisiert. Mit Blick auf die Produktionsplanung in derartigen Netzwerken ist festzustellen, daß das Verhältnis zwischen Wertschöpfungsnetzwerk und Netzwerkunternehmen mit dem zwischen Unternehmen und unternehmenseigenen Betrieben strukturell vergleichbar ist. Inhaltlich bestehen freilich große Unterschiede zwischen Netzwerken und Unternehmen, weil Netzwerkunternehmen im Gegensatz zu unternehmensspezifischen Einzelbetrieben wirtschaftlich und rechtlich selbständig sind und nicht nur für das Netzwerk, sondern auch für den netzwerkexternen Markt produzieren.

Demnach ist das Ideal der Planung partnerschaftlicher Wertschöpfung in vertikalen strategischen Allianzen die simultane unternehmensübergreifende Produktionsplanung im Sinne einer **Netzwerktotalplanung** durch eine zentrale Planungsinstanz. Die Rolle der zentralen Planungsinstanz kann dabei entweder das fokale Unternehmen des Netzwerks oder ein externer und neutraler Dienstleister („Fourth Party Logistics Provider") der Wertschöpfungspartner übernehmen.[2] Nur eine simultane Planung *aller* produktionswirtschaftlichen Maßnahmen *aller* Netzwerkunternehmen unter Berücksichtigung aller relevanten Zusammenhänge und Daten vermag alle zwischen den Handlungsoptionen der einzelnen Wertschöpfungspartner bestehenden Interdependenzen hinreichend zu berücksichtigen. Doch eine derartige Totalplanung läßt sich noch weniger realisieren als die bereits diskutierte simultane Produktions- oder Unternehmensplanung. Neben das nunmehr verschärfte Komplexitätsproblem tritt jetzt auch noch ein Vertrauensproblem, denn wirtschaftlich und rechtlich selbständige Unternehmen werden nicht bereit sein, gegenüber der zentralen Planungsinstanz „alles" offenzulegen. Vielmehr werden die einzelnen Wertschöpfungspartner der Planungsinstanz bestenfalls die Informationen übermitteln, die für eine Koordination nur der Aktivitäten mit Netzwerkbezug erforderlich sind.

Realistischer ist demgegenüber eine Kombination aus **Netzwerkpartialplanung** durch die zentrale Planungsinstanz und individuellen **Produktions-** oder **Unternehmensplanungen** der einzelnen Wertschöpfungspartner.[3] Dabei widmet sich die Netzwerkpar-

1　Vgl. ROLLBERG/SCHMETTAU (2021), S. 71 f. und ROLLBERG (2023), S. 133 f.
2　Vgl. JEHLE/KACZMAREK (2003), S. 10 ff. und PIBERNIK/SUCKY (2005), S. 71. Speziell zu fokalen Unternehmen vgl. bspw. WILDEMANN (1997b), S. 423 f. und CORSTEN/GÖSSINGER (2008), S. 20 ff. Speziell zu „Fourth Party Logistics Provider" vgl. bspw. BOGASCHEWSKY (2003), S. 35, BAUMGARTEN/DARKOW (2004), S. 104 ff., CHERNEVA/VOIGT (2015), S. 238 ff. und SUCKY (2022), S. 112 ff.
3　Vgl. GÖSSINGER (2001), S. 99 und ROLLBERG (2018a), S. 1254 f.

tialplanung „nur noch" der simultanen Planung ausschließlich der *auf die gemeinsame Wertschöpfung bezogenen* produktionswirtschaftlichen Aktivitäten *aller* Partnerunternehmen, während sich die Unternehmensplanungen (Produktionsplanungen) jeweils auf die simultane Planung *aller* (produktionswirtschaftlichen) Aktivitäten *eines einzelnen* Wertschöpfungspartners in den Grenzen der Ergebnisse der Netzwerkpartialplanung erstrecken. Durch diese *Hierarchisierung* läßt sich zwar das verschärfte Komplexitätsproblem einer simultanen Netzwerktotalplanung reduzieren. Doch sie ändert nichts an der in den Abschnitten 4.1.2 und 4.2.3 erläuterten grundsätzlichen Unmöglichkeit einer simultanen Produktions- oder Unternehmensplanung.

4.3.2 Hierarchisch integrierte unternehmensübergreifende Produktionsplanung und -steuerung mit APS und MES[1]

Die vorgenommene Differenzierung zwischen netzwerkweiter und netzwerkunternehmensspezifischer Produktionsplanung hat also keine Auswirkungen auf die Zweckmäßigkeit des einzusetzenden Planungsprinzips. Das Postulat, eine **hierarchisch integrierte Produktionsplanung** zu praktizieren, gilt demnach sowohl für die netzwerkweite als auch für die netzwerkunternehmensspezifische Produktionsplanung. Die Betrachtung von Wertschöpfungsnetzwerken führt allerdings, wie soeben gezeigt, zu einer **weitergehenden Hierarchisierung**, weil zusätzlich ein Über-/Unterordnungsverhältnis zwischen der netzwerkweiten und der netzwerkunternehmensspezifischen Produktionsplanung zu berücksichtigen ist.[2]

Technische Konkretisierungen des theoretischen Konzepts der hierarchisch integrierten Produktionsplanung, insbesondere für Wertschöpfungspartner, sind die bereits im Abschnitt 3.1.4.6 besprochenen **Advanced Planning Systems (APS)** als sogenannte „integrative Supply-Chain-Management-Software"[3]. Es sei an die sogenannte „Supply-Chain-Planungsmatrix" erinnert,[4] aus der sich die Planungsaufgaben der APS ergeben. Sie sind horizontal nach den betrieblichen Funktionsbereichen in Beschaffung, Produktion, Distribution und Absatz sowie vertikal nach der Fristigkeit der Planung in lang-, mittel- und kurzfristig unterteilt. Die resultierenden kachelartig angeordneten Planungsmodule, die untereinander in wechselseitiger Beziehung stehen, sollen im folgenden kurz aus der *Netzwerkperspektive* erläutert werden.[5]

---

1 Vgl. ROLLBERG (2018a), S. 1252–1256 und 1260.

2 Ein konkreter Vorschlag zur hierarchischen Koordination dieser Produktionsplanungen findet sich bspw. in GÖSSINGER (2001).

3 CORSTEN/GÖSSINGER (2008), S. 160.

4 Vgl. Abbildung 29 im Abschnitt 3.1.4.6.

5 Zur folgenden Charakterisierung der APS-Planungsmodule vgl. FLEISCHMANN/MEYR/WAGNER (2015), S. 76 ff. und MEYR/WAGNER/ROHDE (2015); vgl. vertiefend STADTLER/KILGER/MEYR (2015), Teil II.

Die **strategische Netzwerkplanung** ist mit der Netzwerkkonfiguration im weitesten Sinne befaßt und erstreckt sich auf die Festlegung grundsätzlich zu beackernder Produktfelder und daraus resultierender aggregierter langfristiger Absatz-, Produktions- und Materialprogramme, auf die Auswahl von Lieferanten und Kooperationspartnern sowie auf die Gestaltung der Produktions- und Distributionsstruktur und -kapazitäten.

Wie bereits im Abschnitt 3.1.4.6 aus der Sicht eines Einzelunternehmens beschrieben, besteht die Aufgabe der mittelfristigen **Absatzplanung** auch aus Netzwerkperspektive zunächst in der Prognose produktgruppen- und periodenspezifischer Absatzpotentiale unter Berücksichtigung verschiedenartiger absatzpolitischer Maßnahmenkombinationen. Darauf aufbauend sind auch im Supply Chain Management die erfolgversprechendsten Kombinationen auszuwählen sowie die mit ihnen korrespondierenden und später an die Hautproduktionsprogrammplanung zu übermittelnden aggregierten Absatzpotentiale zu bestimmen.

Dreh- und Angelpunkt der hierarchisch integrierten Produktionsplanung mit APS aber ist die aggregierte mittelfristige **Hauptproduktionsprogrammplanung** zur deckungsbeitragsmaximalen Festlegung der netzwerkweiten Produktionsmengen unter Beachtung gegebener Absatzpotentiale, verfügbarer Potentialfaktorkapazitäten und beschaffbarer Repetierfaktormengen.[1] Hierzu läßt sich ein *lineares oder gemischt-ganzzahlig lineares Optimierungsmodell der netzwerkweiten Produktionsprogrammplanung* aufstellen, das den Deckungsbeitrag oder Gewinn des gesamten Wertschöpfungsnetzwerks unter Einhaltung entsprechender Nebenbedingungen maximiert. Durch Verkettungsrestriktionen sind die Beschaffungs-, Produktions- und Distributionsmengen der einzelnen Wertschöpfungspartner so miteinander zu koppeln, daß das Programm für jede Periode des Planungszeitraums aufeinander abgestimmte wertschöpfungsstufenspezifische Produktions-, Absatz-/Distributions- und Lagermengen *explizit* sowie netzwerkintern zu beanspruchende Kapazitäten und netzwerkextern zu beschaffende Faktormengen *implizit* ausweist. Im Vorfeld müssen freilich die netzwerkinternen Absatzpreise und der Umfang der von den jeweiligen Unternehmen für das Netzwerk zu reservierenden Kapazitäten und Beschaffungskontingente ausgehandelt werden.[2]

Die von der zentralen Planungsinstanz festgelegten aggregierten wertschöpfungsstufenspezifischen Produktionsmengen sind anschließend den einzelnen Netzwerkunternehmen mitzuteilen. Sie können sodann ihre disaggregierten unternehmensspezifischen Planungen einläuten, die sich auf alle vom jeweiligen Unternehmen herzustellenden Erzeugnisse sowohl für den netzwerkinternen als auch für den netzwerk-

---

1 Vgl. CORSTEN/GÖSSINGER (2008), S. 166, FLEISCHMANN/MEYR/WAGNER (2015), S. 80 und KURBEL (2021), S. 482.

2 Die Bestimmung des Umfangs zu reservierender Kapazitäten und Kontingente begründet ein eigenständiges Planungsproblem, das mit zunehmender Bindungsdauer der Zusage höchster Unsicherheit unterliegen kann. Im Planungszeitpunkt zweckmäßige Zusagen können mit zielsetzungsgerechten Veränderungen in der Programmzusammensetzung mit Blick auf die Produkte ohne Partnerschaftsbezug schnell unzweckmäßig werden.

externen Markt erstrecken. Insofern müssen jetzt nicht mehr unbedingt moderne APS zum Einsatz gelangen; das Einzelunternehmen kann grundsätzlich auch mit einem konventionellen MRP- oder ERP-System weiterarbeiten.[1]

Zu Beginn der **Produktionsgrobplanung** muß jedes Unternehmen zunächst aus dem vorgegebenen netzwerkweiten Produktionsprogramm ableiten, wieviel von den reservierten Kontingenten in den einzelnen Perioden tatsächlich abgerufen wird. Mit Hilfe eines in der Regel *linearen Optimierungsmodells der netzwerkunternehmensspezifischen Produktionsprogrammplanung* lassen sich dann unter Berücksichtigung der netzwerkexternen Absatzpotentiale sowie der nicht reservierten und der reservierten, aber nicht abgerufenen Kapazitäten und Beschaffungspotentiale die deckungsbeitragsmaximalen Produktions- und Absatzmengen der einzelnen Perioden für den netzwerkexternen Markt bestimmen.

Ein sehr einfaches **Beispiel**[2] für eine Wertschöpfungspartnerschaft möge das Zusammenwirken von unternehmensübergreifender Hauptproduktionsprogramm- und unternehmensspezifischer Produktionsprogrammplanung veranschaulichen. Angenommen, alle Partnerunternehmen (u) bieten Produkte mit (n*) und ohne (n) Partnerschaftsbezug an. Im Vorfeld haben alle Partnerunternehmen Potentialfaktorkapazitäten und Repetierfaktorkontingente für die gemeinschaftlichen Produktionsaufgaben reserviert. Alle Kooperationsprodukte werden in linearen, unverzweigten Prozessen gefertigt und durchlaufen dieselben Wertschöpfungsstufen. Jedes Unternehmen repräsentiert genau eine Wertschöpfungsstufe, so daß der Index u sowohl für ein spezifisches Unternehmen als auch für eine spezifische Wertschöpfungsstufe steht. Die zentrale Planungsinstanz berücksichtigt in der Hauptproduktionsprogrammplanung alle reservierten partnerspezifischen Faktorkapazitäten und -kontingente sowie alle relevanten kooperationsprodukt- und -unternehmensspezifischen Produktionskoeffizienten. Die in der übergeordneten Hauptproduktionsprogrammplanung ermittelten Produktmengen führen zur Beanspruchung von Repetier- (l) und Potentialfaktoren (j) in den untergeordneten Einzelunternehmensplanungen. Von Lagerhaltung und Unsicherheit wird abstrahiert, um sich auf die eigentliche Problemstellung konzentrieren zu können. Alle Planungsmodelle beziehen sich auf den gemeinsamen Planungshorizont T, womit die Laufweite des Index t in allen Modellen identisch ist. Gleiches gilt auch für die Laufweite des Index n* für die Kooperationsprodukte. Dagegen sind die Laufweiten aller übrigen Indizes unternehmensspezifisch.

Die *unternehmensübergreifende Hauptproduktionsprogrammplanung* beschränkt sich auf eine Betrachtung ausschließlich der partnerschaftlichen Aktivitäten. Hieraus folgt, daß nur Kooperationsprodukte (n*) Gegenstand dieser Planung sein können.

---

1 Vgl. hierzu auch MEYR/WAGNER/ROHDE (2015), S. 101.
2 Vgl. hierzu ROLLBERG/SCHMETTAU (2021), S. 73–77 und ROLLBERG (2023), S. 135–139. Das Beispiel beschreibt die zweistufige Planung in *heterarchischen* Netzwerken. Zum Planungsprozedere in *hierarchischen* Netzwerken vgl. SCHMETTAU (2023), S. 54 ff. und SCHMETTAU (2024), S. 463 ff.

Ziel der Hauptproduktionsprogrammplanung ist damit die Maximierung des zahlungsorientierten unternehmensübergreifenden Deckungsbeitrags $DB^\ddot{u}$ als Summe der kooperationsprodukt- (n^*), partnerunternehmens- (u) und periodenspezifischen (t) Deckungsbeiträge. Sie ergeben sich aus einer Multiplikation der jeweiligen zahlungsorientierten Deckungsspanne (als Differenz aus variablen Einzahlungen e pro abgesetzte und variablen Auszahlungen a pro produzierte Mengeneinheit) mit der zugehörigen optimalen Produktions- und Absatzmenge x.

$$\max. DB^\ddot{u}; \quad DB^\ddot{u} := \sum_{n^*ut} \left(e_{n^*ut} - a_{n^*ut}\right) \cdot x_{n^*ut}$$

In diesem Zusammenhang sei darauf hingewiesen, daß der Verkaufspreis bzw. die variablen Einzahlungen e_{n^*ut}, den das Unternehmen u für eine abgesetzte Mengeneinheit des Zwischenprodukts n^* in der Periode t erzielt, gleichzeitig auch Teil der variablen Auszahlungen $a_{n^*(u+1)t}$ des Unternehmens u + 1 ist, die in derselben Periode t für den Kauf und die Weiterverarbeitung einer Mengeneinheit des Zwischenprodukts n^* anfallen.[1] Mithin ist sichergestellt, daß bei der Bewertung einer Produkteinheit letztlich nur die Differenz aus Verkaufspreis bzw. variabler Einzahlung e_{n^*Ut}, den/die das letzte Unternehmen U in der Wertschöpfungskette für eine abgesetzte Mengeneinheit des Endprodukts n^* in der Periode t am externen Markt erhält, und allen produktionsbedingten variablen Auszahlungen aller Unternehmen, die sich *nicht* auf den Erwerb von Zwischenprodukten vorgelagerter Wertschöpfungspartner beziehen, zu Buche schlägt.

Absatzrestriktionen sorgen dafür, daß die erzeugnis- und periodenspezifische Produktions- und Absatzmenge x_{n^*Ut} des Unternehmens U am Ende der Wertschöpfungskette nicht das jeweils vorgegebene Absatzpotential $X^A_{n^*Ut}$ überschreitet.

$$x_{n^*Ut} \leq X^A_{n^*Ut} \quad \forall\, n^*, t$$

Produktionsfaktorrestriktionen gewährleisten, daß in keiner Periode der Repetier- und Potentialfaktorbedarf das vom jeweiligen Unternehmen reservierte Repetier- und Potentialfaktorangebot übersteigt. Also darf die Summe der mit den entsprechenden faktorspezifischen Produktionskoeffizienten $PK^R_{ln^*u}$ bzw. $PK^P_{jn^*u}$ gewichteten Fertigungsmengen x_{n^*ut} der von Unternehmen u in Periode t hergestellten Erzeugnisse n^* nicht größer als die vom Unternehmen u für Periode t reservierte Menge $X^{B\,res}_{lut}$ des jeweiligen Repetierfaktors l bzw. reservierte Kapazität $Kap^{P\,res}_{jut}$ des jeweiligen Potentialfaktors j sein.

---

1 Diese Aussage unterstellt einen Produktionskoeffizienten von eins in der Verkettungsbedingung auf der nächsten Seite. Bei einem Produktionskoeffizienten größer als eins umfassen die Auszahlungen für die Herstellung *einer* Mengeneinheit des Produkts n^* in Produktionsstufe u + 1 die Auszahlungen für entsprechend *mehrere* Vorprodukteinheiten n^* der Produktionsstufe u.

$$\sum_{n^*} PK^R_{ln^*u} \cdot x_{n^*ut} \leq X^{B\ res}_{lut} \quad \forall\ l, u, t$$

$$\sum_{n^*} PK^P_{jn^*u} \cdot x_{n^*ut} \leq Kap^{P\ res}_{jut} \quad \forall\ j, u, t$$

Verkettungsbedingungen stellen sicher, daß die erzeugnis- und periodenspezifische Produktionsmenge x_{n^*ut} des Unternehmens u vollständig von Unternehmen u + 1 weiterverarbeitet wird.[1] Dabei beschreibt der Produktionskoeffizient $PK^Z_{n^*u(u+1)}$, wie viele Zwischenprodukte aus der Wertschöpfungsstufe u in eine Produkteinheit der folgenden Wertschöpfungsstufe u + 1 eingehen.

$$x_{n^*(u+1)t} \cdot PK^Z_{n^*u(u+1)} - x_{n^*ut} = 0 \quad \forall\ n^*, u \neq U, t$$

Nichtnegativitätsbedingungen verhindern negative Produktionsmengen x_{n^*ut}.

$$x_{n^*ut} \geq 0 \quad \forall\ n^*, u, t$$

Im Gegensatz zur unternehmensübergreifenden Hauptproduktionsprogrammplanung umfassen die *unternehmensindividuellen Produktionsprogrammplanungen* der einzelnen Partnerunternehmen sowohl Produkte n* *mit* als auch Produkte n *ohne* Partnerschaftsbezug. Dabei sind die Fertigungsmengen der Produkte n die Variablen der Modelle, wohingegen die Fertigungsmengen der Produkte n* aus der Optimallösung der Hauptproduktionsprogrammplanung stammen und somit Konstante darstellen.[2]

Ziel der unternehmensindividuellen Produktionsprogrammplanung ist die Maximierung des unternehmensspezifischen Deckungsbeitrags DB^u, der ausschließlich mit Produkten n *ohne* Partnerschaftsbezug erwirtschaftet wird – also nur des *entscheidungsrelevanten* Deckungsbeitrags ohne den Deckungsbeitrag, der dem Unternehmen aus dem Verkauf von Produkten *mit* Partnerschaftsbezug zufließt.

$$\max.\ DB^u;\quad DB^u := \sum_{nt} (e_{nut} - a_{nut}) \cdot x_{nut}$$

Absatzrestriktionen sind nur für die Produkte n ohne Partnerschaftsbezug erforderlich, weil die Produktions- und Absatzmengen der Produkte n* bereits aus der Hauptproduktionsprogrammplanung bekannt sind und als Datum in die Modellierung eingehen.

$$x_{nut} \leq X^A_{nut} \quad \forall\ n, t$$

---

1 Zu den Verkettungsbedingungen vgl. auch MIRSCHEL/ROLLBERG (2015), S. 66 f.
2 Zur Erfassung der von der übergeordneten Hauptproduktionsprogrammplanung vorgeschriebenen Aktivitäten vgl. auch MIRSCHEL/ROLLBERG (2015), S. 68 f.

Beschaffungsrestriktionen sorgen dafür, daß der Repetierfaktorbedarf das gegebene Repetierfaktorangebot zu keiner Zeit überschreitet. Das Repetierfaktorangebot ergibt sich als Differenz zwischen repetierfaktorspezifischem Beschaffungspotential X_{lut}^B und durch die Kooperationsprodukte n* gebundenen Repetierfaktormengen. Die aus der netzwerkbezogenen Hauptproduktionsprogrammplanung bekannten Lösungswerte für die Variablen x_{n*ut} gehen als Konstante $\bar{x}_{n*ut}$ in die jeweiligen Modelle ein. Durch sie werden im Zusammenspiel mit den zugehörigen Produktionskoeffizienten PK_{ln*u}^R maximal die reservierten Repetierfaktorkontingente $X_{lut}^{B\,res}$ abgerufen. Für die Produktion der Erzeugnisse n ohne Partnerschaftsbezug stehen damit insgesamt die nicht reservierten und die reservierten, aber nicht abgerufenen Repetierfaktormengen zur Verfügung.

$$\sum_n PK_{lnu}^R \cdot x_{nut} \le X_{lut}^B - \sum_{n*} PK_{ln*u}^R \cdot \bar{x}_{n*ut} \quad \forall\, l, t$$

Die *Kapazitätsrestriktionen* funktionieren nach demselben Muster. Der Kapazitätsbedarf für die Herstellung der Produkte n ohne Partnerschaftsbezug darf die nach Fertigung der Kooperationsprodukte n* noch verfügbare Kapazität nicht überschreiten.

$$\sum_n PK_{jnu}^P \cdot x_{nut} \le Kap_{jut}^P - \sum_{n*} PK_{jn*u}^P \cdot \bar{x}_{n*ut} \quad \forall\, j, t$$

Erneut verhindern *Nichtnegativitätsbedingungen* negative Produktionsmengen x_{nut}.

$$x_{nut} \ge 0 \quad \forall\, n, t$$

Im Anschluß an die Programmplanung folgt im zweiten Schritt der **Produktionsgrobplanung** die für APS typische kosten- und kapazitätsorientierte mehrstufige *Losgrößenplanung* in Abstimmung mit der *Materialbedarfsplanung* einerseits und mit der *Produktionsaufteilungs-, Auftragsreihenfolge- und Maschinenbelegungsplanung* als wesentlichen Elementen der **Produktionsfeinplanung** andererseits.

Die Aufgaben der **Materialbedarfsplanung** entsprechen weitgehend denen der Mengenplanung in klassischen MRP-Systemen und wurden bereits im Abschnitt 3.1.4.6 beschrieben. Ergänzend ist lediglich darauf hinzuweisen, daß manche APS im Rahmen der Materialbeschaffung von netzwerkexternen Anbietern auch die Auswahl der Lieferanten unterstützen, die sich hinsichtlich gewährter Mengenrabatte oder nicht zu unter- oder überschreitender Bestellmengen voneinander unterscheiden können.[1]

Ergänzt werden die netzwerk- und einzelunternehmensspezifischen produktionswirtschaftlichen Teilplanungen von einer netzwerkweiten mittelfristigen **Distributions- und** kurzfristigen **Transportplanung**, wobei sich letztere je nach Aufgabenteilung zwischen Lieferant und weiterverarbeitendem Unternehmen auch auf Beschaffungsvorgänge beziehen kann. Auf unterschiedlichen Aggregationsniveaus widmen sie sich

---

1 Vgl. MEYR/WAGNER/ROHDE (2015), S. 101.

der kapazitätsorientierten Transport- und Tourenplanung unter Kostengesichtspunkten, einschließlich wertschöpfungsstufenspezifischer Lagerbestandskontrolle, Transportmittelauswahl und Ladungskommissionierung.

Schließlich zeichnen sich die netzwerkbezogene **Auftragsannahme und Verfügbarkeitsprüfung** durch einen netzwerkweiten Blick auf die wertschöpfungsstufenspezifischen Lagermengen zu den jeweiligen Bedarfsterminen aus. Hierdurch ist es möglich, wie bereits für Einzelunternehmen im Abschnitt 3.1.4.6 beschrieben, den Kunden präzise Liefertermine zuzusichern, nicht nur wenn die nachgefragten Endproduktmengen aus bereits eingeplanten Produktionsaufträgen heraus reserviert werden können (*ATP für „Available-to-Promise"*), sondern auch wenn neue Produktionsaufträge zu initiieren sind und lediglich Materialien und Kapazitäten reserviert werden können (*CTP für „Capable-to-Promise"*).[1]

Im Sinne der hierarchisch integrierten Produktionsplanung ist in APS ein **vertikaler Informationsfluß** nicht nur „von oben nach unten", sondern auch „von unten nach oben" (Rückkopplungen) vorgesehen. Zudem ist der **horizontale Informationsfluß** dem Materialfluß sowohl entgegen- als auch gleichgerichtet. Schließlich muß sich der Informationsfluß nicht unbedingt nur auf Nachbarmodule beschränken.[2]

Die netzwerkweite **Produktionssteuerung** unterscheidet sich von der netzwerkunternehmensspezifischen Produktionssteuerung lediglich durch die unternehmensübergreifende Perspektive. Ansonsten folgt im sogenannten *Supply Chain Event Management*[3] das Zusammenspiel zwischen konventionellen MRP-/ERP-Systemen und modernen APS und MES demselben Muster wie in einem Einzelunternehmen.[4] Allerdings verlangt die Netzwerksicht zusätzlich zu den bereits vorhandenen Datenerfassungssystemen der MES ein *„Tracking & Tracing"-System*, das eine netzwerkweite Verfolgung, Lokalisierung und Statusbestimmung logistischer Objekte in Echtzeit und eine netzwerkweite Nachvollziehbarkeit vergangener Abläufe erlaubt.[5] Zudem müssen im gesamten Wertschöpfungsnetzwerk Kontrollpunkte („Meilensteine") eingerichtet werden, an denen verstärkt mit kritischen Ereignissen zu rechnen ist.

Abschließend kann zusammengefaßt werden, daß die **konsistenz-kongruenz-orientierte Produktionswirtschaft** auf *strategischer Ebene* eine abgestimmte Gestaltung der Beschaffungs- und Produktionsstrategien, -strukturen und -technologien sowie auf *operativ-taktischer Ebene* eine koordinierte Produktionsprogramm-, -prozeß- und

---

1 Vgl. SYDOW/MÖLLERING (2015), S. 261.

2 Zu den Informationsflüssen vgl. FLEISCHMANN/MEYR/WAGNER (2015), S. 82 sowie die Beispiele auf S. 84 ff. und 89 ff.

3 Zum „Supply Chain Event Management" vgl. bspw. BOGASCHEWSKY (2003), S. 36 f., CORSTEN/ GÖSSINGER (2022), S. 315 ff. und SUCKY (2022), S. 423 ff., insb. S. 430 f.

4 Vgl. Abschnitt 3.1.4.7.

5 Vgl. THIEL (2011), S. 420 ff., KLETTI (2015), S. 89 f., KURBEL (2021), S. 478 ff., CORSTEN/GÖSSINGER (2022), S. 317 f. und SUCKY (2022), S. 451 ff.

-faktorplanung anstrebt (Konsistenz). Flankierend wird versucht, mit Hilfe kollektiver Strategien, wie der Bildung von Wertschöpfungspartnerschaften, sich nicht nur reaktiv an die Umwelt anzupassen, sondern die Umwelt proaktiv im Sinne der kooperierenden Partner mitzugestalten (Kongruenz). Dies setzt freilich eine Integration sowohl der produktionswirtschaftlichen Teilplanungen auf *Einzelunternehmensebene* als auch der unternehmensspezifischen Produktionsplanungen auf *Netzwerkebene* voraus (Supply Chain Management). Und ohne eine Integration der Produktionsplanung in die Unternehmensgesamtplanung ist wiederum eine **konsistenz-kongruenz-orientierte Unternehmensführung** nicht denkbar.

Literaturverzeichnis

ADAM, D. (1969a), Koordinationsprobleme bei dezentralen Entscheidungen, in: Zeitschrift für Betriebswirtschaft, 1969, S. 615–632.

ADAM, D. (1969b), Produktionsplanung bei Sortenfertigung, Wiesbaden 1969 (zugleich: Universität Hamburg, Dissertation, 1965).

ADAM, D. (1970), Entscheidungsorientierte Kostenbewertung, Wiesbaden 1970 (zugleich: Universität Hamburg, Habilitationsschrift, 1968).

ADAM, D. (1988a), Aufbau und Eignung klassischer PPS-Systeme, in: ADAM, D. (Hrsg.), Fertigungssteuerung I, Schriften zur Unternehmensführung, Band 38, Wiesbaden 1988, S. 5–21.

ADAM, D. (1988b), Retrograde Terminierung – Ein Verfahren zur Fertigungssteuerung bei diskontinuierlichem Materialfluß oder vernetzter Fertigung, in: ADAM, D. (Hrsg.), Fertigungssteuerung II, Schriften zur Unternehmensführung, Band 39, Wiesbaden 1988, S. 89–106.

ADAM, D. (1990), Produktionsdurchführungsplanung, in: JACOB, H. (Hrsg.), Industriebetriebslehre, 4. Auflage, Wiesbaden 1990, S. 673–918.

ADAM, D. (1996), Planung und Entscheidung, 4. Auflage, Wiesbaden 1996.

ADAM, D. (1998), Produktionsmanagement, 9. Auflage, Wiesbaden 1998.

ADAM, D. (2000), Investitionscontrolling, 3. Auflage, München/Wien 2000.

ADAM, D., ROLLBERG, R. (1995), Komplexitätskosten, in: Die Betriebswirtschaft, 1995, S. 667–670.

ALBACH, H. (1997), Zur koordinationsorientierten Theorie der Unternehmung, in: KOCH, H. (Hrsg.), Entwicklung und Bedeutung der betriebswirtschaftlichen Theorie, Wiesbaden 1997, S. 1–25.

ANSOFF, H.I. (1957), Strategies for Diversification, in: Harvard Business Review, September/Oktober 1957, Nr. 5, S. 113–124.

ANSOFF, H.I. (1965), Corporate Strategy, New York et al. 1965.

ANSOFF, H.I. (1966), Management-Strategie, München 1966.

ARNOLD, U. (1997), Beschaffungsmanagement, 2. Auflage, Stuttgart 1997.

AWF (Hrsg.) (1985), Integrierter EDV-Einsatz in der Produktion, Computer Integrated Manufacturing, AWF-Empfehlung, Eschborn 1985.

BARTHELMÄS, N., FLAD, D., HAUSSMANN, T., KUPKE, T., SCHNEIDER, S., SELBACH, K. (2017), Industrie 4.0 – Eine industrielle Revolution?, in: ANDELFINGER, V.P., HÄNISCH, T. (Hrsg.), Industrie 4.0, Wiesbaden 2017, S. 33–56.

https://doi.org/10.1515/9783112219843-005

BÄUERLE, P. (1987), Finanzielle Planung mit Hilfe heuristischer Kalküle, Frankfurt am Main et al. 1987.

BAUM, H.-G., COENENBERG, A.G., GÜNTHER, T. (2013), Strategisches Controlling, 5. Auflage, Stuttgart 2013.

BAUMGARTEN, H., DARKOW, I.-L. (2004), Konzepte im Supply Chain Management, in: BUSCH, A., DANGELMAIER, W. (Hrsg.), Integriertes Supply Chain Management, 2. Auflage, Wiesbaden 2004, S. 91–110.

BECKER, J., ROSEMANN, M. (1993), Logistik und CIM, Berlin et al. 1993.

BEHR, M. VON, KÖHLER, C. (1988), Alternativen der Arbeitsgestaltung, in: CIM Management, 1988, Nr. 6, S. 9–15.

BENKENSTEIN, M. (2017), Leistungslehre und Dienstleistungsmanagement, in: CORSTEN, H., ROTH, S. (Hrsg.), Handbuch Dienstleistungsmanagement, München 2017, S. 9–24.

BERTHOIN ANTAL, A., DIERKES, M., HELMERS, S. (1993), Unternehmenskultur – Eine Forschungsagenda aus Sicht der Handlungsperspektive, in: DIERKES, M., ROSENSTIEL, L. VON, STEGER, U. (Hrsg.), Unternehmenskultur in Theorie und Praxis, Frankfurt am Main/New York 1993, S. 200–218.

BLOECH, J., BOGASCHEWSKY, R., BUSCHER, U., DAUB, A., GÖTZE, U., ROLAND, F. (2014), Einführung in die Produktion, 7. Auflage, Berlin/Heidelberg 2014.

BLOHM, H., BEER, T., SEIDENBERG, U., SILBER, H. (2016), Produktionswirtschaft, 5. Auflage, Herne 2016.

BLOHM, H., LÜDER, K., SCHAEFER, C. (2012), Investition, 10. Auflage, München 2012.

BOGASCHEWSKY, R. (1988), Dynamische Materialdisposition im Beschaffungsbereich, Frankfurt am Main 1988 (zugleich: Georg-August-Universität Göttingen, Dissertation, 1988).

BOGASCHEWSKY, R. (1994), Rationalisierungsgemeinschaften mit Lieferanten, in: BLOECH, J., BOGASCHEWSKY, R., FRANK, W. (Hrsg.), Konzernlogistik und Rationalisierungsgemeinschaften mit Lieferanten, Stuttgart 1994, S. 95–115.

BOGASCHEWSKY, R. (1995), Natürliche Umwelt und Produktion, Wiesbaden 1995 (zugleich: Georg-August-Universität Göttingen, Habilitationsschrift, 1994).

BOGASCHEWSKY, R. (2000), Supply Chain Management, in: SCHNEIDER, H. (Hrsg.), Produktionsmanagement in kleinen und mittleren Unternehmen, Stuttgart 2000, S. 287–310.

BOGASCHEWSKY, R. (2003), Integrated Supply Management – Zukunftskonzept für die Beschaffung, in: BOGASCHEWSKY, R. (Hrsg.), Integrated Supply Management, München/Neuwied/Köln 2003, S. 23–52.

BOGASCHEWSKY, R., MÖLLER, J. (2024), Nachhaltigkeitsrisiken in der strategischen Beschaffung, in: FRÖHLICH, E., JAMAL, Y. (Hrsg.), CSR und Beschaffung, 2. Auflage, Berlin 2024, S. 31–67.

BOGASCHEWSKY, R., ROLAND, F. (1996), Anpassungsprozesse mit Intensitätssplitting bei GUTENBERG-Produktionsfunktionen, in: Zeitschrift für Betriebswirtschaft, 1996, S. 49–75.

BOGASCHEWSKY, R., ROLLBERG, R. (1998), Prozeßorientiertes Management, Berlin/ Heidelberg 1998.

BOGASCHEWSKY, R., ROLLBERG, R. (2002), Produktionssynchrone Zulieferungskonzepte, in: HAHN, D., KAUFMANN, L. (Hrsg.), Handbuch Industrielles Beschaffungsmanagement, 2. Auflage, Wiesbaden 2002, S. 281–300.

BRASSLER, A., SCHNEIDER, H. (2000), Strategisch-taktisches Produktionsmanagement, in: SCHNEIDER, H. (Hrsg.), Produktionsmanagement in kleinen und mittleren Unternehmen, Stuttgart 2000, S. 21–88.

BRESSER, R.K.F. (1989), Kollektive Unternehmensstrategien, in: Zeitschrift für Betriebswirtschaft, 1989, S. 545–564.

BRETZKE, W.-R. (1980), Der Problembezug von Entscheidungsmodellen, Tübingen 1980.

BRETZKE, W.-R., KLETT, M. (2004), Supply Chain Event Management als Entwicklungspotenzial für Logistikdienstleister, in: BECKMANN, H. (Hrsg.), Supply Chain Management, Berlin/Heidelberg/New York 2004, S. 145–160.

BÜHNER, R. (1989), Strategie und Organisation, in: Zeitschrift Führung + Organisation, 1989, S. 223–232.

BÜHNER, R. (2004), Betriebswirtschaftliche Organisationslehre, 10. Auflage, München/ Wien 2004.

BULLINGER, H.-J., FÄHNRICH, K.-P., NIEMEIER, J. (1993), Informations- und Kommunikationssysteme für „schlanke Unternehmungen", in: Office Management, 1993, Nr. 1/2, S. 6–19.

BULLINGER, H.-J., GANZ, W. (1990), Ohne Human Integrated Manufacturing kein CIM, in: io Management Zeitschrift, 1990, Nr. 6, S. 48–52.

BULLINGER, H.-J., NIEMEIER, J. (1992), Was kommt nach Lean Production?, in: SCHEER, A.-W. (Hrsg.), Rechnungswesen und EDV, Heidelberg 1992, S. 152–172.

BÜRK, R., WAIS, B. (1994), Grüne Zeiten – schwarze Zahlen!, München/Landsberg am Lech 1994.

BUSCHER, U. (1997), Verrechnungspreise aus organisations- und agencytheoretischer Sicht, Wiesbaden 1997.

BUSCHER, U. (2003a), Konzept und Gestaltungsfelder des Supply Network Managements, in: BOGASCHEWSKY, R. (Hrsg.), Integrated Supply Management, München/ Neuwied/Köln 2003, S. 55–86.

BUSCHER, U. (2003b), Kostenorientiertes Logistikmanagement in Metalogistiksystemen, Wiesbaden 2003.

BUZACOTT, J.A., CORSTEN, H., GÖSSINGER, R., SCHNEIDER, H. (2010), Produktionsplanung und -steuerung, München 2010.

CHANDLER, A.D. (1962), Strategy and Structure, Cambridge/London 1962.

CHANDLER, A.D. (1969), Strategy and Structure (Paperback-Ausgabe von CHANDLER (1962)), Cambridge/London 1969.

CHEMNITZ, M., SCHRECK, G., KRÜGER, J. (2015), Wandlung der Steuerungstechnik durch Industrie 4.0, in: Industrie 4.0 Management, 2015, Nr. 6, S. 16–19.

CHERNEVA, D., VOIGT, K.-I. (2015), Outsourcing to 4PLs – Opportunities, Challenges, Future Outlook, in: KERSTEN, W., BLECKER, T., RINGLE, C.M. (Hrsg.), Innovations and Strategies for Logistics and Supply Chains, Berlin 2015, S. 231–255.

COENENBERG, A.G., FISCHER, T.M., GÜNTHER, T., BRÜHL, R. (2024), Kostenrechnung und Kostenanalyse, 10. Auflage, Stuttgart 2024.

CORSTEN, H., GÖSSINGER, R. (2008), Einführung in das Supply Chain Management, 2. Auflage, München/Wien 2008.

CORSTEN, H., GÖSSINGER, R. (2016), Produktionswirtschaft, 14. Auflage, Berlin/Boston 2016.

CORSTEN, H., GÖSSINGER, R. (2022), Produktions- und Logistikmanagement, 2. Auflage, Berlin/Boston 2022.

CORSTEN, H., WILL, T. (1992), Das Konzept generischer Wettbewerbsstrategien – Kennzeichen und kritische Analyse, in: Das Wirtschaftsstudium, 1992, S. 185–191.

CORSTEN, M., CORSTEN, H., MÜLLER-SEITZ, G. (2023), Grundlagen des strategischen Managements, 2. Auflage, München 2023.

CRONJÄGER, L. (Hrsg.) (1990), Bausteine für die Fabrik der Zukunft, Berlin/Heidelberg/New York 1990.

DEAL, T.E., KENNEDY, A.A. (1982), Corporate Cultures, Reading et al. 1982.

DRATH, R., HORCH, A. (2014), Industrie 4.0 – Hit or Hype?, in: IEEE Industrial Electronics Magazine, 2014, Nr. 2, S. 56–58.

DREXL, A., FLEISCHMANN, B., GÜNTHER, H.-O., STADTLER, H., TEMPELMEIER, H. (1994), Konzeptionelle Grundlagen kapazitätsorientierter PPS-Systeme, in: Schmalenbachs Zeitschrift für betriebswirtschaftliche Forschung, 1994, S. 1022–1045.

DRUCKER, P.F. (1974), Management – Tasks, Responsibilities, Practices, New York et al. 1974.

ENGELHARDT, W.H., KLEINALTENKAMP, M., RECKENFELDERBÄUMER, M. (1993), Leistungsbündel als Absatzobjekte, in: Schmalenbachs Zeitschrift für betriebswirtschaftliche Forschung, 1993, S. 395–426.

FANDEL, G., FRANÇOIS, P. (1989), Just-in-Time-Produktion und -Beschaffung – Funktionsweise, Einsatzvoraussetzungen und Grenzen, in: Zeitschrift für Betriebswirtschaft, 1989, S. 531–544.

FISCHER, T.M. (1993), Kostenmanagement strategischer Erfolgsfaktoren, München 1993.

FLECK, A. (1995), Hybride Wettbewerbsstrategien, Wiesbaden 1995.

FLEISCHMANN, B. (1998), Der Unterschied zwischen MRP und Planung, in: IT.AV, 1998, Nr. 2, S. 52–55.

FLEISCHMANN, B., MEYR, H., WAGNER, M. (2015), Advanced Planning, in: STADTLER, H., KILGER, C., MEYR, H. (Hrsg.), Supply Chain Management and Advanced Planning, 5. Auflage, Berlin/Heidelberg 2015, S. 71–95.

FREILING, J. (2001), Resource-based View und ökonomische Theorie, Wiesbaden 2001.

FREILING, J. (2008), Strategisches Management, in: CORSTEN, H., REISS, M. (Hrsg.), Betriebswirtschaftslehre – Band 2, 4. Auflage 2008, S. 439–526.

FRITSCHE, B. (1999), Advanced Planning and Scheduling (APS) – Die Zukunft von PPS und Supply Chain, in: Logistik heute, 1999, Nr. 5, S. 50–56.

GABELE, E. (1979), Unternehmungsstrategie und Organisationsstruktur, in: Zeitschrift für Organisation, 1979, S. 181–190.

GAITANIDES, M. (1983), Prozeßorganisation, München 1983.

GAL, T. (1987), Lineare Optimierung, in: GAL, T. (Hrsg.), Grundlagen des Operations Research, Band 1, Berlin et al. 1987, S. 56–254.

GILBERT, X.; STREBEL, P.J. (1985), Outpacing Strategies, in: IMEDE – Perspectives for Managers, September 1985, Nr. 2, S. 1–4.

GILBERT, X.; STREBEL, P.J. (1987), Strategies to Outpace the Competition, in: The Journal of Business Strategy, Sommer 1987, S. 28–36.

GÖRGEL, U.B. (1992), Computer Integrated Manufacturing und Wettbewerbsstrategie, Wiesbaden 1992.

GÖSSINGER, R. (2001), Hierarchische Planung zur hierarchischen Koordination in Unternehmungsnetzwerken, in: CORSTEN, H. (Hrsg.), Unternehmungsnetzwerke, München/Wien 2001, S. 83–120.

GÖTZE, U. (2010), Kostenrechnung und Kostenmanagement, 5. Auflage, Berlin/Heidelberg 2010.

GÖTZE, U. (2014), Investitionsrechnung, 7. Auflage, Berlin/Heidelberg 2014.

GREB, T., ERKENS, E., KOPFER, H. (1998), Naturadaptive Ansätze zur Lösung betrieblicher Optimierungsprobleme, in: Das Wirtschaftsstudium, 1998, S. 444–454.

GROCHLA, E. (1982), Grundlagen der organisatorischen Gestaltung, Stuttgart 1982.

GRÖGER, M. (1992), CIM und strategisches Management, Wiesbaden 1992.

GÜNTHER, H.-O., TEMPELMEIER, H. (2016), Produktion und Logistik, 12. Auflage, Norderstedt 2016.

GUTENBERG, E. (1958), Einführung in die Betriebswirtschaftslehre, Wiesbaden 1958.

GUTENBERG, E. (1980), Grundlagen der Betriebswirtschaftslehre, Band 3 – Die Finanzen, 8. Auflage, Berlin/Heidelberg/New York 1980.

GUTENBERG, E. (1983), Grundlagen der Betriebswirtschaftslehre, Band 1 – Die Produktion, 24. Auflage, Berlin/Heidelberg/New York 1983.

HAASIS, S. (1993), CIM – Einführung in die rechnerintegrierte Produktion, München/ Wien 1993.

HAHN, D. (2002), Problemfelder des Supply Chain Management, in: HAHN, D., KAUFMANN, L. (Hrsg.), Handbuch Industrielles Beschaffungsmanagement, 2. Auflage, Wiesbaden 2002, S. 1061–1071.

HALL, D.J., SAIAS, M.A. (1980), Strategy Follows Structure!, in: Strategic Management Journal, 1980, Nr. 2, S. 149–163.

HAMEL, G., PRAHALAD, C.K. (1994), Competing for the Future, Boston 1994.

HAMEL, G., PRAHALAD, C.K. (1995), Wettlauf um die Zukunft, Wien 1995.

HAUSOTTER, A. (1994), Logistische Beziehungen zwischen Unternehmungen, Wiesbaden 1994.

HAX, A.C., MEAL, H.C. (1975), Hierarchical Integration of Production Planning and Scheduling, in: GEISLER, M.A. (Hrsg.), Logistics, Amsterdam 1975, S. 53–69.

HAX, K. (1959), Planung und Organisation als Instrumente der Unternehmungsführung, in: Zeitschrift für handelswissenschaftliche Forschung, 1959, S. 605–615.

HEINEN, E. (1983), Betriebswirtschaftliche Kostenlehre, 6. Auflage, Wiesbaden 1983.

HEINEN, E., DILL, P. (1986), Unternehmenskultur, in: Zeitschrift für Betriebswirtschaft, 1986, S. 202–218.

HEINHOLD, M. (1989), Simultane Unternehmensplanungsmodelle – ein Irrweg?, in: Die Betriebswirtschaft, 1989, S. 689–708.

HELBERG, P. (1987), PPS als CIM-Baustein, Berlin 1987.

HERING, T. (2010), Simultane zeitliche und intensitätsmäßige Anpassung, in: ROLLBERG, R., HERING, T., BURCHERT, H. (Hrsg.), Produktionswirtschaft, 2. Auflage, München 2010, S. 313–318.

HERING, T. (2022), Investitionstheorie, 6. Auflage, Berlin/Boston 2022.

HERING, T. (2023), Betriebswirtschaftslehre und „gesunder Menschenverstand", in: Betriebswirtschaftliche Forschung und Praxis, 2023, S. 754–773.

HERKOMMER, O., HIEBLE, K. (2014), Ist Industrie 4.0 die nächste Revolution in der Fertigung?, in: Industrie Management, 2014, Nr. 1, S. 42–46.

HERRMANN, J. (2018), Ablaufplanung in der auftragsorientierten Fertigung unter Berücksichtigung von Störfällen, Berlin 2018.

HERRMANN, J., ROLLBERG, R. (2013), Produktionsplanung und -steuerung mit MRP, ERP, CIM, APS und MES, Business + Innovation, 2013, Nr. 4, S. 17–26.

HERZBERG, F. (1966), Work and the Nature of Man, New York 1966.

HILL, W., FEHLBAUM, R., ULRICH, P. (1994), Organisationslehre 1, 5. Auflage, Bern/ Stuttgart/Wien 1994.

HILLIER, F.S., LIEBERMAN, G.J. (1997), Operations Research, 4. Auflage, München/ Wien 1997.

HOITSCH, H.-J. (1993), Produktionswirtschaft, 2. Auflage, München 1993.

HORVÁTH, P., GLEICH, R., SEITER, M. (2024), Controlling, 15. Auflage, München 2024.

JACOB, H. (1976), Investitionsplanung und Investitionsentscheidung mit Hilfe der Linearprogrammierung, 3. Auflage, Wiesbaden 1976.

JACOB, H. (1988), Investitionsrechnung, in: JACOB, H. (Hrsg.), Allgemeine Betriebswirtschaftslehre, 5. Auflage, Wiesbaden 1988, S. 613–728.

JACOB, H. (1990), Die Planung des Produktions- und Absatzprogramms, in: JACOB, H. (Hrsg.), Industriebetriebslehre, 4. Auflage, Wiesbaden 1990, S. 401–590.

JEHLE, E., KACZMAREK, M. (2003), Organisation der Planung und Steuerung in Supply Chains, in: Technical Report 03022, Universität Dortmund 2003.

JONAS, H.H. (1961), Zur Methode der Rentabilitätsrechnung beim Investitionsvergleich, in: Zeitschrift für Betriebswirtschaft, 1961, S. 1–11.

JOSTOCK, J. (1994), Aufbau eines hierarchisch organisierten, wissensunterstützten Fertigungsregelungssystems, Saarbrücken 1994.

JUNG, R.H., HEINZEN, M., QUARG, S. (2018), Allgemeine Managementlehre, 7. Auflage, Berlin 2018.

KALUZA, B. (1994), Rahmenentscheidungen zu Kapazität und Flexibilität produktionswirtschaftlicher Systeme, in: CORSTEN, H. (Hrsg.), Handbuch Produktionsmanagement, Wiesbaden 1994, S. 51–72.

KAMINSKAITE, R. (2011), Auswahl mezzaniner Finanzierungsinstrumente in mittelständischen Unternehmen als betriebswirtschaftliches Entscheidungsproblem, Göttingen 2011.

KERN, H., SCHUMANN, M. (1984), Das Ende der Arbeitsteilung?, München 1984.

KERN, W. (1988), Der Betrieb als Faktorkombination, in: JACOB, H. (Hrsg.), Allgemeine Betriebswirtschaftslehre, 5. Auflage, Wiesbaden 1988, S. 117–208.

KEUPER, F. (2001), Strategisches Management, München/Wien 2001.

KIESER, A. (1974a), Der Einfluß der Fertigungstechnologie auf die Organisationsstruktur industrieller Unternehmungen, in: Schmalenbachs Zeitschrift für betriebswirtschaftliche Forschung, 1974, S. 569–590.

KIESER, A. (1974b), Der Einfluß der Umwelt auf die Organisationsstruktur der Unternehmung, in: Zeitschrift für Organisation, 1974, S. 302–314.

KIESER, A., WALGENBACH, P. (2010), Organisation, 6. Auflage, Stuttgart 2010.

KILGER, C. (1998), Optimierung der Supply Chain durch Advanced Planning Systems, in: Information Management & Consulting, 1998, Nr. 3, S. 49–55.

KISTNER, K.-P. (1992), Koordinationsmechanismen in der hierarchischen Planung, in: Zeitschrift für Betriebswirtschaft, 1992, S. 1125–1146.

KISTNER, K.-P., SWITALSKI, M. (1989), Hierarchische Produktionsplanung, in: Zeitschrift für Betriebswirtschaft, 1989, S. 477–503.

KLEINALTENKAMP, M. (1987), Die Dynamisierung strategischer Marketing-Konzepte, in: Schmalenbachs Zeitschrift für betriebswirtschaftliche Forschung, 1987, S. 31–52.

KLEINALTENKAMP, M. (1989), Outpacing Strategies, in: Die Betriebswirtschaft, 1989, S. 651–652.

KLEINALTENKAMP, M. (2017), Dienstleistungsmanagement und Service-dominant Logic, in: CORSTEN, H., ROTH, S. (Hrsg.), Handbuch Dienstleistungsmanagement, München 2017, S. 45–62.

KLETTI, J. (2006/2015), MES – Manufacturing Execution System, 1./2. Auflage, Berlin/Heidelberg 2006/2015.

KLINGELHÖFER, H.E. (2000), Betriebliche Entsorgung und Produktion, Wiesbaden 2000.

KNOLMAYER, G., MERTENS, P., ZEIER, A., DICKERSBACH, J.T. (2009), Supply Chain Management Based on SAP Systems, Berlin/Heidelberg 2009.

KOCH, H. (1977), Aufbau der Unternehmensplanung, Wiesbaden 1977.

KOCH, H. (1982), Integrierte Unternehmensplanung, Wiesbaden 1982.

KOSIOL, E. (1976), Organisation der Unternehmung, 2. Auflage, Wiesbaden 1976.

KREIKEBAUM, H., GILBERT, D.U., BEHNAM, M. (2018), Strategisches Management, 8. Auflage, Stuttgart 2018.

KROEBER, A.L., KLUCKHOHN, C. (1952), Culture, Cambridge 1952.

KUPRAT, T., MAYER, J., NYHUIS, P. (2015), Aufgaben der Produktionsplanung im Kontext von Industrie 4.0, in: Industrie 4.0 Management, 2015, Nr. 2, S. 11–14.

KURBEL, K. (2021), ERP und SCM – Enterprise Resource Planning und Supply Chain Management in der Industrie, 9. Auflage, Berlin/Boston 2021.

LASCH, R. (2018), Sourcing-Strategien, in: CORSTEN, H., GÖSSINGER, R., SPENGLER, T.S. (Hrsg.), Handbuch Produktions- und Logistikmanagement in Wertschöpfungsnetzwerken, Berlin/Boston 2018, S. 502–517.

LERM, M. (2010), Abgrenzung, Modellierung und Lösung der erfolgsorientierten Fließbandabstimmung als produktionswirtschaftliches Planungsproblem, Berlin 2010.

LIGGESMEYER, P. (2017), Alles 4.0! Oder manchmal doch 3.5?, in: Informatik-Spektrum, 2017, S. 210–215.

LORENZ, D., TRAUT, L. (1985), Einfluß neuer Technologien auf die Arbeitsorganisation und Arbeitnehmer im Produktionsbetrieb, Stuttgart 1985.

LÜCKE, W. (2008), Unternehmenstheorie, in: WOLL, A. (Hrsg.), Wirtschaftslexikon, 10. Auflage, München 2008, S. 774–776.

MACHARZINA, K., WOLF, J. (2023), Unternehmensführung, 12. Auflage, Wiesbaden 2023.

MALERI, R., FRIETZSCHE, U. (2008), Grundlagen der Dienstleistungsproduktion, 5. Auflage, Berlin/Heidelberg 2008.

MARCZINSKI, G. (2008), Einsatzgebiete von ERP-, APS- und MES-Lösungen, in: ERP Management, 2008, Nr. 4, S. 62–64.

MATENAAR, D. (1983), Vorwelt und Organisationskultur, in: Zeitschrift Führung + Organisation, 1983, S. 19–27.

MATSCHKE, M.J. (1991), Finanzierung der Unternehmung, Herne/Berlin 1991.

MATSCHKE, M.J. (1993), Investitionsplanung und Investitionskontrolle, Herne/Berlin 1993.

MENSE, H. (1987), Der Mensch in der Fabrik der Zukunft, in: Fortschrittliche Betriebsführung/Industrial Engineering, 1987, Nr. 1, S. 24–30.

MERTENS, P. (2014), Industrie 4.0 = CIM 2.0?, in: Industrie Management, 2014, Nr. 1, S. 27–30.

MERTENS, P., BARBIAN, D., BAIER, S. (2017), Digitalisierung und Industrie 4.0 – Eine Relativierung, Wiesbaden 2017.

MEYR, H., WAGNER, M., ROHDE, J. (2015), Structure of Advanced Planning Systems, in: STADTLER, H., KILGER, C., MEYR, H. (Hrsg.), Supply Chain Management and Advanced Planning, 5. Auflage, Berlin/Heidelberg 2015, S. 99–106.

MINTZBERG, H. (1979), The Structuring of Organizations, Englewood Cliffs 1979.

MINTZBERG, H. (1990), Strategy Formation – Schools of Thought, in: FREDRICKSON, J.W. (Hrsg.), Perspectives on Strategic Management, New York 1990, S. 105–235.

MIRSCHEL, S. (2007), Messung und Bewertung von Produktionsflexibilitätspotentialen in geschlossenen und offenen Entscheidungsfeldern, Berlin 2007.

MIRSCHEL, S., ROLLBERG, R. (2015), Bewertung einer risikomindernden Versorgungskettenverzweigung, in: SIEPERMANN, C., VAHRENKAMP, R., SIEPERMANN, M. (Hrsg.), Risikomanagement in Supply Chains, 2. Auflage, Berlin 2015, S. 63–76.

MÜLLER-BERG, M. (1992), Electronic Data Interchange (EDI), in: Zeitschrift Führung + Organisation, 1992, S. 178–185.

MÜLLER-MERBACH, H. (1973), Operations Research, 3. Auflage, München 1973.

NEBL, T. (2011), Produktionswirtschaft, 7. Auflage, München 2011.

NOENNIG, J.R., SCHMIEDGEN, P., GÄBLER, U., MANH, H.D. (2016), Von Smart Objects zum Smart System, in: Productivity, 2016, Nr. 3, S. 54–57.

NORDSIECK, F. (1932), Die schaubildliche Erfassung und Untersuchung der Betriebsorganisation, Stuttgart 1932.

NORDSIECK, F. (1934), Grundlagen der Organisationslehre, Stuttgart 1934.

NORDSIECK, F. (1955), Rationalisierung der Betriebsorganisation (2., überarbeitete Auflage von NORDSIECK (1934)), Stuttgart 1955.

OBERG, W. (1963), Cross-Cultural Perspectives on Management Principles, in: Academy of Management, Juni 1963, S. 129–143.

OLBRICH, M. (1999), Unternehmungskultur und Unternehmungswert, Wiesbaden 1999.

OLBRICH, S., LOUIS, P. (2012), Manufacturing Execution Systeme – Die neue Generation von Produktionsplanungs- und -steuerungssystemen?, in: MATTFELD, D.C., ROBRA-BISSANTZ, S. (Hrsg.), Multikonferenz Wirtschaftsinformatik 2012 – Tagungsband der MKWI 2012, Band 1, Berlin 2012, S. 97–107.

ORTMANN, G., SYDOW, J. (2001), Strukturationstheorie als Metatheorie des strategischen Managements – Zur losen Integration der Paradigmenvielfalt, in: ORTMANN, G., SYDOW, J. (Hrsg.), Strategie und Strukturation, Wiesbaden 2001, S. 421–447.

ORTMANN, G., SYDOW, J., WINDELER, A. (2000), Organisation als reflexive Strukturation, in: ORTMANN, G., SYDOW, J., TÜRK, K. (Hrsg.), Theorien der Organisation, 2. Auflage, Wiesbaden 2000, S. 315–354.

OSTERLOH, M., FROST, J. (2006), Prozeßmanagement als Kernkompetenz, 5. Auflage, Wiesbaden 2006.

PANICHI, M. (1996), Wirtschaftlichkeitsanalyse produktionssynchroner Beschaffungen mit Hilfe eines prozeßorientierten Logistikkostenmodells, Lohmar/Köln 1996.

PASCALE, R.T., ATHOS, A.G. (1982), The Art of Japanese Management, New York 1982.

PESSL, E., ORTNER, W., SCHWEIGER, J. (2014), Industrie 4.0, in: Productivity Management, 2014, Nr. 1, S. 59–62.

PETERS, T.J., WATERMAN, R.H. (1982), In Search of Excellence, New York 1982.

PETRICH, J. (2025), Produktions- und finanzwirtschaftlich integrierte Bewertung von Markenportfolioerweiterungen und Markenwertermittlung, Dissertation, Ernst-Moritz-Arndt-Universität Greifswald, erscheint voraussichtlich 2025.

PFISTERER, L. (2017), Nutzungsprozesse und Dienstleistungen, in: CORSTEN, H., ROTH, S. (Hrsg.), Handbuch Dienstleistungsmanagement, München 2017, S. 79–94.

PIBERNIK, R., SUCKY, E. (2005), Master Planning in Supply Chains, in: GÜNTHER, H.-O., MATTFELD, D. C., SUHL, L. (Hrsg.), Supply Chain Management und Logistik, Heidelberg 2005, S. 69–94.

PICOT, A., REICHWALD, R., WIGAND, R.T., MÖSLEIN, K.M., NEUBURGER, R., NEYER, A.-K. (2020), Die grenzenlose Unternehmung, 6. Auflage, Wiesbaden 2020.

PILLER, F.T. (2006), Mass Customization, 4. Auflage, Wiesbaden 2006.

PISCHKE, L. (2005), MES – Optimierung auf allen Ebenen, in: PPS Management, 2005, Nr. 3, S. 25–28.

PORTER, M.E. (1980), Competitive Strategy, New York 1980.

PORTER, M.E. (1983), Wettbewerbsstrategie, Frankfurt am Main 1983.

PORTER, M.E. (1985), Competitive Advantage, New York 1985.

PORTER, M.E. (1986), Wettbewerbsvorteile, Frankfurt am Main 1986.

PRAHALAD, C.K., HAMEL, G. (1990), The Core Competence of the Corporation, in: Harvard Business Review, Mai/Juni 1990, Nr. 3, S. 79–91.

PÜMPIN, C. (1986), Management strategischer Erfolgspositionen, 3. Auflage, Bern/Stuttgart 1986.

REESE, J. (1993), Just-in-Time-Logistik, in: Zeitschrift für Betriebswirtschaft, 1993, Ergänzungsheft Nr. 2, S. 139–156.

REISS, M. (2008), Führung, in: CORSTEN, H., REISS, M. (Hrsg.), Betriebswirtschaftslehre – Band 2, 4. Auflage, München/Wien 2008, S. 139–227.

RIEPER, B. (1973), Entscheidungsmodelle zur integrierten Absatz- und Produktionsprogrammplanung für ein Mehrprodukt-Unternehmen, Wiesbaden 1973.

ROHDE, J., MEYR, H., WAGNER, M. (2000), Die Supply Chain Planning Matrix, in: PPS Management, 2000, Nr. 1, S. 10–15.

ROLLBERG, R. (1996), Lean Management und CIM aus Sicht der strategischen Unternehmensführung, Wiesbaden 1996 (zugleich: Westfälische Wilhelms-Universität Münster, Dissertation, 1995).

ROLLBERG, R. (2001), Integrierte Unternehmensplanung, Wiesbaden 2001 (zugleich: Technische Universität Dresden, Habilitationsschrift, 2000).

ROLLBERG, R. (2002), Integrierte Produktionsplanung – Vom theoretischen Ideal der Simultanplanung bis zum praktischen Kompromiß des „Advanced Planning and Scheduling (APS)", in: KEUPER, F. (Hrsg.), Produktion und Controlling, Wiesbaden 2002, S. 127–155.

ROLLBERG, R. (2010a), Das Konsistenz-Kongruenz-Gebot der Unternehmenstheorie, in: Betriebswirtschaftliche Forschung und Praxis, 2010, S. 343–359.

ROLLBERG, R. (2010b), Simultane Produktions- und Absatzplanung, in: ROLLBERG, R., HERING, T., BURCHERT, H. (Hrsg.), Produktionswirtschaft, 2. Auflage, München 2010, S. 415–423.

ROLLBERG, R. (2010c), Simultane Produktionsprogramm-, -faktor- und -prozeßplanung, in: ROLLBERG, R., HERING, T., BURCHERT, H. (Hrsg.), Produktionswirtschaft, 2. Auflage, München 2010, S. 403–414.

ROLLBERG, R. (2011), Supply Chain Management im Strategie-Struktur-Technologie-Zusammenhang, in: Business + Innovation, 2011, Nr. 4, S. 6–11.

ROLLBERG, R. (2012), Operativ-taktisches Controlling, München 2012.

ROLLBERG, R. (2017), Strategisches Produktionscontrolling und -management, in: HOFFJAN, A., KNAUER, T., WÖMPENER, A. (Hrsg.), Controlling, Stuttgart 2017, S. 337–349.

ROLLBERG, R. (2018a), Integrierte Produktionsplanung und -steuerung in Wertschöpfungsnetzwerken mit APS und MES, in: CORSTEN, H., GÖSSINGER, R., SPENGLER, T.S. (Hrsg.), Handbuch Produktions- und Logistikmanagement in Wertschöpfungsnetzwerken, Berlin/Boston 2018, S. 1245–1265.

ROLLBERG, R. (2018b), Konsistenz-kongruenz-orientierte Produktionswirtschaft, in: Betriebswirtschaftliche Forschung und Praxis, 2018, S. 330–347.

ROLLBERG, R. (2023), Ressourcen- und Unternehmensbewertung, Berlin/Boston 2023.

ROLLBERG, R., ROLLBERG, R. (2025), Quantitative und qualitative Bewertung von Instrumenten der Außenfinanzierung, in: Betriebswirtschaftliche Forschung und Praxis, angenommener Beitrag, erscheint voraussichtlich 2025.

ROLLBERG, R., SCHMETTAU, A. (2021), Partnerschaftliche Bewertung in unternehmensübergreifenden Wertschöpfungsketten, in: Betriebswirtschaftliche Forschung und Praxis, 2021, S. 71–85.

ROLLBERG, R., WITTMANN, R. (2013), Lenkpreistheoretisch fundierte heuristisch integrierte Beschaffungs-, Produktions- und Absatzplanung, in: SEICHT, G. (Hrsg.), Jahrbuch für Controlling und Rechnungswesen 2013, Wien 2013, S. 23–47.

ROSCHMANN, K. (1990), Stand und Entwicklungstendenzen der Betriebsdatenerfassung im CIM-Konzept, in: CIM Management, 1990, Nr. 3, S. 4–9.

ROSENBERG, O. (1975), Investitionsplanung im Rahmen einer simultanen Gesamtplanung, Köln et al. 1975.

ROSENSTIEL, L. VON, NERDINGER, F.W. (2011), Grundlagen der Organisationspsychologie, 7. Auflage, Stuttgart 2011.

SCHEER, A.-W. (1990), CIM – Der computergesteuerte Industriebetrieb, 4. Auflage, Berlin et al. 1990.

SCHEER, A.-W. (1992), CIM und Lean Production, in: SCHEER, A.-W. (Hrsg.), Rechnungswesen und EDV, Heidelberg 1992, S. 137–151.

SCHEER, A.-W. (1994), CIM – Stand und Entwicklungstendenzen, in: CORSTEN, H. (Hrsg.), Handbuch Produktionsmanagement, Wiesbaden 1994, S. 541–553.

SCHEIN, E.H. (1981), Does Japanese Management Style Have a Message for American Managers?, in: Sloan Management Review, Herbst 1981, S. 55–68.

SCHEIN, E.H. (1984), Coming to a New Awareness of Organizational Culture, in: Sloan Management Review, Winter 1984, S. 3–16.

SCHEIN, E.H. (1985), Organizational Culture and Leadership, San Francisco/Washington/London 1985.

SCHERFF, W. VON (1876), Die Lehre von der Truppenverwendung als Vorschule für die Kunst der Truppenführung – I. Band: Die Formenlehre, Berlin 1876.

SCHINZER, H. (1999), Supply Chain Management, in: Das Wirtschaftsstudium, 1999, S. 857–863.

SCHMALENBACH, E. (1947), Pretiale Wirtschaftslenkung, Band 1 – Die optimale Geltungszahl, Bremen-Horn 1947.

SCHMALENBACH, E. (1948), Pretiale Wirtschaftslenkung, Band 2 – Pretiale Lenkung des Betriebes, Bremen-Horn 1948.

SCHMETTAU, A. (2023), Bewertung von Produktionsnetzwerkerweiterungen, Wiesbaden 2023.

SCHMETTAU, A. (2024), Bewertung in Poduktionsnetzwerken, in: Betriebswirtschaftliche Forschung und Praxis, 2024, S. 457–471.

SCHMOECKEL, D. (1994), Das Verhältnis Zulieferer – Hersteller in Japan und in der Bundesrepublik Deutschland, in: MEINIG, W. (Hrsg.), Wertschöpfungskette Automobilwirtschaft, Wiesbaden 1994, S. 173–181.

SCHNEEWEISS, C. (1992), Planung, Band 2 – Konzepte der Prozeß- und Modellgestaltung, Berlin et al. 1992.

SCHNEIDER, D. (1997), Betriebswirtschaftslehre – Band 3, Theorie der Unternehmung, München/Wien 1997.

SCHNEIDER, E. (1941), Die innerbetriebliche Leistungsverrechnung in der Kosten-arten- und Kostenstellenrechnung, in: Zeitschrift für handelswissenschaftliche Forschung, 1941, S. 253–275.

SCHNEIDER, H.M., RÜCKER, T., NÄGELEIN, D. (2015), Supply Chain Event Manage-ment in der Fertigungssteuerung, in: Industrie 4.0 Management, 2015, Nr. 5, S. 17–21.

SCHOPPE, S.G., WASS VON CZEGE, GRAF A., MÜNCHOW, M.-M., STEIN, I., ZIMMER, K. (1995), Moderne Theorie der Unternehmung, München/Wien 1995.

SCHREYÖGG, G. (1993), Organisationskultur, in: Das Wirtschaftsstudium, 1993, S. 313–322.

SCHREYÖGG, G., KOCH, J. (2020), Management, 8. Auflage, Wiesbaden 2020.

SCHÜLER, U. (Hrsg.) (1994), CIM-Lehrbuch, Braunschweig/Wiesbaden 1994.

SCHULTE, C. (2017), Logistik, 7. Auflage, München 2017.

SCHWEIM, J. (1969), Integrierte Unternehmungsplanung, Bielefeld 1969.

SKINNER, W. (1969), Manufacturing – Missing Link in Corporate Strategy, in: Harvard Business Review, Mai/Juni 1969, Nr. 3, S. 136–145.

SKINNER, W. (1974), The Focused Factory, in: Harvard Business Review, Mai/Juni 1974, Nr. 3, S. 113–121.

SKINNER, W. (1985), Manufacturing – The Formidable Competitive Weapon, New York et al. 1985.

SPUR, G. (1994), Systeme flexibler Automatisierung, in: CORSTEN, H. (Hrsg.), Hand-buch Produktionsmanagement, Wiesbaden 1994, S. 621–638.

STADTLER, H. (1988), Hierarchische Produktionsplanung bei losweiser Fertigung, Heidelberg 1988.

STADTLER, H. (2015), Purchasing and Material Requirements Planning, in: STADT-LER, H., KILGER, C., MEYR, H. (Hrsg.), Supply Chain Management and Advanced Planning, 5. Auflage, Berlin/Heidelberg 2015, S. 213–224.

STADTLER, H., KILGER, C., MEYR, H. (Hrsg.) (2015), Supply Chain Management and Advanced Planning, 5. Auflage, Berlin/Heidelberg 2015.

STAEHLE, W.H. (1999), Management, 8. Auflage, München 1999.

STEINLE, C. (1993), Delegation – Konzept, Felder, Prinzipien und Wirkungen, in: Das Wirtschaftsstudium, 1993, S. 41–48.

STEVEN, M. (1994), Hierarchische Produktionsplanung, 2. Auflage, Heidelberg 1994.

STEVEN, M. (2013), Einführung in die Produktionswirtschaft, Stuttgart 2013.

STEVEN, M. (2014), Produktionsmanagement, Stuttgart 2014.

STEVEN, M. (2015), Produktionslogistik, Stuttgart 2015.

STEVEN, M. (2019), Industrie 4.0, Stuttgart 2019.

STRIENING, H.-D. (1988), Prozeß-Management, Frankfurt am Main et al. 1988.

SUCKY, E. (2022), Supply Chain Management, Stuttgart 2022.

SYDOW, J. (1992), Strategische Netzwerke, Wiesbaden 1992.

SYDOW, J., MÖLLERING, G. (2015), Produktion in Netzwerken, 3. Auflage, München 2015.

TAYLOR, F.W. (1911), The Principles of Scientific Management, New York 1911.

TAYLOR, F.W. (1977), Die Grundsätze wissenschaftlicher Betriebsführung (Nachdruck der autorisierten Übersetzung von 1913, neu herausgegeben und eingeleitet von VOLPERT, W. und VAHRENKAMP, R.), Weinheim/Basel 1977.

TEMPELMEIER, H., KUHN, H. (1993), Flexible Fertigungssysteme, Berlin et al. 1993.

THIEL, K. (2011), MES – Integriertes Produktionsmanagement, München/Wien 2011.

THIEL, K., MEYER, H., FUCHS, F. (2008), MES – Grundlage der Produktion von morgen, München 2008.

THUN, J.-H. (2007), Eine empirische Analyse von Fertigungsstrategien, in: SPECHT, D. (Hrsg.), Strategische Bedeutung der Produktion, Wiesbaden 2007, S. 23–41.

TÖPFER, A., MEHDORN, H. (1994), Total Quality Management, 3. Auflage, Neuwied/Kriftel/Berlin 1994.

TROSSMANN, E. (1992), Prinzipien der rollenden Planung, in: Wirtschaftswissenschaftliches Studium, 1992, S. 123–130.

ULRICH, H. (1949), Betriebswirtschaftliche Organisationslehre, Bern 1949.

VOIGT, K.-I. (1992), Strategische Planung und Unsicherheit, Wiesbaden 1992.

VOSS, S., FIEDLER, C., GREISTORFER, P. (2000), Meta-Heuristiken als moderne Lösungskonzepte für komplexe Optimierungsprobleme, in: Das Wirtschaftsstudium, 2000, S. 552–566.

WÄSCHER, G. (1998), Local Search, in: Das Wirtschaftsstudium, 1998, S. 1299–1306.

WATERMAN, R.H. (1982), The Seven Elements of Strategic Fit, in: The Journal of Business Strategy, 1982, Nr. 12, S. 69–73.

WATERMAN, R.H., PETERS, T.J., PHILLIPS, J.R. (1980), Structure Is Not Organization, in: Business Horizons, Juni 1980, S. 14–26.

WATERS-FULLER, N. (1995), Just-in-time Purchasing and Supply – A Review of the Literature, in: International Journal of Operations & Production Management, 1995, Nr. 9, S. 220–236.

WESTKÄMPER, E., LÖFFLER, C. (2016), Strategien der Produktion, Berlin/Heidelberg 2016.

WHEELWRIGHT, S.C., HAYES, R.H. (1985), Competing Through Manufacturing, in: Harvard Business Review, Januar/Februar 1985, Nr. 1, S. 99–109.

WILDEMANN, H. (1995), Produktionssynchrone Beschaffung, 3. Auflage, München 1995.

WILDEMANN, H. (1997a), Fertigungsstrategien, 3. Auflage, München 1997.

WILDEMANN, H. (1997b), Koordination von Unternehmensnetzwerken, in: Zeitschrift für Betriebswirtschaft, 1997, S. 417–439.

WILDEMANN, H. (1998), Die modulare Fabrik, 5. Auflage, München 1998.

WILDEMANN, H. (2001), Das Just-In-Time-Konzept, 5. Auflage, München 2001.

WITTMANN, R. (2019), Strategisch konsistente Gestaltung junger, wachstumsorientierter Industrieunternehmen, Berlin 2019.

WLACH, F. (1927), Organisationstechnische Darstellung, in: Zeitschrift für Organisation, 1927, S. 429–441.

WOBBE-OHLENBURG, W. (1982), Automobilarbeit und Roboterproduktion, Berlin 1982.

WÖHE, G., DÖRING, U., BRÖSEL, G. (2023), Einführung in die Allgemeine Betriebswirtschaftslehre, 28. Auflage, München 2023.

ZAHN, E., SCHMID, U. (1996), Produktionswirtschaft I – Grundlagen und operatives Produktionsmanagement, Stuttgart 1996.

ZÄPFEL, G. (1994), Entwicklungsstand und -tendenzen von PPS-Systemen, in: CORSTEN, H. (Hrsg.), Handbuch Produktionsmanagement, Wiesbaden 1994, S. 719–745.

ZÄPFEL, G. (2000a), Strategisches Produktionsmanagement, 2. Auflage, München/ Wien 2000.

ZÄPFEL, G. (2000b), Taktisches Produktionsmanagement, 2. Auflage, München/Wien 2000.

Stichwortverzeichnis

https://doi.org/10.1515/9783112219843-006

Lehr- und Handbücher der Wirtschaftswissenschaft

IFRS-Rechnungslegung: Grundlagen – Aufgaben – Fallstudien, 2. Auflage
Brösel, Zwirner (Hrsg.), 2009
ISBN 978-3-486-58839-2, e-ISBN (PDF) 978-3-486-84892-2

Externes und internes Rechnungswesen: Klausuren, Aufgaben und Lösungen
Burchert, Razik, Schneider, Vorfeld, 2014
ISBN 978-3-486-73573-4

Betriebswirtschaftliche Unternehmensführung: Aufgaben und Lösungen zum TOPSIM-Planspiel General Management
Burchert, Schneider, 2021
ISBN 978-3-11-068609-8

Investition und Finanzierung: Klausuren, Aufgaben und Lösungen, 4. Auflage
Burchert, Schneider, 2024
ISBN 978-3-11-126162-1, e-ISBN (PDF) 978-3-11-126464-6

Unternehmensbewertung, 4. Auflage
Hering, 2021
ISBN 978-3-11-073886-5

Investitionstheorie, 6. Auflage
Hering, 2022
ISBN 978-3-11-079199-0

Unternehmensnachfolge, 2. Auflage
Hering, Olbrich, Klein, 2018
ISBN 978-3-11-053668-3

BWL-Klausuren: Aufgaben und Lösungen für Studienanfänger, 5. Auflage
Hering, Toll, 2022
ISBN 978-3-11-076151-1

BWL kompakt: Kurzlehrbuch für Studienanfänger, 2. Auflage
Hering, Toll, 2025
ISBN: 978-3-11-914530-5

Unternehmensgründung, 2. Auflage
Hering, Vincenti, Gerbaulet, 2018
ISBN: 978-3-11-053668-3

Produktionswirtschaft: Aufgaben und Lösungen, 2. Auflage
Rollberg, Hering, Burchert (Hrsg.), 2010
ISBN 978-3-486-59091-3

Ressourcen- und Unternehmensbewertung
Rollberg, 2023
ISBN: 978-3-11-107211-1, e-ISBN (PDF) 978-3-11-107219-7

Konsistenz-kongruenz-orientierte Produktionswirtschaft
Rollberg, 2025
ISBN: 978-3-11-914332-5, e-ISBN (PDF) 978-3-11-221984-3

www.ingramcontent.com/pod-product-compliance
Lightning Source LLC
Chambersburg PA
CBHW081540190326
41458CB00015B/5602